The Aesthetic
Economy of Fashion:
Markets and Value
in Clothing and
Modelling

时尚的美学经济

The Aesthetic
Economy of Fashion:
Markets and Value
in Clothing and
Modelling

[英] 乔安妮·恩特威斯尔 著
JOANNE ENTWISTLE

王婧倩 译

时尚的美学经济

服装和模特业的
市场和价值

经济管理出版社
ECONOMY & MANAGEMENT PUBLISHING HOUSE

北京市版权局著作权合同登记：图字：01－2019－8123

The Aesthetic Economy of Fashion：Markets and Value in Clothing and Modelling by Joanne Entwistle

Copyright © Joanne Entwistle, 2009

原书 ISBN：978－1－84520－473－0

This translation of *The Aesthetic Economy of Fashion* is published by Economy & Management Publishing House by arrangement with Bloomsbury Publishing Plc.

图书在版编目（CIP）数据

时尚的美学经济：服装和模特业的市场和价值/（英）乔安妮·恩特威斯尔著；王婧倩译 . —北京：经济管理出版社，2021.2

ISBN 978－7－5096－7762－9

Ⅰ.①时… Ⅱ.①乔… ②王… Ⅲ.①服装工业—经济学—美学 ②模特儿—经济学—美学 Ⅳ.①F407.86

中国版本图书馆 CIP 数据核字（2021）第 031025 号

组稿编辑：梁植睿
责任编辑：梁植睿
责任印制：黄章平
责任校对：张晓燕

出版发行：经济管理出版社
　　　　　（北京市海淀区北蜂窝 8 号中雅大厦 A 座 11 层　100038）
网　　　址：www.E－mp.com.cn
电　　　话：(010) 51915602
印　　　刷：唐山玺诚印务有限公司
经　　　销：新华书店
开　　　本：720mm×1000mm/16
印　　　张：14.5
字　　　数：202 千字
版　　　次：2021 年 2 月第 1 版　2021 年 2 月第 1 次印刷
书　　　号：ISBN 978－7－5096－7762－9
定　　　价：68.00 元

献给我的女儿们

——伊莎贝拉和罗莎

致 谢

这本书已经写了很长时间了。我在前一段时间还进行了现场工作，而且写作的时间比我想象中要长得多，当然这不仅是因为在此期间我生了两个孩子并延长了产假。没有经济与社会研究理事会的小额基金（编号：R000223649）的慷慨支持，塞尔福里奇（英国百货公司）的现场工作就不可能顺利进行。感谢塞尔福里奇的女装区域工作人员（他们很早就离开了）的热情款待，他们的诚实和友善使我在过去几个月的访谈工作中收获很多，使本书最终得以完成。我也非常感谢许多模特经纪公司、模特和模特经纪人同意与我交谈，特别是伦敦的 Storm、Models One 和 Take 2，纽约的 Boss 和 Karins。

在撰写本书的过程中，有时会感到寂寞。非常感谢在写作过程中帮助我的朋友、家人和同事。早年，在埃塞克斯大学求学期间，因为在大英图书馆喝过咖啡并聊过天，我得到了同事肖恩·尼克松的支持。还要感谢匿名的期刊文章审稿人以及众多机构（不愿透露名称）的评论，他们还邀请我聊聊这段时间的工作。我在纽约的朋友伊丽莎白·维辛格和萨姆·宾克利为我提供了一些很好的机会，让我谈谈早年的工作，对于在美国各地的多次旅行中他们带给我的陪伴和友谊，我在此深表感谢。感谢帕特里克·阿斯珀斯和莉丝·斯科夫在 2005 年邀请我加入哥本哈根商学院，以《时尚界的遭遇》为题（现为本书的第 8 章）发表论文，并感谢他们在《当代社会学》期刊发表的评论文章。我还要感谢澳大利亚悉尼科技大学建筑与设计学院的彼得·麦克尼尔和薇姬·卡拉米纳斯在 2006 年春季时的盛情款待，我就是在那时完成了本书的两个章节。但是，最应该感谢的是我的人生伴侣唐·斯莱特，在整个工作过程中，他给予我全力支持和帮助，很坦白地讲，我们如同就着一碗滚烫的越南风味汤展开了激烈辩论。最终此书成功完成，但如果没有这些助力，这将是一本完全不同的书。我将其献给我的两个女儿，她们的到来虽然减慢了写作的进度，但却使写作过程更有趣也更有意义。

作者和出版者要感谢以下内容作为版权材料被允许使用：

Entwistle, J. (2002), Sage Publications for Paragraphs in Chapter 3 from "The Aesthetic Economy: The Production of Value in the Field of Fashion Modelling". Journal of Consumer Culture, 2 (3): 317 – 340.

Entwistle, J. (2006), Sage Publications, Chapter 8, "The Cultural Economy of Fashion Buying". Current Sociology, 54 (5): 704 – 724.

目 录

引　言

设想一下如下情景：一位"新"模特被誉为"下一位超级明星"，并成为全球六家主流时尚杂志的封面模特。钴蓝色在这个季节成为"大热"，每家商店都摆满了"海洋"色系的服装。一位"新"设计师在伦敦时装周大出风头，他的系列作品大获成功并"让伦敦重新在时尚地图上有一席之地"。一系列牛仔装从洛杉矶抵达伦敦，受到时尚媒体的追捧，不管价格如何（一条牛仔裤的价格将近 200 英镑），都在一周之内售罄了。本季"It"设计师品牌包需要按照订购名单排队购买，并且这些包包出现在英国各大主流时尚杂志的"最想要"名单中。一家顶级时尚杂志正式宣布微喇叭牛仔裤"过时"，旨在下个月拥有更多的读者。超级名模凯特·摩丝（Kate Moss）在伦敦 Topshop 店面的最新系列发布引起了媒体和粉丝的狂热反响，从而巩固了她已经确立的国际风格时尚偶像地位。在大街上，女孩们排着队进去参观她的最新系列，就像几周前参观在伦敦牛津街上开设的最新"快时尚"商店一样。一本流行女性杂志对女性欲望的最新调查显示，"性爱是唯一一件比设计师定制鞋更好的事"。

这些事情（有些真实，有些虚构）描述了一类普通时尚事件，由记者撰写，供给时尚杂志、女性杂志和报纸的读者阅读。这些样式、趋势、服装系列和商店将以各种方式，以不同程度的成功，来进入普通女性的日常消费选择和实践，并在此过程中进行适当的转译和重新加工。正如西美尔（Simmel，1971）所说，"时尚"是个体和群体之间矛盾的表现。考虑到这一点，我们可以将这些事件视为塑造时尚的含义和风格的过程，以及消费者从他们想要购买的衣服、手袋、鞋子等中做出各种选择的过程。因此，要了解消费者的集体和个体之间的相互联系，就需要研究在众多空间分散的行动者的日常实践和活动中构成时尚的多种方式，这些行动者促使原材料、趋势思想和风格化图像在杂志、成衣、百货商店和精品店中不断出现。

但是，我们对时尚的内部运作方式和有助于塑造时尚的行动者了解多少呢？首先，我们确实对时尚的许多方面有所了解。通过历史和当代的详细记录，我们了解一些特定设计师的作品（Chalayan，2005）；我们可以在专题书籍中看到他们的作品示例（Wilcox，2001；Koda and Bolton，2005）以及设计展览（Haywood，1998）；我们十分了解英国时装教育结构和时装设计就业（McRobbie，1998）；我们知道英国时装零售的某些方面（Crewe，Gregson et al.，2003；Gregson and Crewe，2003）；我们可以读到关于模特生活的花边新闻，同情（或不同情）其在业界的挣扎（Bardot，2003；Gross，2004；France，2009）；如果我们在大学或学院中参加了文化研究或时尚课程，我们可以学会如何"解读"时尚文本（Barthes，1985；Jobling，1999）或分析时尚在历史和当代西方社会中的作用和意义（Evans，2003；Breward and Evans，2005），以及时尚在身份建构中的作用（Cole，2000；Woodward，2007）。这些研究为我们对时尚的了解做出了很大的贡献，但是，由于时尚是如此的多维度，涵盖了艺术、设计、商业、制造、技术和零售等各个领域，仍有许多领域尚未被研究，时尚的许多方面也无法解释。如果我们要研究不断变化的时尚产业的多重维度，就需要将时尚（如时装）作为一种经济和文化实践进行更全面的论述。事实上，从街头时尚到高级时装，时尚不是一件事或一个产业，而是相关的独立行业或市场的融合。

尽管有大量的文献资料，但仍有许多事情无法解释或缺少验证。我们对特定趋势和样式作为时尚的出现知之甚少：如何定义最新的"热门外观"，是一位新的时装模特、还是一种新的着装风格？时尚界人士如何识别或定义下一个流行趋势？如何选择这些商品并出售给消费者？在瞬息万变的市场中固有的风险是什么？如何进行计算和管理？我们对时尚记者的工作知之甚少，他们将设计师的 T 台系列转变为时尚的"故事"，而且对时尚买手的身份和工作几乎一无所知，他们对特定款式的选择直接塑造了我们的风格。我们可能观看关于时装模特的电视节目，例如"全美超级模特新秀大赛"及各种类似节目，但对于如何成为时装模特，以及模特经纪人如何选择和推广杂志读者喜欢的模特，仍然感到困惑。

时尚的许多方面都被忽略了，特别是对于社会学家和经济学家来说，这些东西可能太过琐碎而无法去学习，或者可能因为其中许多人很少关注自己的身体，因而忽略了自己的穿着：冒着可能会冒犯一些同事的风险，我还是要说，社会学家并没有太多时尚感［请参见 Crewe (2008) 有关地理学家的类似观点］。换句话说，尽管时尚具有全球影响力、经济意义和明显的文化吸引力，但它在主流社会学和经济社会学中已被边缘化，因此，对时尚的社会学解释仅出现了一部分。在相关领域，例如文化研究和商业，可能研究了时尚，但是重点还是分别放在了"文化"或"经济"方面，而没有把时尚作为商业和文化的显而易见的融合来进行分析。尽管在法恩和利奥波德（Fine and Leopold, 1993）的分析中做过这方面的尝试，但是时尚仍然有许多方面未经考察。

这本书并未填补我们对时尚知识的所有空白，但关注了构成时尚现象的一些物质实践。在引言中，我总结了在本书中使用的经验和理论材料，以充实我们对时尚作为美学市场特殊性的理解。从某个层面来说，本书建立在我早期工作的基础之上，并试图绘制构成时尚的一些实践，例如在时装中（精确的定义将在下文进行概述）。正如我之前所论证的那样（Entwistle, 2000a），时尚是一种"情景实践"，而不是促成时装发展的宏大理论，我们需要研究构成时尚的多种且重叠的实践，从制造它的众多行动者，如设计师、摄影师、模特、时尚买手、新闻工作者等，到穿着它的大众。如果可能，我们应尝试去分析它们之间的某些联系。这样的分析超出了任何一本书的范围，当然也超出了我在本书中承诺所能传达的。相反，我的建议类似于一个研究议程，该议程将涉及许多相关的项目，而本书只涉及很小一部分。

本书不仅涉及时尚，还涉及市场，特别是常常被社会学家和经济学家忽略的美学市场。这些文化产品市场值得我们关注，不仅因为它们在经济和文化上很重要（Pratt，2004b），更因为在研究它们的过程中，可以加深我们对不同市场实践的理解。时尚市场显然与身体有关，特别是与身体美学密切相关。商品本身注定要用身体来进行展示，这一事实影响着这一市场的运作方式。事实上，时尚使市场内行动者身体展示和表演的重要性显露无遗，必须呈现他们寻求商品化的风格或美学。也就是说，时尚市场是通过具身化的风格制定的，时尚知识是在市场内行动者的身上进行的。尽管具身化在美学市场中很重要，很明显，所有的市场都是具身化的（由具身化的能动者执行或实现），但经济学家、社会学家和商业理论家很少对此特征进行分析。因此，美学市场是一个有趣的案例研究，它引发了新的认识和问题，引起人们对这一市场和其他迄今被忽视或压抑的市场的特征的关注。这并不是说美学市场是关注身体的唯一市场：医学和健康也同样关注身体（Mol and Law，2004），但它们专注于身体的生物医学运作，而不是美学。美学市场的特质以及这些市场的具身化方式尚待研究。

但是，本书并不全面涵盖所有美学市场，甚至不涵盖时尚领域的所有市场，而是将注意力集中在时尚界两方面的内部人士身上：时装模特和时尚买手。尽管偶然而非设计，但更多地关注后者。全书分为两部分。第一部分阐述了美学市场的相关理论和研究方法。在这里特别描述了我的时装模特研究（在第3章中会做进一步研究），以说明网络化和集体化产生时尚美学价值的一些方式。这项小规模的研究是我在这一领域工作的理论起点，尽管当时我还不知道，但它为后续更富雄心的塞尔福里奇的时尚买手研究奠定了基础，第二部分则对此进行了详细介绍。因此，正如我在下面的方法论章节中所描述的那样，尽管模特项目在理论上非常重要，但与我在塞尔福里奇六个月的民族志研究期间积累的数据相比，它仅提供了少量的数据。然而，两种方法互相支持，使我能够建立起我以前从未见过的联系。正如我在下文中所述，这两个市场之间的相似性不可忽视，并促使我考虑将它们整合到一本有关美学市场的书中。

我会首先在本章的第一部分介绍案例研究与方法论。然后在接下来的部分，我将根据他们在时尚、服装和模特市场上所做工作的实际经验以及涉及的理论问题来论证这两项研究之间的共性。

案例研究与方法论

本书所基于的两个案例研究是男性时装模特和时尚购买，它们彼此独立进行，并且最初是从不同的研究问题开始的。模特项目是我第一次涉足的高级时装领域。这项研究主要针对男性时装模特市场，并且主要以访谈为基础，由我对接触到的模特经纪公司的内部观察所支撑。在过去的 18 个月（2000 年春季至 2001 年夏季）中，我采访了 24 位男性时装模特和六位模特经纪人或"登记人"，他们来自伦敦的三家机构，包括两家较大的经纪公司 Storm 和 Models One，以及一家"精品"经纪公司 Take 2，另外还有纽约的两家经纪公司 Boss 和 Karins。此外，我花了一些时间在经纪公司中观察模特选角。我尝试过但未能获得进入摄影棚的机会，众所周知，造型师和摄影师通常是封闭工作的。我还从纽约的与行业相关的大型网站 www.models.com 和主流出版物中收集了有关模特经纪公司的大量数据。另外，在我的第二次时尚买手研究（2002 年 2 月至 2003 年 10 月）中，我观察了时装秀上的模特。尽管从一开始就应指出一些显著差异，但我在谈到男性模特时所说的大部分内容都适用于女性模特。模特是女性收入明显高于男性的少数职业之一。纵观各层级的模特，女性模特的薪水都比男性模特高，通常同一工作的薪水要高得多。当我在 2001 年完成实地考察后不久，在纽约 Gerswin 酒店的大堂偶遇澳大利亚模特时，我立刻就意识到了男女模特之间薪水的巨大差距。他当时在与巴西模特吉赛尔·邦辰（Gisele Bündchen）一起拍广告宣传片，这位女士是 D&G 的"代言人"，估计获得了 300 万美元收入。尽管仅出现在照片的背景中，但他基本上是从事相同的拍摄工作，却因此只获得了几百美元的报酬。在一定程度上可以从政治经济学的角度来解释男性模特和女性模特的差异。对女性模特来说，有更多的"大"合同，其中化妆品公司支付的费用最高（约数百万美元）。男性则不存在这样的合同，男性时装市场既不像女性时装市场那么大，也不那么重要。但是这种差异也可能源于女性与身体的紧密联系以及女性"美"的较高文化价值。事实上，正如许多女权主义者所指出的那样（Coward，1984；Mulrey，1988；Bordo，1993；Haywood，1998），女性的身体仍然受到更严格的检阅和外观评估。在时装模特领域工作的女性的高额收入通常因为较短的职业生涯而被抵消了。由年轻和美貌所带来的高额收入意味着女性模特的职业往往在男性模特的职业刚刚起步时就开始逐渐没落：25 岁对于女性模特来说已经是一个较大的年龄，但如果与她年龄相仿的男性模特打算转向从事面向年长男性的模特的商务工作，则他可能才刚刚开始获得可观的收入。尽管存在这些差异，但经纪人针对模特职业所做的许多日常计算都是相同的，无论性别如何。此外，男性模特和女性模特在相同的价值和声望人际网中流动，包括主要设计师、摄影师、造型师和杂志，以及各种负责提升男性模特和女性模特的职业，因此他们对特定模特的工作形式和文化价值也有相同的关注。

我在 2002 年进行的关于时尚买手的研究更加深入。与我长期进行授课的模特项目不同，该项目完全由经济与社会研究理事会（Economic and Social Research Council，ESRC）[1] 资助，是一项深入的民族志研究，基于我在 2002 年 3 月下旬至 9 月下旬对塞尔福里奇女装部门的观察而进行。除观察外，我采访了女装部门三个区域的所有买手和跟单员，以及当时的店长，还有女装采购办公室主管和负责把握总体流行趋势以及商店宣传等工作的时装办公室主管。尽管这家商店确实设有一个大型的特许经营部门，但我却对所谓的"自购"商品感兴趣，即买手选择和购买的商品。自购商品来自高端设计师品牌，因此从某种意义上讲，我的分析是特定于时装行业的这一领域，并且与模特项目一起，构成了"高档时装"的一部分。

我的观察涵盖了买手参与的所有活动。我观察了在商店举行的会议，跟随买手在商场的"楼层步行"，参加与供应商的会议，并跟随买手在伦敦、纽约、米兰和巴黎周围的设计工作室"购买"。在购买旅行中，我可以与买手非正式地讨论他们的工作，并从我的观察中发现问题。由于大部分的时装购买季都是围绕"时装周"组织的，我在 2002 年 2 月开始实地考察之前，还观察了伦敦时装周（London Fashion Week，LFW）的秋冬系列，并于 2002 年 9～10 月在伦敦、米兰和巴黎的春夏时装周跟随买手购买。事实上，该民族志研究使我踏上了大约一个季度的旅程，从计划和购买库存再到几个月后商店里的库存到货。

如上所述，这两个项目最初是作为独立的项目进行构思和实施的。在每种情况下，我都从不同的研究问题入手。第一项研究是对早期关于工作中性别和性征研究的延续（Entwistle，1997，2000b）。我之所以研究男性时装模特，是因为我对在非传统职业中工作的男性模特如何在这个女性占主导地位并且常常遇到男性同性恋的行业中管理其（异性）性别身份感兴趣。我发现男性模特是一个"奇怪的"职业，因为它混淆了异性恋男性气概的典型概念（Entwistle，2004）。

但是，在实地考察过程中，我的观察使我提出了新的研究问题。我越来越发现自己对"登记人"的工作感兴趣，他们以签约模特为工作，负责选择、提升和管理模特。我开始质疑他们用来筛选模特的身体以及计算和管理该市场固有风险的方式时所使用的知识形式和专业知识，包括如何计算要推广的"外观"，以及如何管理时装模特的职业从而增加他们的价值。这个外观并不经常对应于通常被定义为"美"或"好看"的任何事物，因此，我开始对经纪人和市场中其他人如何赋予时装模特外观产生兴趣。也就是说，价值的产生，用一个更合适的术语来说，我们可以将它称为美学价值，因为它与模特的外观有关，而且在本质上是不稳定且不断变化的，所以必须由市场中的行动者来稳定和增值。我提出的想法是，这是一种特殊的市场，是一种"美学经济"（Entwistle，2002），在这之中，评判价值的主要标准（该标准存在于任何市场内）是由看似模糊的"文化"关注点组合而成的，这些关注点决定了"经济"方面：是谁"创造"了模特，他们的影响力如何？摄影师、造型师或设计师依据什么来筛选出模特？他们选择了哪些高价值的社论传播？为哪些有影响力的杂志或时尚活动选择模特？因此，任何模特的成功及其经济价值都无缝地融入了文化问题的网络中。

这些关注和问题不可避免地带入我的第二项实践工作项目中，尽管从一开始我就提出了不同的问题。我最初的兴趣是对时尚买手作为生产商/供应商与消费者之间的"文化中介者"进行研究。尽管这仍然是一个问题，但随着研究的深入，我发现了这个项目和模特项目之间不可忽视的连续性和相似性。另外，我也开始考虑时尚服装市场的特殊性，在这里美学的质量不稳定并且总是在变化。因此，在高度不稳定的市场中，美学价值的本质成为该项目以及模特项目的关键问题。但是，我们谈论的不是康德式的纯粹美学，而是更通俗化的内容。我认为时尚价值是通过市场内行动者的集体活动和实践来定义的。尽管我提供了一些对理解时装市场非常有用的理论思考，它们可用于理解两种时装市场，但这并不是美学市场的权威理论，也不是时尚美学市场的通用理论。我的分析增进了我们对美学市场是如何组合在一起的认识，但它不是，也不能成为此事的权威或最终定论。

与古典经济学不同，我认为价值问题不是由"市场"确定的，而是由某种抽象机制确定的。取而代之的是，价值问题似乎更接近社会学上对市场的见解，这问题将我指引到了皮埃尔·布迪厄（Pierre Bourdieu，1984，1993a，2005）和米歇尔·卡龙（Michel Callon，1998a，1999；Callon，Meadel et al.，2005）的作品中。尽管两者之间在理论和方法上存在明显的差异，但我还是在第 2 章中指出，它们之间的确存在许多联系，尤其是他们对古典经济学的批判，以及他们看待市场的方式，或者更具体地说，市场是将"文化"和"经济"问题结合在一起的社会实践活动。在本书中，我借鉴了两位理论家在工作中衍生或发展的概念，例如"资本"和"惯习"（Bourdieu, 1984, 1993a, 1993b）以及"资格"和"网络"（Callon, 1991, 1999；Callon, Meadel et al., 2005）等。因为它们都适用于探讨我观察到的两个相关市场的特征，所以我认为没有理由在它们之间进行选择。

上述内容是我的两个案例研究的背景，接下来我将研究它们之间的四个共性问题，进一步说明它们之间的关联方式。

共性

高级时装世界

尽管职业背景和价值观上存在明显差异，但模特、模特经纪人和时尚买手却拥有相似的工作条件和相似的职业空间。虽然这些能动者的具体工作有所不同，但他们占据了世界的同一角落（高端或设计师时尚），这意味着他们的工作在不同时间重叠。在时装秀上，模特们在走秀台上穿行，买手坐在台下；而在设计工作室，"合适的"模特向买手展示他们选好的衣服。这个简单的事实还有其他含义。毫无疑问，身体及其展示，在时尚产业中具有巨大的分量和意义，这一特性将在本书中详细讨论。这个产业以白种人为主，仅有少数黑种人或少数民族涉足其中（最著名的是在时装模特方面）；它也是一个以赞颂青春、"美丽"和"瘦"而闻名的世界。模特、模特经纪人和时尚买手即使在不同的阶级背景下也具有这些特征：实际上，阶级在这个行业中，并不如在其他行业中那么重要。因此，尽管他们位于更广阔的时尚领域中的不同位置，但这些不同的时尚制造领域看起来却非常相似，将他们的行为方式结合起来研究，可以更全面地展现高级时装的世界。

我所说的时尚是指什么？时尚是一个令人惊讶的模糊术语；有时，时尚是一个动词，指形成时尚，几乎涵盖任何领域，有时则狭义地指现代服装。与其他人一样（Braudel，1981；Wilson，2003；Kawamura，2004），我认为时尚是指一种风格创新系统，即不专指任何特定的产品类别（例如，我们可以指建筑、设计，甚至是学术思想）。换句话说，时尚是"为了改变而改变"：它定义了为了运动而持续不断地运动。时尚可以"过时"，但并非出于必要的原因（不是因为事物陈旧或被更好的事物所取代），而仅仅是因为存在某种运动或变化的人的欲望（不是个人的而是建立在系统内部的欲望）。时尚（作为动词）的这种特征可以在各种各样的活动和文化形式中找到。

时尚，特别是时装，是一种特别现代的现象，因为思想、风格的不断变动以及它们改变的明显速度是现代性本身的特征（Wilson，2003；Breward and Evans，2005）。但如何准确界定现代还有待商榷。根据许多顶级历史学家（Braudel，1981；Breward，1995）的研究，追溯到 14 世纪，服饰的样式已经开始比以往变化得更快了。但那时，流行服装仅限于极少数人穿着，比如皇室成员和贵族。大多数人到很久以后才有机会穿上时装，实际上，直到 20 世纪，诸如"时装系统"之类的东西才可以说是真正出现了，例如，用于服装生产的调节系统（即"大众"市场）。然而，时装仍然高度分化。高级时装仍然作为一种独特而昂贵的产品为少数人生产；成衣仍然很昂贵，但是和原来相比更容易买到了；大街上出售仿制设计师风格的服装，价格仅为原作的一小部分。

那么，时装涉及两件事：其一，时尚是指定期（即半年一次）的风格创新；其二，用于制作和分配这些服装的生产系统。但是，时尚不仅在于改变服装，还在于改变关于服装的设计和外观的理念方面。换句话说，时尚与美学有关，不单纯指新衣服，而是与那些被推广和普及的"有吸引力的""漂亮的""有型的""优雅的"服装有关。因此，当我们谈论时装时，需要考虑的不仅是实际服装的生产，还有围绕此类服装的美学价值的生产。衣服被选择的原因是它们符合当时的审美品位，而且"看起来不错"。

赫伯特·布鲁默（Herbet Blumer, 1969）对时装业进行的早期且罕见的社会学分析提出了一种仍然有用的思考时装空间和交汇的方法。布鲁默概述了"集体选择"的制度关系和过程，正是这些决定了一季的"时尚"风向。与某些解释倾向于将时尚描述为一种神秘的力量或某种内在的精神力量不同（Flügel, 1930；Veblen, 1953［1899］），布鲁默认为时尚是由行业中许多关键参与者之间的制度、社会和文化关系来进行社会性所产生的；这主要在设计师、时尚买手和记者之间发生。因此，时装是设计师（他们选择在时装系列中展示什么服装）以及记者和买手（他们选择某些商品作为特定季节的"外观"）共同选择的结果。设计师意识到，他们的服装将被这些文化中介者过滤出来，但永远无法预测被选中的服装。布鲁默还指出，这些关键参与者在选择要素时表现出惊人的相似性，这归结为以下事实：这些文化创新者和中介者沉浸在相同的文化中，并从相同的来源中寻找新的趋势和品位的灵感。因此，他们很适合挑选和解析他所谓的"初味"，即特定时期新兴的审美倾向。尽管他的分析侧重于时尚服装的选择，但对社会关系网络的分析，即每个季节选择特定的关键"外观"，也适用于描述服装模特的外观如何通过时尚系统内相互联系的网络形成。

与时装的"集体选择"一样，模特外观和时装的选择具有显著的相似性，取决于这两个市场的主要参与者。经纪人、时尚买手和其他内部人员在相同的网络，形成了同样的审美敏感性和对时尚的认识，几个月前便知道未来将"流行"什么。话虽如此，但这并不能保证一定会成功。经纪人不总是知道客户、摄影师、杂志编辑和设计师对模特外观的要求，尽管他们比你我能做出更准确的猜测。对于时尚买手来说，情况也是如此，他们无法完全预测下个季节消费者的需求，但是他们在时尚网络中处于有利地位，可以理解和解析迅速发展的趋势。就像时装设计师无法在发布会前预测哪些服装将被时尚买手和记者选中，并因此而流行一样，经纪人和时尚买手无法绝对确定地预测，因为他们无法预先知道其他人——设计师、摄影师、顾客将会做出什么样的选择。但是，他们的行为有助于"鉴定"（Callon，Meadel et al.，2005）商品、选择、推广并将其送往时尚网络中的关键行动者。该过程不会在网络中的任何点停止，因为对所选商品的反馈会影响未来的选择。我将在第3章中描述两个时尚市场中的"网络"和"价值回路"，进一步详细阐述布鲁默的"集体选择"概念。

美学市场

时装模特和时装是美学市场的例子。尽管我在第3章中提供了更完整的定义和分析，但这里我仍想简要定义这个术语。美学市场是将美学品质（无论是外观还是风格）进行商品化的市场，即在市场内定义和计算并出售以获取利润。许多产品和服务都风格化了，这是他们所售产品的一部分。但是，我对以美学品质为核心商品的市场感兴趣，而不是当美学在销售商品过程中很重要的时候才感兴趣。以精品酒店为例，其成功在很大程度上取决于其美学风格。他们可能会以自己的风格进行交易，但不只是为了出售外观或风格而做生意：他们主要出售服务——热情好客、放松身心，甚至还有特色水疗。美学很重要，但它并非是市场上唯一需要交易的因素。在模特和时装中，外观或风格是最重要的因素，此外，美学品质也在不断变化：不同的模特和服装会随着不同季节而流行。换句话说，在美学市场中，一旦定义了产品，美学就不该作为装饰性特征而被"添加"；它们是产品，因此是实践中经济计算的中心。我对风格本身的内容不太感兴趣，不管是紧身裤或窄腿牛仔裤，还是"奇怪"或"漂亮"的面孔，因为风格的内容总是在不断变化。相反，我对这些市场内部的社会和物质实践感兴趣。换句话说，我感兴趣的是，美学价值是如何在经济行为中由行动者所产生的，并且对经济实践的实施越来越重要。

在此必须注意的是，我并不是说这些市场与其他类型的市场完全不同，也不是说我们已经进入了一个新的"时代"，即符号、意义和美学的后现代时代，正如"日常生活的美学化"的争论所表明的那样。事实上，我反对摒弃基于政治经济学的旧观点，以及将"经济"简化为"文化"。相反，我同意杰克逊和洛等（Jackson，Lowe et al.，2000：1）的观点，他借鉴拉图尔（Latour）的作品，认为"世界就是所谓的'真实的混合'……这就是商业文化"。美学经济就是这种"真实混合体"的例子，必须将这些市场理解为"经济的"，而不仅是"文化的"或"美学的"。

正如有关"文化经济"的最新文献（Ray and Sayer，1999a；Jackson，Lowe et al.，2000；Du Gay and Prype，2002；Pratt，2004a）所证明的那样，所有市场在某种程度上都是与文化有关的，因为所有市场都依赖于特定的意义和共同的价值观，即什么构成了"市场"以及如何在其中进行买卖。从纯粹的逻辑或"原理"上看，脱离文化的"经济"是不存在的。事实上，正如格特勒（Gertler，2003：88）所说："文化和经济是一枚硬币的两个面。市场等看似自然的结构如今被理解为深深地嵌入其中。"出于这些原因，我的分析大量依赖于经济社会学，尤其是卡龙（Callon，1998c；另见 Callon，Meadel et al.，2005）和布迪厄（Bourdieu，1984，1993a，1993b，2005）的作品，以了解在特定的模特和服装市场中，行动者在日常计算中如何将"文化"和"经济"类别进行合并。因此，研究这些美学市场涉及将一系列理论整合在一起，以指导计算美学的方法。这意味着研究"文化"和"经济"在市场惯例中的融合方式。这两个术语在现代思想中有着悠久的历史，并沿着各自的知识轨迹独立发展，然而近年来行动者网络理论的文献里出现了"文化经济"这个词，挑战了这种二元论。我将在第 2 章中详细讨论这些文献，因为它们构成了我对时尚分析的背景。

要了解这些市场，实际上可以是任何市场，有必要考虑价值是如何实现的；通过什么机制和做法可以确保商品的价值（Callon，1998a；Aspers，2001；MacKenzie，2004；Callon，Meadel et al.，2005）？我特别关注美学品质如何在美学市场中获得价值。因为我们知道时尚市场的美学价值是与不断在时尚中"流行"和"过时"的事物相关联的价值，所以这个价值问题将成为双重问题。首先，存在一个问题，即市场内部的人们如何知道什么将"流行"，该问题因为时尚市场的时间安排需要在其销售季节之前进行计算而变得复杂，从而为计算增加了很大的不确定性。所以，下一个问题就变成了如何在足够长的时间内稳定这种价值（即时尚性的质量）以使时尚商品得以被交易。换句话说，时尚商品的价值总是在下降，但这不是因为产品在物理上会变质（就像食物或鲜花一样），而是因为一旦季节结束，它们将不再是"时尚"。然而，时尚的短暂性是更加含糊不清的东西。如果趋势在一个以上的季节中保持稳定，则某些事物可以比其他事物保持其时尚价值更长的时间，例如，紧身牛仔裤已经在多个季节中做到了（在撰写本书时）；而其他东西的价值损失速度比预期的要快，例如，消费者发现柠檬绿让人心情不好，或者天气潮湿以至于不能卖亚麻长裤，那么特定颜色的流行趋势便不再流行，导致该色系产品无法大量销售。但是对于时尚买手这样的人来说，问题在于，这些因素在下订单并承诺接收库存之前可能不一定很明显。

与价值有关的另一个问题是计算问题，它是现代性、资金和市场的核心（Simmel，1990）。也就是说，价值是通过市场活动产生的社会属性，是商品的品质被赋予意义的方式，其通过特定的机制得以确定。这引申出一个问题，美学如何成为经济计算的范畴？美学市场的计算有其自身的特殊性或"局部合理性"（Abolafia，1998）。时装模特和时装表现出与其他市场相同的特征，例如对商品推销和利润最大化的关注，但是这种利润动机在很大程度上取决于模糊、高度不稳定的性质和"文化"类别（例如地位和声望）的不可估量的价值。模糊性产生的原因是人们对其第一印象更多的是"主观的"或"非物质的"，因此非常"不稳定"。美学产品的"价值"所依据的"美"、"风格"或"设计"的固有属性起初似乎定义得太过模糊，所以无法对它们进行"理性"的经济计算。然而，美学价值并非凭空产生，它们当然不存在于当代资本主义脱离现实的迹象中，而是通过个人和机构的常规行为和惯例在市场本身内部产生。因此，与普拉特（Pratt，2004a）和其他人（Du Gay，Hall et al.，1997；Du Gay and Pryke，2002）一样，我主张采用"文化生产"的方法来理解此类市场的工作。在模特领域中，模特们的外观不断变化，以适应时装系统的波动和客户的不同需求。在高级时装中，款式可以因季节而产生非常大的差异，或者有机地发展上一季。尽管如此，这些波动似乎没有中央组织原则，但仍由市场内部的人员进行转化和管理，以有意义地整合到市场中。正如我说过的，问题是市场上的人该如何计算产品，即模特的外观或名牌服装系列呢？这自然而然地引出一个问题，即理解和运作这个市场需要什么样的知识？

美学知识

要在市场内部进行计算，必须了解一些知识。本部分涉及了这类市场所要求的知识种类和"资本"形式（Bourdieu，1984）。知识是关于意义创造的，但是在诸如时装之类的美学市场中，意义创造涉及非认知能力，而不是经济社会学家和商业理论家所熟悉的认知和理性形式的经济知识。它在某种程度上是一种感性知识，是通过在市场体验中与物质对象本身进行感官接触而形成的，并且该知识在身体上执行，因此是具身化的。美学知识很难准确地表达，因为它的本质是隐性的。事实上，经纪人和买手很难描述它，但是经常使用非常相似的具身化隐喻词汇来描述他们的知识，所有这些都强调"直觉"或"眼光"的重要性。Clear Model 经纪公司的英格丽德（Ingrid）总结了这一点，她在一家工业网站的在线采访中解释说，在与经纪公司合作仅 9 个月之后，她是如何担任男性董事会董事的。尽管正如她指出的那样，"我不想担任任何董事会的董事……我当时想：'我不知道这是不是我想做的事，我也不知道自己在做什么！'该机构的所有者坚持认为，'亲爱的，你当然知道自己在做什么。你眼光独到，这就是第一步'"（www.models.com，着重指出）。

因此，这些"眼光"和"直觉"的具身化隐喻适合描述这些市场中的知识，毕竟这在某种程度上与身体有关。它们隐含地指代在美学市场中进行计算和操作所必需的具身化的感觉和敏感性。这种能力不是在课程中教授，不能通过正规培训或员工培训而获得；而是在"工作中"学到的。也就是说，它只能在市场内部获得，这在经纪人和买手的职业道路上很明显。大多数经纪人起初是"样张员工"（经纪公司中的人，负责收集模特图像并将其收录在他们的书中），只有获得必要的经验和文化资本后，才可以将"样张员工"提升为经纪人或"星探"（为经纪公司工作的人，在全球范围内寻找人才）。进入模特管理行业的其他途径来自先前在时装界的工作经验，例如曾是设计师或模特（我采访的两位经纪人都是后者）。买手同样通过经验获取知识，直到他们在零售的工作中"经历磨练"后才有预算进行管理。但是，尽管传统上买手通常是从底层做起的，但如今他们更有可能参加研究生培训。话虽如此，他们的知识同样是通过多年的经验积累的，首先是作为助理买手，之后成长为首席买手。

知识不仅是无形的、错位的信息，而且总是被具身化和定位，因此，我关注"意会美学知识"的空间性。我的观点是，空间和知识的第一个"领域"是身体本身，尽管在大多数人的阐述中都没有提到这一点。我们可能会在更平凡的层面上提出问题。商店里特定衣服结局会如何？为什么模特经纪公司即使在为全球分布的客户提供服务的同时，仍会在特定城市（以及城市的特定区域）中形成本地市场？可以通过经济地理学领域的最新研究和新兴的零售地理学研究来回答这些问题，这些研究关注于市场和商品的空间维度，并试图从"商品链"（Jackson，1999，2002）或"供应系统"（Fine and Leopold，1993）或"商品回路"的角度来定义和描述这些市场是如何空间有序的。我将在第5章运用这些术语，用于了解高级时装的流通以及时装模特和时装的市场的本地和全球维度。第6章和第7章将进一步讨论知识的空间性在具身化交互和表现方面的问题。在这里，我考察了一些时尚商品情境化下的特定空间交汇，并着重于地理位置和具身化过程及相互关系。

在不抢先进行这些章节讨论的前提下，我想先说明，我认为空间对我所研究的两个市场至关重要。从不同的空间尺度（从本地到全球）解释这些市场的特征和地域性。时装模特经纪公司位于伦敦或纽约等主要城市并非偶然，这些机构集中在该城市的特定区域，例如纽约的So-Ho和国王大道、科文特花园以及后来的伦敦霍克斯顿。这些地点的模特经纪公司彼此相邻，并位于城市中的重要客户附近。因此，模特为工作而环游世界，而每个城市的模特经纪公司为满足特定的本地客户的需求也同样如此。此外，这些空间关系有助于不同城市形成独特的审美风格，比如洛杉矶男性模特的"健壮结实"、肌肉发达的外形与伦敦风格的"消瘦""古怪"的样貌形成了鲜明对比，正是这些不同的审美风格使这些城市能够在全球时装模特市场中找到定位，也使经纪公司拥有其特征和独一无二的"卖点"。因此，模特的本地"特征"不仅根植于城市本地时尚经济中，而且具有全球意义和通用性。

主要百货公司也是如此。塞尔福里奇百货地处牛津街的黄金位置，这条街是伦敦的主要购物街之一。这个位置对其身份至关重要，这家店是英国的"旗舰店"，这种情况决定了商店的产品必须符合其地位。这家店的周围有许多"高级时装"市场上的竞争对手，例如南莫尔顿街上的Browns。为了在其中保持身份，商店必须出售具有相似身份和隐性特征的产品，而产品的分布不能完全相同以保持其唯一性。但是，商店的竞争对手也位于国外。这家店既为本地客户服务，也为世界上其他地方的客户服务，因此也置身于国外的竞争者中（例如，位于纽约的Barney's）。商店能否与高端设计师签订合同取决于能否在伦敦和全球范围内保持其高地位的身份。

为了了解这些商品及其流通，有必要问一下，谁负责提供特定商品？也就是说，谁帮助商品在生产者与目标消费者之间进行流通和调解？

作为文化中介者的模特、经纪人和买手

第四个也是最后的共性问题集中于行动者本身以及他们的中介工

作，他们可能被称为文化中介者（Bourdieu，1984；另见 Featherstone，1990）或时尚界的"品位制造者"。首先，我重点研究了那些有影响力的时尚参与者，他们在这两个市场中帮助形成和提升时尚审美和品位。其次，我重点关注了这些文化中介者的工作，文化中介者这个概念源于布迪厄（1993a，1984）在品位和文化生产领域有影响力的工作。这些中介者包括记者（Bourdieu，1984）、广告代理商（Du Gay and Nixon，2002；McFall，2002；Cronin，2004）、男性杂志编辑（Crewe，2003）、音乐制作人（Negus，1992，1999）和时装设计师（Skov，2002），他们被认为是重要角色（有些人可能会有争议地认为，这是前所未有的更重要的角色），将一系列文化事物推向市场，包括商品、图像、品位、美学。换句话说，他们已经被视为文化的有影响力的中介者，在生产和消费两个领域之间活动，从而在资本主义市场内以各种形式组织或促进文化。我们大多数人都以某种方式和在不同程度上通过与图像和产品接触到这些中介者的工作，因此尽管我们从未直接遇到他们，但我们确实通过他们产生的各种文化形式间接地接触到他们。

但是，这种双重性（生产/消费）是假设的命题，因为生产或消费都不是单一的结构或离散的实体，而是至关重要的相互联系的复杂过程。问题的一部分在于文化研究和社会科学领域的文献倾向于将生产与消费分开。正如法恩和利奥波德在 20 世纪 90 年代所主张的那样，生产从消费中分离出来，这两个领域被视为截然不同的领域，而不是至关重要地相互联系在一起。生产研究主要集中在生产技术、工厂和血汗工厂制度上，而消费研究则侧重于消费习惯和消费行为的研究。但是，我们对这两者相互作用的方式知之甚少，也忽略了有大量的人"介于"两者之间众多空间中，是这些人促进了商品流通和提升了商品质量。换句话说，分配、传播和调解网络经常被忽视。因此，法恩和利奥波德（1993）早在 20 世纪 90 年代初便提出的论点，在 21 世纪初期在很大程度上仍然有意义。

基于上述，再谈谈我所研究的三个能动者（买手、模特和模特经纪人）以及将他们视为文化中介者的原因。我认为时尚买手、模特和模特经纪人以不同的方式作为文化中介者，各自以自己的方式在"生产"和"消费"之间进行调解。尽管他们位于生产者和消费者之间的不同接口上，但模特、经纪人和时尚买手处于时尚界有影响力的位置，起到生产者和消费者之间的连接纽带的作用。

由此可见，时尚买手是时尚行业生产和消费之间的明显且关键的中介者：通过他们的选择，调解了设计师创作的产品，代表他们想象中的或"虚拟的"消费者进行选择（Carrier and Miller，1998）。正如法恩和利奥波德（1993）所论证的那样，时装行业中所谓的分销商或"中间人"（换句话说，是时尚买手）在时装系统中是"关键"，将原本会在工厂仓库中（或者实际上根本没有设计或制造过）疲软的产品推向市场。因此，他们的选择是生产者和消费者之间的关键但无形的联系，但这告诉我们的很少，甚至引出了更多的问题：他们如何购买以及如何知道想知道的？他们遇到的对象以及在其中遇到的情况有哪些？他们如何代表他们的消费者进行选择？正如我在第 8 章中所描述的，我们可能还会问，他们实际上是在中介什么？如果我们要了解他们的文化中介工作，这是一个重要的问题。我认为，买手不仅中介了服装，还中介了趋势、美学、品位、"风格"，即他们在整体上促进"时尚"。此外，在此过程中他们还中介了许多其他东西，包括设计师、生产商、品牌及其零售业务的身份，事实上，还有他们自己的身份。

从哪些方面说模特和经纪人可以被认为是文化中介者？就像我所说的，时尚不只是与衣服有关，而且是关于以复杂的方式促进"身体美丽"。当然，关键是衣服不能脱离里面的身体，而是以形状、褶皱、轮廓、暴露、隐藏、线条、强调或其他方式与身体相关，并在此过程中使身体形成某种风格（Hollander，1993）。这些理想的美丽形象在各种媒体上得到了广泛传播，而它们本身也在不断变化，并且不易被传统标准轻易地理解为"美丽"。由模特本身和经纪人执行的模特工作与身体美学的传播有关。当然，模特和模特经纪人会执行不同的工作，并且他们都是为了促进不切实际的美丽形象或推翻女性气质而被单独挑选出来的。在不回避这个问题的同时，我研究了模特作为人体美学中介的方式。

正如围绕凯特·摩丝的争论所表明的那样，模特已成为许多年轻女性的榜样。在摩丝的职业生涯初期，她因厌食症和滥用海洛因受到指责，在 2005 年 9 月，她又因吸毒丑闻成为舆论的中心。但是，模特看起来如何以及被认为怎样不是由自己决定的。在职业生涯初期，摩丝身材过瘦，这一点也出现在媒体对她的评论中。但是那时她并不完全负责自己的形象。她需要经过其他人的选择，首先是 Storm 公司的莎拉·杜卡斯（Sarah Doukas），然后是摄影师科琳娜·戴（Corinne Day）和 Calvin Klein 等客户，这些人将她推出来，从而使她广受欢迎。

模特之所以被雇用是因为他们有能力通过其所展现的形象向我们推销衣服。模特，尤其是那些家喻户晓的名模，都是有风格的有意识的具身化中介者，他们通过各种形式的"美学劳动"使自己时尚（Entwistle and Wissinger，2006），以稳固确保在这个竞争激烈的行业中的地位；他们还在不知不觉中成为了图像生产网络的共同组成部分，在其中中介了风格、时尚和人体美学。凯特·摩丝是解释模特工作复杂性的一个特别好的例子。她不仅在广告和社论中作为可能穿着的服装的中介，还做了许多其他中介工作。作为品牌的"代言人"（例如 Burberry 或 Dior，直到 2005 年 9 月），她中介了品牌的特征，在该领域中充当了流行趋势或时尚的中介者。以"垃圾摇滚"（grunge）为例，这种风格在 20 世纪 90 年代初期至中期出现，与摩丝密切相关。她与时装设计师马克·雅克布（Marc Jacobs）和有影响力的摄影师，例如科琳娜·戴和尤尔根·特勒（Juergen Teller）等，都是促成这种风格流行的重要组成部分。但是，她不仅具有摄影师和造型师工作所需的形象特质，而且对风格传播力而言远超模特形象。事实上，她日益提高的名人地位使其成为风格的有意识的推动者：狗仔队经常偷拍她，她的个人风格也经常被时尚记者挑出来以推广特定服装、特定审美风格和流行趋势。她目前的新角色是担任了英国零售商 Topshop 的顾问兼设计师，这进一步证明了她中介品位、时尚和服装的能力。

模特是美学传播过程中的重要节点：一方面作为图像系统的组成部分，这是他们无法完全控制的；另一方面作为有意识的人类能动者，他们可以有效地塑造自己的风格。换句话说，中介工作是一项复杂的工作，不仅限于有意识的人类能动者。时装模特的照片可以通过将其组合在一起的复杂方式以及通过媒体本身来传播有关时尚、风格和身体的理念。这种中介思想远远超出了布迪厄所描述的文化中介者。事实上，他的分析并没有把重点放在中介问题上，而是放在了中介者本身的身份上。麦克福尔（McFall，2002）认为这过于狭隘。以这种方式思考中介问题，可以看到模特的影响力远远超出了他们在商品销售中所起到的明显作用。可以说模特促进了很多事情：着装、身体和举止的审美标准以及特定的生活方式和消费模式，这有助于创造并维持非常特殊的城市风貌和围绕酒吧、饭店、俱乐部等形成的特定消费习惯（参见 Wissinger，2007b；Wissinger，2009）。

从哪些方面看，经纪人能被称为文化中介者呢？尽管从表面上很难看出他们是人体美学能动者，但事实上他们通过选择并向潜在客户推荐时装模特对时尚网络施加影响。通过这样的工作，经纪人帮助塑造男性和女性时装模特的美感。尽管他们可能认为这部分工作只是为了适应趋势和客户的需求，但实际上，他们的工作并不能简单地被视为对抽象"系统"需求的被动"反应"，无论我们是否称其为"市场"。事实上，正如我在第 3 章中所论证的那样，他们的工作"鉴定和再鉴定"模特的美感（Callon，Meadel et al.，2005）；也就是说，由于处于有利位置，他们在模特外观的流行和验证中发挥了重要作用，通过他们的推动工作，帮助特定模特的外观产生价值。

当观察在不同时间流行的模特时，他们的外观总是合格的。如今，在许多利基时尚杂志的页面中都可以找到当今时装模特的外观，他们通常被描述为"前卫"或"古怪"，而在主流时尚社论和商业图像中更传统的外观才会被称为"好看"。经纪人沉浸于由类似的时尚工作者组成的网络中。在行业活动、聚会、时装秀等活动中与客户、设计师、摄影师见面交往。从网络中的这个位置，他们最适合截获客户的"初期口味"（Blumer，1969），并能够计算出哪些外观会卖给哪些客户。他们的推销工作涉及多种技术，从夸赞他们签给经纪公司的"新面孔"，以保证他们的第一次重要会议或"见面"，到通过计算如何适应或改变他们的形象以在市场上保持"新鲜"来保住更成熟更有经验的模特们的工作。这些问题我将在第3章中详细介绍。

总之，这三种类型的工作者都在某种程度上促进形成了人体和服装的高级时尚品位。尽管时尚美学的具体内容不断变化，但每个市场的增值过程非常相似。买手、模特和模特经纪人通过促进特定风格，以及将这种审美观念或品位传达给消费受众来促进时尚的生产和流通。

结论

为了填补我们对时尚理解上的空白，本书讨论了时尚生产的过程，以及活跃于高级时装世界的人，包括买手、模特、模特经纪人（名单可能应该更长，包括记者、摄影师和设计师）。正如我在前文指出的那样，从更一般的层面上讲，本书着眼于这种市场的组合方式以及与美学商品有关的市场价值的关键问题。人气商品周围的价值如何产生？那是内容不断变化的商品吗？为了回答这些问题，我对这些有影响力的内部人识别、选择、提升并由此为这些商品带来价值或声望所需的过程、知识和计算产生了兴趣。正如我在第2章中讨论的，这些市场的"文化"和"经济"方面不可避免地以特定方式交织在一起。

第一部分
了解美学市场

- **2** -

美学市场："经济"与
"文化"的融合

美学市场的特征

美学市场的特征是什么？具体来说，就是如何体现商品的美学品质；也就是说，为什么选择、提升、分发和销售某些东西时会以"精美""时髦"或仅仅是"时尚"或"流行"的形式？如第 1 章所述，这些问题集中在特定市场上行动者的各种过程、知识和计算上，以便理解特定商品并将其投放市场。这些问题是本书的重点，我由此开启本章。但是，在进行下一步之前，有必要定义和描述此分析的术语。市场或商场是什么含义，更具体地说，美学市场是什么类型的市场？本质上，这些问题关系到如何从非经济的，即"文化的"、质量（风格、美学、价值等）的角度来构建"经济"（面向获利的业务）。因此，研究"经济"和"文化"这两个概念如何被对立起来，如何将它们在分析上经常分开，以及我们如何重构它们的关系以理解美学商品市场，是一个很好的起点。

正如许多人所声称的那样（Ray and Sayer，1999b；Du Gay and Pryke，2002；McFall，2004），文化和经济是社会科学和人文科学中最复杂和最容易产生问题的两个术语。它们通常被视为在分析上分离且截然不同的生活领域，被视为具有自身内部逻辑的稳定和一致的实体，然而在实践中很难维持文化与经济之间的界限，因为"文化和经济是暂时的和历史性的"和"物质实践的组成部分，而不是离散的领域"（McFall，2004：62）。但是，这种区别是思想史上的重要一环，在揭开它们为美学市场中的物质实践提供依据的构成方式之前，我们必须承认这一区别。

经济

古典经济学和新近出现的新自由主义化身是思考社会生活的独特的"现代"的方式，这种方式是"对产生现代性条件的复杂转变而产生的回应"（Slater and Tonkiss，2001：6）。现代经济学没有看到社会生活的全部内容，而是被称为"市场"的东西所主导，这是提供日常生活的抽象系统，它具有确保其有效运行的"法律"。因此，现代欧洲思想中的市场是"一个概念性的、战略性的、抽象的空间和商业机会"（Slater and Tonkiss，2001：14）。经济学家所钟爱的理想化抽象市场将经济活动与社会生活的其余部分区分开来，作为一种特殊的活动领域。因此，很明显，市场蕴含着许多东西。卡龙（1998b：3）赞赏地引用了格斯纳里（Guesnerie）的话："市场是一个协调机构，在这种协调中：①能动者追求自己的利益，并为此目的进行经济计算，这可以看作优化和/或最大化的一种操作；②能动者通常有不同的利益，这导致他们参与其中；③通过确定价格解决冲突的交易。"

这个概念的核心是"经济"这一作为非个人活动领域的思想，其中行动是理性的、工具性的或目标导向的。这种关于"经济"的观点是从一个单独的分析领域提出的，即"经济学"，并且在自由主义和新自由主义思想的分支中最为极端。因此，正如布迪厄（Bourdieu，2005：1）所论证的那样，"被称为'经济学'的科学是基于抽象的初始行为，该抽象行为包括将特定类别的实践或所有实践的特定维度与所有人类的社会秩序分离。沉浸于人类实践中"。"市场"成为由供求和价格法规的"法则"组织的独立且理想化的领域，与通常的经验背道而驰。因此，在"市场"和实际"市场"之间要加以区分："'市场'指的是供求相互面对并进行自我调整以寻求折中的抽象机制，但实际'市场'更接近于普通的经验，指的是交易发生的地方（Bourdieu，2005：1）。"实际"市场"是暂时性和空间性的，在这里经济交易发生在更广泛的社会活动之中，它是"公众聚集的地方，可以进行政治和宗教交流以及各种信息和八卦传播，从政治、社会或商业角度来讲都是必然的"（Slater and Tonkiss，2001：10；另请参见 Slater，2002a）。

尽管经济学作为一门学科致力于定义所谓的"市场"的抽象定律，而经济则指的是"实践活动"，但两者却相距甚远，因此根据卡龙（1998a：1）："如果经济理论对市场知之甚少，难道不仅是因为努力抽象和概括它而使其最终脱离了它的对象？"他认为，经济学应该"回到其目标，即本来就不应偏离的经济"（1998b：1），而布迪厄（2005：7）同样指出了这一点，他建议：克服"理论与实际实践之间存在的系统性差异"，需要的是"观察与民族志描述"，以将它们再次联系起来。

然而，经济学作为一门学科确实实现了塑造和构成实践的力量——政府、世界银行和其他此类强有力的机构以这种方式谈论"市场"，其抽象原理支配着个人和组织的日常生活，使其成为主观性的组成部分，例如经纪人或理性的经济行动者。有时被称为"虚拟主义"（Carrier and Miller，1998），这种抽象思维的结果是，"广义上的经济学是指运行、影响和塑造经济，而不是观察其运作方式（Latour，1987）"（Callon，1998b：2）。或者，正如布迪厄（2005：10）所说的那样，"最形式化的形式"的经济理论"从来都不是中立的"，而是在主流实践中表现出来："新自由主义的经济学……正趋于在世界范围内胜出。这得感谢诸如世界银行和国际货币基金组织之类的国际机构，它们直接或间接地规定了其'治理'原则。"对经济学的这种理解挑战了经济学家所说的"经济"的中立性，使其成为具有社会和社会化作用的实体，而不是抽象和科学的实体。物质文化和科学技术（STS）启发了市场（Callon，1991，1998c；Callon，Meadel et al.，2005），这是社会科学界广泛重新唤起对经济感兴趣的一部分（Slater and Tonkiss, 2001），对"经济"的标准解释提出了挑战。这是对 20 世纪 80 年代后现代主义之后的"文化转向"的重要纠正，后者几乎放弃了"经济"，而转向似乎特别有意义的"文化"实践。后现代主义和后来的"文化转向"在很大程度上是对早期的、马克思主义启发的叙述的反映，这种叙述主要源于阿尔都塞式分析，认为经济是社会生活的决定因素，诋毁一切"文化"的次要或超级结构（Du Gay, Hall et al., 1997）。在 20 世纪 80 年代和 90 年代初，受女权主义的某些分支以及文化研究的启发，对结构主义的马克思主义的背离，导致符号、服饰、亚文化、身体、文化产品和文化产业的研究得到了高度关注（Du Gay, Hall et al., 1997），而远离沉闷的"经济"事物。在社会学和文化研究的某些分支中，"文化"事物被赋予了最高优先级，诸如"日常生活的美学化"（Jameson, 1991; Lash and Urry, 1993），这表明"文化"确实已经接管了"含义"和活动的主要位置。

最近的"转向之后"的著作（Ray and Sayer, 1999a, 1999b；另见 Du Gay and Pryke, 2002; Jackson, 2002; Amin and Thrift, 2004）挑战了文化的这种特权，质疑了马克思主义和文化主义方法所依赖的，以及他们作为独立领域参与构建的经济/文化的二分法。确实，将其放在引号中，来表示这些术语不是描述纯粹的实体或生活的不同领域，最近的争论集中在"文化"和"经济"如何根本不是不同的实体，也不是分离的，而是杂交或混合地纠缠在一起的。这与经济人类学内部的一些早期观点相呼应（Polanyi, 1957; Granovetter, 1983），他们认为经济活动已经是"文化的"，因为"经济"供给发生在"嵌入式"而非真空的环境中，需要有意义的解释。"人类文化"（参见 Miller, 1987, 1997）是人类学对经济进行研究并借鉴其他社会科学方法的一环，它还研究了经济的一小部分，并借鉴其他社会科学，着眼于事物（手工艺品和商品）在其使用中发挥意义的方式，以及它通过日常实践、关系和交易产生价值的方式。具有抽象定律的抽象系统（市场）的概念是所有这些方法的厌恶之处。

从这些广泛的文献中，我们现在进行了许多学术尝试，将被视为"文化"和"经济"的活动联系起来（Jackson，1999；Slater and Tonkiss，2001；Slater，2002a）。这种分析的一环（Negus，1992，1999；Scott，1999，2000；Hesmondhalgh，2002；McRobbie，2002a，2002b；Pratt，2004a，2004b）专注于"文化产业"，在文化产业中，文化产品和服务被视为商业，在城市、地区和国家的经济中日益发挥着核心作用。再回到之前的问题，即如何定义这些问题以及它们是否构成对我们关于文化和经济的观念特别新颖或具有挑战性的东西。与这项工作相关的是对服务业的研究，例如，对这个看似"文化"部门的论点取决于"硬"经济物质——制造业和劳动力。最近关于企业和组织的工作曾经被坚定地指定为"经济"，它展示了"软文化"的关注如何影响内部的话语和实践（Du Gay，Hall et al.，1997；Amin and Cohendet，2004；Thrift，2005），例如"管理文化"、"意义"和"实践社区"等成为新的业务"流行语"。其他分析则将零售作为生产与消费之间的主要交汇点，这些零售被视为属于"经济"和"文化"两个不同的领域（Jackson，Lowe et al.，2000；Wrigley and Lowe，2002），以前被划分为"耕作"两个不同的途径（Fine and Leopold，1993）。因此，零售地理学的出现（Gardner and Sheppard，1989；Crewe and Davenport，1992；Wrigley and Lowe，2002；Hughes and Reimer，2004）试图将它们重新联系在一起，使之成为紧密相连的、融合了先前被视为"经济"或"文化"的关注点。

试图抓住这些关注并在社会科学中重新强调经济的一个有影响力的术语是"文化经济"（Amin and Thrift，2004；Du Gay and Pryke，2002；Ray and Sayer，1999b）。杜盖伊和普赖克（Du Gay and Pryke，2002：2）主张从"文化经济"的角度进行分析，该分析考察了经济话语（经济学及相关的市场营销或会计）"如何格式化和构架市场以及经济和组织关系，'制造它们'而不是简单地从上帝的视角观察和描述它们"。他们认为，这意味着不仅要简单地争论"经济"是在文化背景中"嵌入"，还需要进一步发展；它的目的是确定背景信息本身是如何"构成"的。

因此，该论点比关于"嵌入性"的论点更进一步，后者假定存在先验的"背景信息"，即"文化""经济"所在的位置。嵌入将经济和文化区分为单独的领域，而文化经济和科学技术与社会（STS）研究则挑战了我们可以将其指定为单独的活动或领域的观念。但是要理解这个问题，我们需要首先定义"文化"的含义：它在"经济"之前就已经作为理想的活动领域存在了。

文化

正如对"经济"进行了修订的定义一样，由于不同学科或不同领域的争论而受到不同类型的分析，"文化"也引起了激烈的争论。有一些定义将"文化"狭义地定位为价值和意义的储存库，这些定义通常与"修养"和"文明"的浪漫主义观念联系在一起，并且由诸如阿诺德（Arnold, 1932）这样的人提出来，以指代"高雅"艺术中受限制的表达领域。在 20 世纪，出现了对文化的更广泛定义，即"普通"（Williams, 1963），并在 20 世纪 60 年代早期的文化研究和社会科学分支中得到了最充分的发展，以通过涵盖日常生活的"整体生活方式"来描述文化。这不仅限于高级艺术的活动和象征性实践。不同方法共享的是某种与固有含义和价值联系在一起的文化意识：正如雷和塞耶（Ray and Sayer, 1999b：5）所说，"与文化相关的许多目标或商品的一个关键特征是它们主要是内部的"。他们通过文化的内在品质不是客观的或必不可少的来限定这一点，因为所有价值都是"相关的"，但对于雷和塞耶而言，内在价值不是工具化的，而经济活动"主要涉及工具化的取向；它们最终是达到目的的一种手段，可以满足与配置有关的外部目标"。

这是问题开始的地方，因为在实践中，两种活动之间的这种区别（每种逻辑各不相同）并不那么容易被保留：正如雷和塞耶（1999b）自己所承认的那样，经济生活受到社会和美学价值的束缚。而且，正如我们所看到的，供应始终是文化特定的。然而，尽管他们承认经济是

"受文化影响的"，他们仍然假定"文化"和"经济"之间存在着一种合理的区别，这种假定基于两者有着本质上不同的内在价值体系和逻辑。正如他们所说，"谈论统一并不能排除文化和经济遵循不同的发展逻辑的可能性"（1999b：6）。换句话说，我们可以谈论本质上不同的活动领域，因为正如他们所坚持的那样，"尽管存在影响，但经济和文化逻辑仍然不同，并且常常朝着相反的方向发展"（1999b：9）。

但是，我们应该认为"文化"和"经济"是不同的活动领域吗？"文化"是内在的，非工具理性的领域，而"经济"是纯工具性行为的领域，杜盖伊和普赖克（2002）声称并非如此。他们问道，当某些工作无法适应"文化"或"经济"时会发生什么？他们以服务工作为例："服务工作并非只是一种'经济'或'文化'现象，而是一种偶然的组合，这些实践是由经济和非经济（但始终已经是文化）组成的，并且为追求销售和竞争优势而团结起来（Du Gay and Pryke, 2002：4）。"在许多其他活动中也可以这样说：我验证过的零售或时装模特工作并不会那么容易地跌入文化/经济鸿沟的一侧，营销（Du Gay and Pryke, 2002）和广告（McFall, 2002, 2004）也是如此。

如同麦克福尔（2004）关于广告和杜盖伊等（2002）的说法。关于服务工作的主张，零售（Entwistle, 2006）和时装模特工作（Entwistle, 2002）是"混合体"，结合了"文化"和"经济"特征。以"美学劳动"的概念（Entwistle and Wissinger, 2006）为例，即雇员的劳动需求，尤其是服务业的雇员所需要的劳动，"看起来和听起来都不错"（Warhurst, Nickson et al., 2000; Nickson, Warhurst et al., 2001; Witz, Warhurst et al., 2002），而因此是服务生产的一部分。工人的身体，特别是他们的外表，是服务组织"硬件"的一部分，公司的生产能力可能取决于工人生产合适的外表的能力。恩特威斯尔和威辛格（2006）将这一概念扩展到服务行业中的常规应用之外，以展示时装模特行业的自由职业者如何执行必要的美学劳动来管理其职业，如我所论，在其他高级时装领域（例如零售业）也是如此。

　　实际上，被称为"文化"（例如美学）和"经济"的事物用许多不同的方式相互转化。美学劳动只是一个例子，说明了"风格"、"美学"或"外表"这些看似模糊的品质，对一家公司、一个组织或一个个体向这些公司推销自己的"经济"效益是多么重要。这对于理解模特经纪公司和像塞尔福里奇这样的时装商店以及其他类型的企业和公司具有启示。这些主要是面向利润的企业，仅从经济类别（如损益）的角度来考虑它们，就无法掌握它们确保经济成功以及使企业发展的独特方式。美学不是指美丽的抽象领域，而是指事物变化或表达的精确方式（Du Gay，Hall et al.，1997），其美学品质，在某些行业中，对公司的成功至关重要。因此，确切地讲如何使这些美学品质和联系有意义并围绕产品产生，是理解这些企业成功的关键。正如我在整本书中所论述的那样，这些美学品质必须由此类市场中的能动者来计算，并且这些计算不能归结为理性经济学的计算，正如新经济学和经济社会学的某些分支所定义的那样。在美学市场中，美学价值是围绕商品及其销售业务产生的价值。盈亏固然很重要，但重要的是要了解他们的产品的美学品质和意义，这些品质和意义似乎也与含糊的"非经济"问题有关。

　　需要在这里重申美学不是物体的本质属性，而是在其整个生命过程中对物体/商品进行创造、增值、赋予、修饰和再修饰（Callon，Meadel et al.，2005），这些将会在下一章进行讨论。对于不断变化的美学商品，"风格"或外观的质量必须稳定，即使只是暂时的（例如，对于时尚"季节"而言）。关注的焦点在于在这种看似非经济事物的市场中，能动者的计算要求；诸如通过与关键角色之间的宝贵联系获得地位，创建品牌标识、产品的媒体形象以及审美趋势的波动之类的事情，与被认为是"经济"的决定联系在一起：这个价格对吗？我们能以每天10000英镑的价格出售×件这种型号的上衣吗？我们是否缺货/是否需要购买更多库存？

　　在这一点上，我们离理想化市场的形式有一段距离，后者是一种以精确的供求规律为导向的抽象的、非人为的、工具性的机制。取而代之的是，我们位于特定市场中，具有自身的特殊性，有助于在本地化和情境化的贸易中发挥作用。这一点由卡龙（1998b）、卡龙和米德等（2005）、布迪厄（2005）有力地提出，我将在下面继续讨论。因此，我们回到了本章开头提出的问题，以及上面对市场和交易市场的讨论以及如何重新连接"经济"和"文化"。至于模特经纪公司和塞尔福里奇，我想问一个问题，这是一项什么业务？如何计算这样一项业务中的美学对象？为了回答这些问题，有必要研究如何将文化和经济问题与个人的日常做市活动相结合。然而，正如杰克逊（2002：4）所建议的那样，"超越文化与经济之间'巨大鸿沟'的呼声大大超过了以经验为基础的研究的呼声，这些研究证明了这一举措在实践中将产生不同"。也就是说，我们仍然需要进行更多分析，以便将注意力集中在这两者在日常活动中相互交织的实际方式上。实现这一目标的一种方法是采用"文化生产"方法，该方法表明"无益的文化经济关系概念如何映射到并支撑了这种人为的生产和消费分离"（Pratt，2004a：118；另请参见 Du Gay，Hall et al.，1997；Pratt，2004a）。这样做的另一种方法是将注意力特别放在文化产业上。但是，必须注意将重点放在什么地方。正如普拉特（2008：95）指出的那样，"可以说，对文化产业的研究为在经济–文化变革的'风暴眼'中的案例研究提供了最佳机会"。然而，正如他所说的那样，审视文化产业的最好理由不是说"生产越来越具有文化性，而是文化生产的特殊性是什么"（2008：95 – 96）。确实有一些文化生产的特征值得我们关注。正如我在后面有关时尚购买的章节中所论述的那样，文化产品可能会强调质的不同形式的知识，表达性和具身化的知识挑战了经济知识的认知方式的主导地位，并且可能具有自己的空间特征。

换句话说，这仍然需要进行实证研究，而不只是批判文化/经济鸿沟，以使人们对市场的多样性有所了解。我想重点介绍三种方法，以市场作为文化实体来进行研究，每种方法都提出了不同的空间隐喻，以说明参与市场制造的活动和关系的多重性："场域"（Bourdieu，1993a，

1993b，2005）、"网络"（Callon，1991；Hughes，2004；Latour，2005）
和"回路"（Cook and Crang，1996；Du Gay，Hall et al.，1997）。每种
方式都有不同的可能性，可以描绘出商品流通并获得意义和（文化/经
济）价值的方式，并提供试图将"文化"和"经济"结合在一起的概
念。这些方法通常被表示为互斥的，或更具体地说，场论和网络分析或
行动者网络理论（ANT）被认为是不兼容的。而回路的概念更与"网
络"的概念相同。但是，我建议不要在两者之间进行选择，而要特别建
议两者如何为美学市场的分析提供一些有价值的东西，即场域和网络。
特别是，我研究了布迪厄和卡龙作品之间的联系和协同作用，并展示了
如何理解美学市场并分析时装模特和时装的特定市场，以及如何从它们
各自中提炼概念。至于"回路"的隐喻，我将在下一章中讨论围绕美
学商品而产生的，对它们至关重要的"价值回路"，并在本书第二部分
中考察零售中的"商品回路"的相关性时再讨论这一点。

场域还是网络？

三个主要差异

场论和行动者网络理论（Actor-Network Theory，ANT）提供了两种
截然不同的空间隐喻，以应对"组成"市场的复杂方式。就了解市场
是如何构成的而言，这两个不同的空间隐喻至少乍一看提供了两种非常
不同、互斥的方法来解决同一问题。事实上，它们是由关于社会世界本
质的两种截然不同的本体论假设所支撑的。让我通过列出一些方法的基
本术语来进行说明。

空间：定义"社会"。首先，空间隐喻本身是重要的。场域是行动
和互动的有界空间（Bourdieu，1993b：72）：它们以位置（或职位）的
结构化空间同步呈现自己，其属性取决于在空间中的位置，并且可以独
立于其占据者的特征进行分析。虽然允许子场域积累的可能性，但总有

一种感应是在有限的可能性空间内进行动作，与其他场域分开或区别开来，每个场域根据不同的"力量"、"参与者"、"资本"和"策略"运作。这些术语与布迪厄经常用来形容社交世界的另一种比喻紧密相关，如下文所述。

与封闭的行动场域的概念相反，网络的隐喻暗示了某种相对开放的东西，而不是以某种方式被限制或固定，并且总是处于连接和流动的状态。然而，遵循这种空间隐喻的逻辑，很明显，网络理论的基本原理对社会科学提出了根本性的挑战，因为即使是"社会性""社会空间""社会背景"，甚至"社会"的概念本身就受到了质疑，因为它们属于社会范畴，并且"在自然世界之间建立了划分"（Latour，1991：11）和被指定为社会。也就是说，在行动者网络理论（ANT）中，"社会"世界与"自然"世界之间的区别以及"人类"与"非人类"世界之间的区别都不是自然的，因此不能认为是理所当然的。作为网络分析的一种形式，行动者网络理论不接受经典社会学形式所建立的二分法，场论就是例证。正如拉图尔（2005：5）所说，在古典社会学假设社会存在的情况下，就像把东西黏合在一起的"胶水"一样，网络分析首先要问"是什么被黏合在了一起"。

因此，第一个立场是"其解决之道，即特定社会关系的存在揭示了某些特定社会力量的隐藏存在"，网络位置将这些联系视为"要解决的主要难题"（Latour，2005：5）。因此，"社会结构"之类的东西并不假定存在，而是由被社会理论武装起来的社会学家研究的，被认为是理解事物的关键。取而代之的是，这些"结构"正是研究的对象，对被解释的问题持开放态度，而不是认为理所当然，而社会理论家不比被观察者更擅长观察所观察到的事物。因此，尽管人们通常认为社会是"同质的事物，但完全可以接受的是，用同一个词来指定异质元素之间的关联"（Latour，2005：5）。因此作为固定事物的社会被"关联"中的"社会"所取代（Latour，2005：64）："社会不是在其他事物中指定一个事物，像在其他白羊中指定一只黑羊，而是在本身并非社会的事物之间的一种联系"（Latour，2005：5）。只有当事物被组装时，它们才成为"社会"，被指定为"社会"，并且其中的许多集合调用或加入的东西可能是"非社会"的事物，例如化学、生物、材料等。换句话说，"如果真的存在'社会'，则可以通过多种方式实现。或者，更彻底地说，社会根本不是纯粹的社会"（Law，1991：7）。它是"一种短暂联系的名称"（Latour，2005：65）。因此，经典社会理论的基本宗旨——社会、社会规范和惯例等——就是行动者网络理论试图解开的东西，通常是"黑匣子"（Latour，1987）。

定义这种差异的另一种方法是根据经典的宏观/微观划分，自社会学问世以来，这种划分已经在其中显而易见。场论仍然致力于行动者网络理论试图揭穿的那种宏观社会学。布迪厄试图确定宏观结构并概述一个宏大的社会理论，而行动者网络理论试图超越这种宏观理论项目，并将注意力集中在组成事物的小规模方法上。这两种方法具有明显不同的认识论基础，下面将对此进行详细讨论。就目前而言，很明显，如果说网络理论中的大型社会结构（例如"社会""经济""文化"）本身并不作为稳定实体存在，那么经典社会学的另一面（能动性）也会受到类似的质疑。

能动性、行动者、行动元。场论与行动者网络理论之间的第二个主要区别在于对行动者和能动性的理解。在场论中，"行动者"指的是人的能动者，而能动性是此类行动者的特征，就网络理论而言，行动者可以是非人的，并且能动性不属于这些行动者的任何本质特征，但分布在整个网络中，并在不同行动者之间建立流动。这对归因于行动者的更多概念产生了影响。场论假设人类能动者被赋予的特征实际上就是他们所占据的场域的特性；因此，特定场域的资本、性情、地位、位置都由担任它们的能动者具身化。因此，在场论中，社会世界的特征是潜在的"结构"，而这些"结构"是导致"能动性"出现的条件（正如阶级结构/能动性二分法所假定的那样）。这些深层的结构（对布迪厄而言主要是阶级）设定了场域运作的条件，分配了经济、社会和文化资源之类的东西。

布迪厄经常使用的另一个比喻是"游戏"的概念。场域具有不同的"规则"来组织它们，就像游戏是根据不同的原理来组织的："为了使场域发挥作用，必须要有赌注，并且人们要准备好去玩这个游戏，并被赋予一种惯习，即暗示对场域即将发生的规则、利益等的了解和认可（Bourdieu，1993b：72）。"因此，能动者，就像游戏中的玩家一样，进入该场域后认识到该场域内游戏的"规则"，并根据他们在该场域中的位置和"资本"的数量（例如经济、社会、文化、象征）来发展不同的战略计划。他们可能拥有巨大的资本，因此在"老牌"玩家中占据"主导"地位，其战略定位为"保留"该职位；或者他们可能是新的或年轻的"竞争者"或"挑战者"，试图通过挑战他人的立场来获得更占优势的地位（Bourdieu，1993b）。无论哪种方式，场域的有界规则都会确定这些能动者相互面对的条件以及他们如何工作。因此，能动性是由控制场域行动的可能性条件（一个或多个深层次结构）来界定的。

但是，在网络分析中，行动者没有固定的或本质的特征，而是由他们联网的方式构成和生成的。实际上，对行动者网络理论而言重要的是，它基于"没有稳定的行动者理论"；甚至假设行动者具有根本的不确定性（Callon，1999：181）。根据劳（Law）的说法，这是一种分析上的区别，而不是一种道德上的区别，他指出，人、动物和物体之间的分界线一直在变化。在此过程中，创建了许多"杂交"，它们是人与非人元素的集合。如劳（2001：857）所述："能动者之所以是能动者，主要是因为他或她寄居在一个承载着知识、技能、价值观以及其他所有东西的身体上吗？还是因为寄居在一系列元素（当然包括身体）中，而这些元素延伸到围绕身体的躯体或其他物质网络中？"

他认为，答案是，一个能动者或行动者永远不会仅仅位于一个身体中"而单独存在，而是一个行动者是异质关系的模式化网络，或由这种网络产生的效果"（Law，2001：4）。也就是说，网络和其中的能动者始终是偶然的，始终是不断变化的，因此要建立和重新建立。诸如分子、试管、引擎或财务数据之类的对象可以塑造事物在网络上的组装方式，从而有助于构成或增强事物的观察方式，采取行动方针或其他方式，因此，它们是具有效力的能动者或行动元，参与了社会的整合。对非人为因素开放能动性，对大多数经典的行动者观念提出了挑战，认为他们在某种程度上意识到或部分意识到自己的行为，或者至少能够对其进行描述：但是试管或显微镜是什么呢？他们不能采取一种立场，具身化一种惯习，或在一个场域争夺地位。甚至这个词本身——从舞台上借来的演员——也暗示着"永远不清楚是谁在表演什么"（Latour，2005：46），可能是脚本、剧作家、题词人等。事实上，"演员这个词将我们的注意力引向行动的完全错位，警告我们这不是一个连贯、可控制、全面和干净的事物。根据定义，行动是错位的。行动是借用、散布、暗示、影响、支配、背叛、转变的"（Latour，2005：46）。

就像无法假定知道并解释被称为"社会"的事物一样，我们对行动的了解也无法确定：如果要"再次组装他们"，我们必须对行动者的身份感到困惑（Latour，2005：46）。拉图尔说，有太多不可思议的事物，太多的"痕迹"，无法确定是什么激发或"确定"了能动性。因为没有"结构"强加于稳定的行动者来界定他们的"能动性"，所以成为行动者和采取行动的能力取决于一系列不同的因素，这些因素需要"追踪"，而不是简单地用"社会力量"或其他什么来解释。

认识论：理论/实践。这些本体论假设与各自确立的认识论立场密切相关。如果有人采纳布迪厄作品的某些方面，这一认识论问题实际上可能就没有那么重要了，我将在稍后讨论。但是，重要的是要从行动者网络理论的脉冲中区分出他的理论工作的某些要素。在他的场论中，理论经常被实际观察所替代，随着他的工作与其早期研究的人类学见解的进一步发展，这个问题随着时间的推移而加深，尽管他在其著作（2005年出版）中似乎又回到了实地考察。但是，在他发展场论的过程中，关于世界的所有过于频繁的假设都是在进行实证观察之前做出的：假定结构和场域在现场调查之前就已存在，并且认为行动者根据其在场域中的位置而具有特征，依此类推。相反，在网络分析中，有一个坚定的决心要避免假设人们在观察之前就知道事物的运作方式，只是通过观察而不是理论来"跟随行动者"并"组装"社会世界（Latour，1987，2005）。

两者保持如此隔离的一个原因与行动者网络理论提出的一种批判有关。行动者网络理论的部分问题在于，一旦进入行动者-网络路径，就很难走出去！考虑到网络的类比似乎对连接的可能性提出了很高的要求，这确实是一个奇怪的问题。一旦接受了任何或所有行动者网络理论原则，回溯到早期的社会理论确实是非常困难的。这些理论的原理或基础至少可以说是不稳定的。此外，布迪厄是一位特别的社会理论家，被选为"不良"社会科学的一个例子，他的概念被拉图尔（1991，2005）提出了直接的批评，尽管他的分析中的某些元素被视为"与社交网络分析兼容"（Callon，1998b：15），这是一个我将在下面回到的融合点。但是，如果有人回到布迪厄的早期和最新作品中，将它们绑在一起的任务并不是那么离谱。然后可以通过经验观察、描述和分析来追踪与行动者网络理论脉冲的连接。

正如我所认为的那样，布迪厄整个职业生涯中定义的场论问题在于，它越来越多地脱离实际的实践或现场工作（Entwistle and Rocamora，2006）。布迪厄声称是在谈论实践，但他却经常坐在扶椅上高谈阔论自以为他了解世界，实际上却并没有屈尊亲自去观察它！但是，将布迪厄的理论与实践联系起来的问题比这更复杂。这个理论是直接从现场调查中得出的，特别是他在柏柏尔人（Berber）故居的早期人类学研究（Bourdieu，1973）和他对品位的分析（1984）。这些基于大量实地考察（观察和数据）的研究为他提出的理论概念（如惯习）的发展方向提供了指导，尽管他渴望发展一个通用的场论，最终导致他在实践中忽视了场域的特殊性和复杂性。他确实暗示了经验性观察的重要性，因为当他建议场域发展出其他场域无法减少的利害关系时，"那些没有被塑造成进入那个场域的人不会察觉"（1993b：72）。尽管如此，布迪厄还是认为理论可以解释实践而不需要直接接触它。布迪厄承认场域的特殊性但不打算通过现场考察来研究它们，他的概念变得越来越抽象、理论化，与他声称要解释的社会现实相距甚远。人们不禁要对行动者网络理论表示同情，而行动者网络理论却对这种"懒惰"社会学产生了质疑！

场域和网络：将它们连接起来

这就给我们带来了一个问题，即鉴于这些巨大的差异，人们如何才能"（重新）组装社会"（Latour, 2005），美学商品的市场，在这种情况下借鉴了场域理论和行动者网络理论，正如我打算做的那样。考虑到差异，我想研究一些联系点、一些协同作用，即使不能理解这些截然不同的观点，至少每一个元素都有可能以一种连贯和合乎逻辑的方式"组合"到高级时装市场的分析中。为什么必须对这些市场进行研究以在这两种方法之间进行选择？为什么不将这些方法的不同要素组合在一起，以产生异构（甚至是混合）的分析，而不是归因于一个或另一个的同质分析？但是该如何从这种极端对立的社会科学流派中借用分析呢？

我想建议，尽管出现了不兼容的现象，但这两种方法还是可以部分调和的，可以从每种方法中借用一些要素，以了解美学市场（也许还有其他事情，尽管我将分析限于美学市场）。在这之中，确实有一些明显的联系。正如我在上面已经讨论的那样，卡龙和布迪厄都对古典经济学进行了批评，因为它们过于抽象并且与实际的市场实践背道而驰，他们的批评观点是一致的。两者都承认，理想化的市场在许多法规中都已成为"现实"，从世界银行或国际货币基金组织的全球财政政策到当地的市场整合方式。他们还坚持认为有必要检查市场实践的实用性，在这里可以找到一些真正的协同作用。布迪厄（2005）的最后一本关于法国住房市场的英文著作与行动者网络理论保持一定距离，因为他坚持对市场进行实证观察的必要性，并因此认识到"跟随行动者"的价值（虽然不是用这么多的话来说）是通过考察他们彼此相遇的方式来实现的。在整本书中，许多这样的相遇都被详细记录在笔录和分析中，它们一起可以被看作"追踪"各种行动者是如何表现和制造楼市的。

铭记这一认识论的交汇点,让我回到上面提出的其他遗留问题。首先,在场域和网络的两个空间隐喻中,两者之间存在明显的差异。我想从高级时装的世界来探讨这些差异。其次,我想研究另外三个实质性问题。正如我将继续建议的那样,要理解市场中的具体实践,转向布迪厄的惯习概念是有帮助的,并且在某些方面可以以与行动者网络理论不矛盾的方式加以发展。另外两个与我在本书中关注的问题直接相关的问题,也与卡龙和布迪厄的工作相关;这些是计算问题和中介问题。两位作者在工作中处理这两个概念的方式非常不同,尽管它们之间的紧张关系无法轻松解决,但我想探索每种描述和定义它们的方式。最后,我要以说明卡龙和布迪厄可能如何阐明两个美学市场中行动者的工作来作为总结。

时尚场域还是网络?

不管具体细节如何,即使在最后的研究中,布迪厄仍然致力于将场域定义为具有自身固有规则和属性的有限或封闭的行动空间,而这在本质上与开放的、随时可能发生的网络的隐喻背道而驰。这种差异无法完全解决,但即使在这里,也有一些方法可以接受与网络分析相一致的某些场论。再者,如果人们以实践为基础而不是以理论或抽象空间作为场域,那么就有可能描述世界如何作为一个场域而被束缚。也就是说,它如何根据自己的行动逻辑与世界其他地区隔离(如果只是暂时的话)。我将在稍后再谈一谈,但首先值得考虑的是,在分析高级时装世界时,不同的空间隐喻提供了什么。

场域的有界性非常适用于高级时装:这是一个不是每个人都能参与的排他性世界,它需要特定的知识或能力,而且,正如我所说,需要一种特殊的身体惯习(本书的各个章节对这个世界的具体细节都进行了描述)。场域的局限性存在的一个问题是,布迪厄没有充分解释场域之间如何相互联系,或者行动者如何能够参与多个场域。但是,例如,时尚买手必须超越高级时装,并且意识到跨越设计(家具、家庭室内装饰）、艺术和流行文化世界的更广泛的趋势和品位。买手还借鉴了自己的品位体验，有时，他们的购买决定来自于自己作为消费者而积累的知识。因此，时尚购买的选择是成分混杂的组合，它是根据对消费者、市场以及他们在时尚领域以外遇到的人的观察得出的。甚至看起来有很深奥的时尚模特的品位，也与时尚之外的世界息息相关。例如，"海洛因时尚"（源自 20 世纪 90 年代）起源于音乐文化，对于特定模特的品位通常会受到电影的影响。到目前为止，时尚界还没有一个完整的世界，它的边界不是封闭的，并且与文化生产的其他领域联系在一起。场域的有限性质没有考虑到文化生产领域之间的这些联系。

解决这个问题的一个方法是通过网络的概念。根据休斯（Hughes，2004）的观点，网络分析的优点之一是它涉及行动者之间的空间关系。网络分析在很大程度上是一种方法论方法：正如休斯（2004：213）所指出的那样，"该理论表明网络始终是本地化的，在真实的地方和特定的时间工作。因此，只有通过说明其当场的工作情况才能了解它们，并且在实践中只能将它们视为在空间上的物理扩展而全球化"。

当一个人"跟随行动者"时，不可避免地会与他们一起穿越从当地向外延伸的空间。"网络延长"的概念使人们可以根据需要越来越远地跟踪连接，但始终可以从本地行动者那里进行。因此，我对时尚买手进行观察，有必要跟随他们去伦敦、纽约、巴黎和米兰附近的工作室，并且有可能在购买过程中看到他们与设计师、代理商和其他人建立的联系和关系。但是网络也不是无限的。如果我有一整年的预算来跟踪买手，那么其中许多联系很可能是可以预见的。同样，在时尚网络中创建的"价值回路"是可以预见的，与在业界已经确立的名气相关联。尽管新名字一直在出现，但对于名牌设计师、摄影师和新闻记者而言，要比无限网络的概念所暗示的更具连续性。确实，有没有像斯特拉森（Strathern，1996）所说的那样，我们需要"切断网络"？当我们达到外部极限时，我们又是否需要问自己：网络是否是无止境的？

我们需要在这两个术语之间做出决定吗？一个人或另一个人决定是

否将时尚更恰当地描述为场域或网络?在这两者之间进行选择的一种必要方法是针对特定地点,并简单地检查市场是如何实现或物化的。以场域的概念来说,当时尚被封闭时,将其描述为一个场域也许是恰当的。恩特威斯尔和罗卡莫拉(Entwistle and Rocamora,2006)详细阐述了场域实践而非理想化、抽象的观点。在这篇文章中,恩特威斯尔和罗卡莫拉主张将布迪厄早期的实践工作与其后来的、抽象的、物化的场域概念重新结合起来,并论证了在伦敦时装周(LFW)的空间表现中,时尚场是如何在时间和空间中物化的。根据仔细观察,我们详细描述了伦敦时装周的空间编排是如何使场域自身可见的;也就是说,对参与者本身,以及那些向读者展示参与者的媒体,并考察时尚场域的关键"参与者"的各种"位置"或身份是如何获得和复制的。我们考察了这个场域的"资本",特别是"时尚资本",是如何表现这些身份的,描述了在行动者之间的现场接触中观察到参与者的风格和举止。这种时尚资本实际上是通过后天获得的时尚"惯习"来具身化的。因此,这些"资本"、"位置"和"惯习"的概念都是从观察中衍生出来的。与此讨论相关的是,在伦敦时装周上呈现的时尚场域确实是一个隔离的、有限制的行动空间:进入受到限制,真正的大门被竖立在秀场和贵宾周围,其效果是将高级时装世界配置为一个独立的、有限制的空间或活动场所。然而,最后一次重复这一点,所有这些都是在现场观察到的,而不是假设的,事实上,与伦敦时装周本身一样继续存在。根据我们的观察,有意义的是,场域作为一个有界空间的隐喻实际上在理解这里发生的事情方面起作用,它有一个经验性的现实。实践中的场域实际上可以是封闭的行动空间,关键是描述它们的样子,看看它们是如何被封闭起来的,而不是从实践中抽象出来的。

我们的描述与启发行动者网络理论的研究没有太大的不同,草莓市场在法国也有类似的表现方式(Garcia,1986),金融市场是封闭的行动空间(Abolafia,1998;Knorr Certina and Bruegger,2004;MacKenzie,2004)。虽然这些作者并没有用场域这个术语来描述这里发生的事情,但是用这个隐喻以及从布迪厄的场域理论中衍生出来的概念，来描述伦敦时装周是合适的。这并不排除研究时尚市场在其他活动空间中如何以其他方式呈现的可能性。事实上，当我跟随塞尔福里奇的行动者购买时装时，还观察到了其他一些事情，并且可以很好地利用行动者网络理论的概念（如本书第二部分所述；另见 Entwistle，2006）。此外，这并不排除分析市场内部的计算和知识形式是如何联网的可能性，正如我在本书中所做的那样。换而言之，场域可以用精确的方式来描述特定类型的边界相关活动，而在描述构建的边界或框架内的某些事物的链接或组装方式时，可以首选网络。

事实上，这种对场域的思考方式与卡龙的"框架"思想没有太大的不同，他甚至借鉴了布迪厄描述框架的一些过程。卡龙（1998c）认为，市场是通过活动的"框架"形成的。框架有多种形式。这一框架的一部分涉及"外部性"的创造，但也使用了其他非常实质性的框架，他在加西亚的作品（Garcia，1986）中给出了草莓市场的例子。在这里，一个理想化的市场被创造出来，按照政治经济学教科书中的市场形象来构成。这种"完美的"、非个人化的市场是由"物质的投资"构成的——仓库和拍卖室，并且由于这种空间安排而确保了特定的互动方式，从而保证了市场以非常特殊的方式运作。场域分析和网络分析之间的主要区别在于，行动者网络理论并没有像布迪厄那样将边界作为先验（理论上）给出，而是从询问边界如何构成框架开始的。因此，这是我最初的问题之一，将场论与行动者网络理论联系起来。

确实，当人们回想起从符号互动主义衍生而来的文化生产的早期研究时，这并不那么激进。贝克尔（Becker，1982）在他的经典著作《艺术世界》（*Art Worlds*）中以特罗洛普（Trollope）的名言开头，描述了他的马夫对其文学成就的重要性：这位马夫在 5∶30 为他带来最重要的晨间咖啡，以便他可以一大早开始工作。贝克尔使用引号进行标注，其方式与拉图尔（Latour and Woolgar，1979；Latour，2005）或劳（1986a，1986b，2002）在其他地方都非常相似，包括所有对任何物质生产都至关重要的各种小物件、过程和制度。确实,与行动者网络理论认为的一样,他考虑了涉及艺术创作的一系列文化对象和能动者,从最看似边缘的人(例如为艺术家制作咖啡的人,或者打扫舞台的人)一直到被指定为艺术家的人。据他所说,所有这些都构成了艺术品。他(1982:35)也提醒我们,"围绕任何社会世界进行社会学分析的一个重要因素是,观察参与者何时、何地以及如何划清界限",在此过程中定义什么是艺术,什么不是艺术。"通过观察艺术世界是如何做出这些区分的,而不是试图自己做出区分,我们可以了解艺术世界中发生的很多事情(Becker,1982:35-36)。"

我的观点是,可以保留场域的概念,以查看它们在活动和身份周围划定界限的特定方式,但是这种概念并不排除其他形式的分析,它们可以适当地从观察中得出。我的使用是精确的,并且仅适合于我对高级时装世界所做的观察。

能动性:如何解释具身化的市场实践?

场论的另一个问题,限制了它的适用性,并加强行动者网络理论的批判,涉及的是对整个社会学尤其是布迪厄重要的经典能动性/结构二分法。根据行动者网络理论,在假定存在稳定的结构和明确指定的人类能动性的情况下,布迪厄并站不住脚。此外,由于采取了这种二分法,许多其他问题也在起作用。对布迪厄的一种批评是他的说法是机械的和确定性的。结构无休止地自我复制,因为能动性限于此类结构的连接,所以能动者变成了包含它们结构的傀儡。考虑到布迪厄提出的克服经典结构/能动性二分法的目标(Bourdieu,1977,1990),这一问题在布迪厄的工作中尤为复杂。对他的批评是公平的,但这是因为他没有履行自己理论的承诺。当然,他的某些场域分析令人震惊地简化了实践:他在其中描述行动者如何根据其特定场域的配置在场中运动,他的分析倾向于机械化,将能动者简化为包含他们的场结构的傀儡。因此,尽管场域的出现引起人们的广泛关注,以描绘"实践理论"(1977)并描述"实践逻辑"（1990），但他自己的场域分析常常在结构方面犯了太多错误，具有机械性的确定性。但是，如果我们将目光放长远到超越了他自己的特定应用（或者，更确切地说，他未能应用或发展与实践相关的理论），回到了他的"实践理论"的目标，那么我们也许可以打破这一僵局。

布迪厄（1990）专门着手克服社会学把客观主义（如结构主义）或主观主义（如现象学所示）放在优先地位以产生能动性和结构的生产性解释的倾向。他为克服这个问题并架起结构/能动性之间的二分法而发展的观念就是惯习。

作为实践理论，与实证主义唯物主义相反，坚持知识的对象是建构的，而不是被动地记录下来的；而与唯心主义相反，坚持这种建构的原理是结构化的结构性倾向体系，即惯习。它在实践中构成，并且始终以实用功能为导向。可以从客观主义唯心主义统治世界的主权观点下走下来，而不必通过将知识简化为纯粹的记录而放弃对世界的"积极方面"。为此，必须将自己置于"这样的真实活动"中，即"与世界的实践关系"中（1990：52）。

布迪厄的观点是，惯习既是结构化的，即实践的方向，又是根据场域/历史的结构化的，他认为，这一观点并不能将惯习降低为结构或能动性，但可以让我们同时验证它们，因为它们在实践中很明显。关于惯习是否确实能解决能动性/结构问题，一直存在很多争论，但是就像场域的概念一样，这一切都取决于人们如何运用它。与其向人们介绍这个繁杂的领域，我更想让你知道，惯习对理解高级时装实践的要素到底多有用。惯习当然有可能成为一个相当机械的甚至是确定性的概念，但是该概念仍然有可能对身体如何在实践中运动（如果它与所观察的事物保持接近）进行更丰富的讨论。关于惯习的实质性讨论（以我的现场调查中的示例为例）将在第6章和第7章进行。我将更进一步说明我如何使用它的有关理论点。

我借用这个术语的原因是，行动者网络理论通过关注事物的非常物质的形式来承认身体（参见 Mol and Law，2004），因此描述实验室或市场中的身体的语言实际上是贫乏的，而且，在分析中，身体实际上被迅速地忽略了。思里夫特（Thrift，2005）对管理话语的讨论提到了各地的身体，但是因为他的分析主要是理论性的，并且他仅有的经验证据是从文本和手册中提取的，所以他对实践中的身体知之甚少。麦肯齐（MacKenzie，2001）承认手势在金融交易市场中的交流和执行中的重要性，但这只是一个顺带提及。劳（2002）在描述事物如何在实验室或办公室中移动或聚集在一起时，关注的是一种更为平凡的身体行为，但这些仍然是肤浅的观察。同时，卡龙也没有再提及身体。

惯习与布迪厄的"资本"（经济、社会、文化等）观念紧密相关。根据布迪厄的说法，这些资本在任何场域都分配不均，并由"参与者"或市场能动者进行交易以最大程度地获得成功。在他的场论中，资本和惯习在概念上是不同的。资本可以采取认知知识（例如各种形式的教育或文化知识）以及社会关系、关联、社会网络联系的形式；但实际上，资本也可以通过习得的惯习来具身化。正如恩特威斯尔和罗卡莫拉（2006）所讨论的，"时尚资本"就是这种情况，高级时装内部需要特定的知识。在高级时装市场中，时尚知识是文化、社会、象征性资本形式的组合积累：要进入时尚圈，人们必须了解特定的设计师、品牌、面料、样式。但是，了解还涉及能够通过身体展演和表达来呈现这一知识。这就是说，不仅知识使市场能动者趋向于特殊的区分（因为他们缺乏适当的资本和惯习，所以不会引起位于另一个市场的人的注意）；而且在这个市场上，至关重要的是，知识会被附着在身上。

因此，布迪厄的惯习概念允许人们描述一些身体表现和表演的丰富性，以及这些表现和表演对高级时装市场内部行为的重要性。这对于了解与身体有关的市场非常重要，就像时尚一样明显。正如我在整个分析中所建议的那样，首先必须拥有一种特定的身体才能进入这个世界。在讨论服装模特时，这可能是显而易见的观点，其中需要某些身体形状和尺寸标准，但是在塞尔福里奇百货公司和时尚购买空间中观察到的身体也可以说相同。确实，面向身体或以某种方式以身体的形式为前提的其他市场可能确实如此，例如前者的性别和表演工作，以及后者的服务业工作，所有这些都需要某种程度的美学劳动（Entwistle and Wissinger, 2006）。但是，我会毫不犹豫地建议，身体外观是所有市场的重要特征。

在不先于其他章节讨论的前提下，我简要介绍一下有关高级时装世界的一些显而易见的事情。高级时装市场要求特殊的外观和性能。在制造和共享高级时装的空间中，特定的身体在流通，穿着某些服装，并以类似的方式走路和说话。这些外观和表演使局外人（例如我自己）感到震惊，并在封闭的空间（例如伦敦时装周）中更加突出，在这些空间中，时尚市场在狭窄的舞台上活跃地呈现或配置。惯习捕获这些外观的规律性或模式化，并使人们能够描述这些身体是如何配置的，因为它对特定于观察到的实践的身体展演的重要性很敏感。因此，要了解模特、经纪人和买手如何理解他们的市场，有必要掌握其具身化展示和敏感性的重要性。我将在第 6 章和第 7 章中充分论述这些观点，即描述具身化在表达"意会美学知识"时的重要性——意会知识对于在这个市场中的理解和创造至关重要。简而言之，惯习是指一种特殊的感觉和敏感性，高级时装行动者能够让人们区分和计算商品（衣服、模特）以选择它们。

惯习是一种施为性知识，表明市场行动者对时尚有适当的具身性理解。通过时尚惯习行为，高级时装内部的市场行动者呈现他们的知识并表明他们属于那里，但更具体地说，他们执行了这种惯习。这样的个人表现对于他们在这个市场上的成功至关重要：在商店内外与供应商和其他行动者的相遇中，塞尔福里奇的买手意识到他们必须"看起来像"，并"具身化"商店要建立和维护的适当的高级时装形象。

然而，述行性不同于表现，它关注的是对象在话语中的生成，而不是指真实的对象（Butler, 1993, 1994）。借鉴奥斯汀（Austin, 1962）和施为性言语行为的概念，述行性是"话语中具有产生其名字的能力的那个方面"（Butler, 1993）。因此，无休止的时尚惯习行为（在表现中的反复演绎）有助于产生"时尚内幕"的形象，从而在此过程中再现对象/市场能动者。当然，实际上，正如劳埃德（Lloyd，1999）在对巴特勒的评论中所指出的那样，人们无法轻易地将表现与述行性区分开来，因为述行性是以表现的重复演绎为前提的。

但是，在这里，我们再次回到结构/能动性难题的旧二分法：个体/能动性与生成结构之间的"确定"问题。与其尝试解决这个问题，不如检查事物在实际中出现的情况，并追踪通过述行性表示建立的联系和关系，而不是试图在更高的理论水平上解决这个问题。我同意拉图尔（2005）的观点，因为有太多的痕迹，所以无法简化为一个决定性因素、一种"社会力量"，但这并不意味着我们无法描述看到的某些痕迹或模式。事实是，"惯习"一词使我们能够检验实践。确实，它指导我们这样做！让我们看一下高级时装的业务和实践：如何实践这个市场？作为市场，它主要通过制定时尚感和敏感度（即时尚惯习）来发挥作用。我认为，惯习的概念使我们有可能追溯该市场中能动者之间的某些知识形式和各种相遇。

以这种方式来思考惯习，与更多受行动者网络理论启发的关于市场和能动性的说法并不矛盾。虽然惯习是人类的具体属性或性格（很难想象分子或显微镜如何具有惯习），但利用它并不意味着仅仅从人类的性格或能力上就可以看到能动性。行动者也可以采取其他形式，能动性不仅限于人类行动者所演绎或具身化的形式。惯习仅代表市场上某些行动者所拥有的一种性情或能力。更重要的是，因为惯习不是个人的唯一财产，所以惯习就行动者网络而言可以看作在行动者之间流动的一种分布式知识。

计算：美学市场中的事物如何被稳定化？

第三点是场域与行动者网络理论之间的联系，并回答了我的关键问题之一，即塑造这些商品并确保其获得高级时尚价值的逻辑市场活动。这涉及计算问题。根据卡龙（1998b：32），计算问题对于理解市场至关重要。他对市场的定义意味着计算能动性的格式。也就是说，市场这个概念的基本前提是，能动者（买手和销售商）可以并且确实来会面以达成价格共识，而要做到这一点，他们需要能够"计算，即对她的决定进行排名……列出她可以采取的行动清单，并描述这些行动对她所处的世界的影响"（1998b：4）。换句话说，他们必须能够经常在极端不确定性的条件下计算其行动的效果、目标和影响。如果市场假定一个逻辑性且会计算的能动者，那么他会问一个问题："在什么条件下可能进行计算？在什么条件下会出现计算能动者？"（1998b：4）。答案可能有所不同；实际上，卡龙的目的是研究市场采取的多种形式，而不是接受经济教科书中的标准说法，"目标可能是探索计算能动性、形式和分布的多样性，从而探讨有组织市场的多样性"（1998b：51）。

至关重要的是，对于卡龙来说，计算和计算能动性并不是从某些必不可少的"自然"派生而来的（就像古典经济学理论的同质经济学一样），而是根据市场本身的设想和组合方式来格式化的。市场一旦建立，就趋于成为"路径依赖"或"锁定"的做事方式和存在方式，"'锁定'表示市场或制度的发展变得越来越不可逆转的所有机制。选择范围逐步缩小了"（1998b：48）。换句话说，行动者被"一个社会技术网络"所束缚，并且通过他们的纠缠，计算能动者诞生了，"计算能动者被格式化、构架并配备有帮助他进行计算的假体（原文如此），而这些假体在很大程度上是由经济学产生的"（1998b：51）。

对于布迪厄来说，计算问题是存在的，尽管是根据场域"参与者"的"策略"来界定的。同样，场域也可以看作"锁定"做事方式（尽管他不使用该术语）。根据他们在场域中所处地位以及他们可能拥有的可变资本量，可以看出场域中的能动者具有某些"路径依赖"的行动路线。"游戏"这个概念的含义是计算：一个场域中的"玩家"陷入了游戏中，他们必须遵循规则，并通过计算如何最大化自己的位置来做到这一点。例如，在高级时装领域中占主导地位的设计师就是那些拥有"通过其签名来定义稀有物品的权力"的设计师（Bourdieu，1993b：133）。他们将"在很多方面与新来者、场域的新进入者形成对立"

（133）。既定的人物具有"保护策略"，而新来的则具有"颠覆策略"（Bourdieu，1993b：73）。他引用巴尔曼（Balmain）和雪莱（Scherrer）在电视上的辩论，并指出他们之间的讲话风格不同，巴尔曼强调"法国品质"，而雪莱注重"像1968年5月的学生领袖"（133）。相比之下，虽然占主导地位的设计师是保守的，并且变得含糊和不可言喻（事情"不言而喻"），但与此相反，左岸设计师的策略却归结为"一种推翻游戏原理的意愿，始终以游戏的名义，即游戏的精神"（Bourdieu，1993b：134）而论。

对于布迪厄来说，计算能动性是一个行动者，其计算和制定策略的能力是场域的属性。尽管从某种意义上说，这些不是行动者的本质或自然属性，但在他的分析中有一个隐含的假设，即人类始终是战略制定者，无论他们占据哪个场域。尽管卡龙提出了类似的观点："能动者是'事实上的计算者'"（1998b：12），但区别在于两者在工作中如何构想"经济"和"计算能力"。对于布迪厄而言，"文化"和"经济"逻辑的分离（尽管相互联系）仍然能清晰地被感觉到。实际上，就战略、资本、惯习等方面而言，前者始终是后者的一种表达。也就是说，他的分析倾向于将经济最大化置于战略/计算的核心，尽管采用了精心设计的手段以及似乎是非经济或"文化"暴力来掩盖这一事实。那么，对于布迪厄来说，人类实际上是在进行经济计算。但是，对于卡龙来说，"文化"或文化策略不存在，从任何纯粹意义上讲，"经济"计算也不存在。如果人们正在计算，那是因为市场格式化的方式以及它们在网络中是开放的："能动者网络是通过构造计算的，因为所有行为都是根据组合、关联、关系和策略进行分析定位的。行动者具有计算性，因为行动只能是计算性（1998b：12，着重强调）。"换句话说，在他的分析中没有像布迪厄的经济学主题那样重要。

另一个区别在于场域的运行方式。场域使（或关闭）能动性成为可能，从而打开特定种类的计算和策略。但是，按照布迪厄的说法，场域是先验的背景，在此背景下，既定的稳定身份彼此相对。用这种思维方式，计算被假定为"这种能力的文化或社会构成的维度"（Callon，1998b：5）或采取"嵌入"的形式——行为者被"嵌入"在社会环境中，使他们能够按照自己的方式行事。与卡龙的行动者网络根本不同的是，没有上下文，没有社会结构，甚至没有"已经存在的网络，而是构成本体的网络"（Callon，1998b：8）。他从格拉诺维特（Granovetter，1983）处借鉴来的观点认为，网络不将既存的稳定身份与"具有固定的利益和稳定的偏好集"联系在一起，然后"形成一种僵化的社会结构，构成个体行为的框架"（1998b：8）。相反，简而言之，"能动者"的身份、兴趣和目标，可能稳定其描述和存在的一切都是可变的结果，并随这些能动者之间关系的形式和动态而变化（1998b：8）。

在卡龙的网络分析中，我们将浸没在结构（网络或场域）中的"两个传统上分开的概念"（一个能动者）替换为一个单独的实体，即行动者网络。因此，像布迪厄这样的传统社会学分析的二元论被网络分析的一元论所取代，并且消除了"将能动性与网络分开的任何解释"（1998b：12）。与惯习（假定能动性/行为者和结构之间存在稳定的区别）不同，始终具有偶然性的网络的思想免除了维持这种二分法的需要，并迫使我们研究事物如何配置以形成行动者网络。

然而，尽管存在这种差异并且是一个至关重要的本体论，但卡龙（1998b：14）借鉴了布迪厄关于礼物赠送的解释，认为这是关于他提问的有关框架以及市场计算如何产生问题的"唯一的……答案"。也就是说，当布迪厄在时间和空间中描述行为时（与描述一些理想化和抽象化的空间相反），他的分析有助于解释行为是如何从计算性或无私心性的角度来构建的。在这里，他指的是布迪厄在送礼方面的研究。这种情况需要作出解释："要解释计算性能动性的出现，我们也必须解释非计算性能动性的出现（Callon，1998b：13）。"理解行为是否被解读为无利害关系的关键取决于两个因素：赠予与反赠之间的间隔，即"掩盖"了"礼物作为慷慨、自由、单向姿态的意图真实性"（Bourdieu，Callon，1998b：14）和这是一个交换时刻的真实事实之间的矛盾。关键因素是时间差：退回礼物太早，交换被视为有兴趣，而更长的时间间隔会导致"健忘症"，从而使礼物失去兴趣。卡龙认为，通过检查这种相遇的时间安排，布迪厄的分析可以对相遇进行非本质的解释，即与内在的利他主义或自私无关，也与关系的本质特殊性无关（不是市场就是爱情）。对于卡龙来说，布迪厄的分析基于"这些关系的格式，这将使能动者倾向于善于算计或毫无兴趣"（Callon，1998b：15）。在此示例中，重要的是，当专注于原地相遇时，在实践中，布迪厄认为的与卡龙所提出的功能相似。

为什么要重点关注计算方式？这里的要点是，在所有市场中，做出选择和决定的条件取决于相遇形成的方式。市场中的能动者具有位于特定行动者网络（或场域）内的能力，他们的行动能力由他们彼此交汇的方式来确定；我将在第 8 章中描述其中的一些交汇。总而言之，这两种方法都强调关系和冲突的格式，它们以特定的方式将市场（如时装）放在一起。从这两者中汲取的见解提供了一种检验该市场内能动者的计算能力和围绕商品创造价值的方法。

中介与中介者

布迪厄和卡龙之间的最后一个联系点是中介问题。这个问题对于研究像模特经纪人和时尚买手这样的人的工作至关重要，因为这些人可以说是在时装市场的不同能动者之间进行中介。但是，这两者之间仍然存在关键的区别，到目前为止，这应该是相当明显的。布迪厄（1984，1993a）一直与"文化中介者"的概念联系在一起，他在一篇关于"新的"小资产阶级的早期引文中将其定义为记者作家和作家记者，他们参与围绕艺术作品创造价值。后来，布迪厄（1993a）对此进行了限定，并将其定义扩展到涉及作品"符号生产"的人员，因此该术语可以扩展到涉及广告、营销等领域的人员，这些人员负责在事物周围产生意义。如第 1 章所述，模特、模特经纪人和时尚买手可以称为"文化中介者"，因为他们的工作可以将事物（商品、美学、品位）传播给消费者。

对于卡龙（1986）而言，现在可能已经很明显了，中介者和中介可以采取多种形式，而不仅限于特定的职业或行为者类别（人类）。某物是否中介其他物取决于其进入网络的位置。"行动者与中介者之间的划分是纯粹的实际问题。团体是行动者还是中介者？……答案与形而上学、本体论或'人'的权利无关。而是实证性的（1991：141）。"因此，核电站可以是行动者或中介者："问题是责任在哪里停止——你专注于该群体，或者你进一步关注该行动者，或者将其传递到外部的网络中，那么你就有一个简单的中介者了（1991：142）。"中介的概念也是他在"转译"概念中得到发展的，因为该概念涉及如何使事物有意义并在特定行程中发送。市场能动者一直在进行转译工作，将商品从一个位置转移到另一个位置。这一点在卡龙关于"好"到"商品"的转译的分析中讨论过（Callon，Meadel et al.，2005），并在本书的第8章中得到发展，我讨论工作室里的商品如何具有特定种类的品质，这些品质在生产者或能动者（例如时尚买手）之间的接触中是有意义的。为了使这些货物成为商品，销售给消费者，必须将特定的品质转化为其他东西。鉴于高级时装商品的美学品质是完全任意的，并因此不稳定，那么问题（这里发生了什么？）就集中在我们可以称其为"时尚"的美学品质将如何稳定足够长的时间，以便可以被选择、分发和销售。关键问题是能动者积极地理解商品并建立所需的质量。所有这些都回到了计算的重要性。

当然，文化中介者（Cultural Intermediaries，CI）和中介这两个概念都是有用的。为了了解时尚买手、模特经纪人和模特本身的工作，描述这些特定的人类行动者如何中介事物非常有用。然而，我们不必将文化中介者和中介的讨论仅限于人类能动者。取而代之的是，如第8章中所述，重要的是研究在布迪厄的报告中被忽略的中介过程（McFall，2002，2004），并承认即使在时尚买手与供应商及供应商的代理商之间的简单相遇中，也会发生多种多样的中介。事实上，在这场邂逅中，并不是一个而是许多东西被中介，在布迪厄的分析和随后的研究中，有些东西被忽视或过分简化。

结论

本章讨论首先回顾了传统上将"文化"和"经济"定义为生活的不同领域的不同方式，以及随后如何将它们以各种方式联系起来。显然，没有将这两个领域划分为单独的领域，因为它们不是具有不同道德逻辑和特征的不同生活领域，因此无法轻易区分它们。场论和网络分析的潜力在于，它们都提供了有趣且有用的方式来重新连接被指定为"文化"和"经济"的事物。

尽管已经研究了布迪厄与卡龙之间的许多相似点和不同点，但有一点值得重申，因为这为如何结合"文化"和"经济"提供了一些启示。在布迪厄的说法中，它们在日常实践中很容易联系在一起：策略和计算能力到处都打扮成"文化"，尽管最终它们服务于"经济"利益，即再现阶级统治。但是，在卡龙的行动者网络理论应用中，看似"文化"逻辑与"经济"逻辑之间没有明显区别：鼓励我们沿着一个单一的实体"行动者网络"追踪联系，而不是这种二元论。古典社会理论的二元论与行动者网络理论的一元论之间的区别，以及它们将"经济"与"文化"联系起来的不同方式，仍然是两者的主要区别。但是，如果一个人坚持实证观察，两位理论家都允许人们检查市场的实践（计算和中介），这些计算和中介会自动"合并"通常被分为"文化"和"经济"的事物。两种方法都强调了在实际市场中涉及的计算网络：市场中的决策源于各种看似"经济"和"文化"的关注点和逻辑，它们相互融合而不是相互独立。两者都暗示，市场不会以这种方式崩溃。

所有这些理论讨论加起来是什么？如何使用这些不同的方法来了解高级时装世界中的市场能动者的工作？如果以某一个共有的认识论基础为出发点（应该从观察和实践开始），那么问题就变成了如何理解新兴数据以及采用什么概念。通过密切关注观察到的相遇、实地考察，以及布迪厄最早和最新的一些研究，可以避免场论的某些局限性。确实，很可能是受行动者网络启发的分析比他自己的应用（通常应用不充分，扩展或重做）更能恰当地询问布迪厄的某些场论和概念。在这方面，每个人的力量都可以汇集在一起。

但是，当尝试获取高级时装世界构成的某些方式时，很难不使用布迪厄的方法论。时尚确实像场域一样运作；这是一个通过创建特定类型的围墙和边界而得以维持的世界，以及一个为不同身份赋予不同价值和地位的世界。因此，布迪厄的场域、资本、位置和惯习的概念捕获了高级时装作为高度差异化、以地位为导向的市场的某些特征。他的分析还强调了身体的中心作用，以及在这个市场上的日常工作的关键外观和具身化表现，这是行动者网络理论启发的其他市场所没有的特征。在第二部分中，我将在对时尚买手的案例研究分析中详细讨论后者。

行动者网络理论的见解比场论更具有深远的意义，这确实是事实：它们需要对构成布迪厄作品的古典社会学概念进行彻底的批判。行动者网络理论提供了对"社会"的更广泛定义，即关联而不是僵化的结构，由所谓的非社会实体组成。与场论相比，它也提供了一种更为严格且有远见的经验主义方法。这样一来，与布迪厄的分析相比，行动者网络理论提供了更多的途径来调查市场形态，这使我们可以进一步推论其观点，但正是由于这是一种方法论，它并没有为我们提供所有的概念来恰当地解构这些。作为一种方法，行动者网络理论可以而且应该保持开放，而不是封闭，许多可能的理论概念可用于分析，只要它们来自观察。关键是与场论不同，"行动者网络理论不是理论"（Callon，1999）。的确，尽管场论朝着世界通用论发展，但行动者网络理论议程却恰恰相反。

正是这赋予了它力量和适应性。"此外，我们从未宣称要创造一种理论。在行动者网络理论中，理论太多（多余）……我们必须警惕这种奉献，特别是当这是我们最好的朋友的工作时……我担心我们的同事以及他们对理论的痴迷（Callon，1999：194）。"

-3-

美学经济：时装模特领域的
价值生产

在第 2 章中，我提出了一些理论方法的术语，这些理论方法吸收了场论和网络分析的真知灼见，并指出在时尚世界的任何分析中同时使用场论和网络都是有优势的。本章的目的是运用这些理论见解来介绍高级时装市场，在这些市场上买卖的美学商品引发了有关价值的有趣问题。我以高级时装模特为例，尤其是男性模特。最初的问题很简单："这是什么样的市场?"自然会引出有关该市场如何组合的相关问题，这些问题涉及市场本身的行动者、组合过程和实践。

从商品本身开始，很显然，高级时装商品引发了许多关于在这样的市场中如何产生价值的问题。时装模特或时装具有很高的美学内涵，尤其不稳定，因为其美学价值会随时间不断波动（因为每个"季节"或"季中"都会带来"新"风格），以及具有空间性，尽管时尚在全球范围内传播，但始终必须适应当地情况。因此，主要特征是美学的改变。的确，时尚的逻辑是美学上的"为改变而改变"而没有"进步"。这种不断变化的逻辑在很大程度上与经济价值联系在一起：本季的热销牛仔款式或"令人兴奋的时尚新面孔"如今可以以高价出售。但是，到季节结束时，牛仔夹克可能已经在百货商店的打折区了，而模特被人遗忘后则会被另一位替代。换句话说，经济价值始终无处不在地受到系统性变化势头的影响，因为不可避免地会被另一种新的牛仔款式或受欢迎的新颜色紧随其后，然后取而代之。持续不断的美学波动的时间维度以两种重要方式表征了该市场中的大部分"风险"。零售业的市场决策是在货物到达之前做出的——时尚购买发生在实际季节的几个月之前,因此,下达的订单数周甚至数月都不会到达消费者手中。在模特市场中,可以在客户需要时挑选和放弃模特,这样可以将这种风险降到最低。但是,经纪人仍然需要决定去投资谁,这是他们无法始终预测其结果的时间和精力的投资。除此之外,时尚商品明显的时间维度正在迅速贬值:一旦服装入店,在它们"过时"之前仅有很小的机会能被出售,而时装模特职业却众所周知——短暂,他们只有几个季节可以给人留下深刻的印象。

这里发生了什么?某个东西如何在第一天以全价出售而在第二天又变成半价呢?什么品质可以使商品在第一天而不是在第二天变得热门?此外,这些市场内部的人如何看待这些品质?以时装模特的世界为例,它将款式(有时称为"美",但并非总是如此)转换为商业率,并提出了许多有趣的问题:看起来如此主观的"文化"与外表或"美"如何被修饰?特定的款式如何被认可成为新秀?市场上的人如何识别哪一种款式会被卖出?换句话说,在文化产生的领域中,美学的产生是中心的,但美学的内容总是在变化的,如何确保某个特定对象的价值足够长以便可以从中提取价值?

美学是生产各种不同产品和服务的中心,例如广告、服装设计、零售、图形、网站设计、建筑、室内设计和家具设计。但是,关于经济学和日常生活的"美学化"的辩论(Baudrillard,1981;Lash and Urry,1994)只是理论上的,很少对此过程进行实证分析。布迪厄(1993a)和怀特(White,1993)开发了用于分析艺术作品的平行框架,但需要针对实际市场的工作进行实证研究,以检验其命题。阿斯珀斯(Aspers,2001)对瑞典时尚摄影市场的研究,尼格斯(Negus,1992,1999)对流行音乐文化生产的描述以及怀特(2000)对战后时代意大利时尚发展的研究是其中的一些特例。所有这些都是对市场条件的经验性详细说明,在这些市场条件下,会生产出具有较高美学含量的文化手工艺品（Berger，1972；Becker，1982）。

我的分析以其中的一些工作为基础，并且扩展了经济社会学中一般市场上的工作。美学市场使人们有可能了解在文化艺术品交易中将"文化"和"经济"考虑因素合并的特定方式。这部分地解决了当前在经济社会学上的偏见，这种偏见倾向于其他市场，例如食品等基本商品、汽车等技术市场或金融市场。但是，美学市场之所以需要我们的关注，不仅因为它们存在并具有经济意义，还因为它们使我们能够"探索计算机构、形式和分布的多样性，从而探索组织市场的多样性"（Callon，1998b：51）。因此对美学市场的分析扩展了我们对在不同商业实践中产生价值的方式多样性的认识。

我在本章中的案例研究（男性时装模特）可能看起来很不寻常或微不足道。但是，它揭示了在买卖美学产品的市场中如何产生美学价值，并且本书概述的思想是针对此处和本书后续各章中的时髦服装而提出的。我从定义和介绍开始；我想定义并介绍我的案例研究，首先通过解释时装模特的某些特征，将其作为特定城市文化经济中的一种特定工作形式，然后描述美学经济或市场的特殊特征。在《美学经济中的网络与回路》（*Network and Circuits in the Aesthetic Economy*）中，我研究了时装模特的具体美学以及在"经济"和"文化"价值之间进行的各种计算。在《模特业的美学经济中的价值回路》（*Circuits of Value in the Aesthetic Economy of Modelling*）中，我研究了"价值回路"，这些回路对于时尚网络内部行动者的计算和行程至关重要。

定义和介绍

模特与城市文化经济

时装模特位于许多城市的"文化经济"中。也就是说，近年来，随着越来越多的模特经纪公司在主要的"时尚城市"建立起来，可以说它们构成了以"文化"商品和服务为基础的城市的"新经济"。但是，定义"文化经济"一词的含义是很棘手的，正如上一章已经指出的那样，定义在本章中使用的"美学经济"和"文化经济"这两个词之间的关系的任务也是很困难的。如前所述，"文化经济"一词指的是无数种不同的理论反应和方法，也是与贸易文化商品行业有关的一种限制用法。人们进一步宣称这些产业对城市和国家经济的重要性日益提高（Scott，1999，2000；Pratt，2004b）。无论这些声明有什么问题，都有许多功能使这些行业与更传统的"较硬"行业区分开来。汤基斯（Tonkiss，2002：191）建议我们需要定义"关于文化经济的明显'文化'是什么"，并指出"在经济需求和文化知识相结合的情况下，对技术专长的熟练部署在需求特别重要的情况下显得至关重要"。对于理解模特及其某些特定的"文化"元素而言，这似乎是一个非常相关的起点。作为商业实践，时装模特具有对"文化经济"的（更严格的）理解的所有这些特征：它高度依赖于文化知识和其他文化类别，例如威望或荣誉。此外，取决于新颖性，以及产品和劳动力的快速周转，而模特们的外观也在不停地登上 T 台并在之后过时。那么，在具体说明这两个术语之间的关系时，文化经济是指模特作为市场的一些广泛特征，该市场被所有交易文化商品的行业共享。如以下更详细讨论的，我使用"美学经济"的概念来指代那些具有特殊美学品质的行业。换句话说，并非所有指定为"文化"的市场都与"美学"特质紧密地联系在一起。电影制作主要不是"卖美学"，尽管在某些情况下可能是这样，并且美学是电影制作的一部分。但是，时装模特主要是出售美学外观。

文化知识的重要性确保了时装模特成为都市现象。时装模特主要分布在世界各地与时尚相关的主要城市：伦敦、米兰、纽约、巴黎是最受瞩目的城市，并根据常规的"时装周"确定议程，许多城市也明确宣称已经进入了时装周系统，例如东京、洛杉矶、迈阿密和斯德哥尔摩，这些城市的时尚市场较小（Aspers，2001）。因此，虽然模特是一项全球性的工作，模特们为了工作而不断旅行，他们的形象在全球传播，但它也在很大程度上处于这些城市的当地经济中。全球化背景下这种本地化的插入是萨森（Sassen，1991）所称的"全球城市"的一个共同特征，这一特征也由斯科特（Scott，2000）进行了详细描述。在他对城市文化经济的讨论中，斯科特（2000）指出，这种文化生产根植于特定地区特有的工人群体。模特当然是这样：模特经纪人致力于与城市中的客户建立密切的制度和社会关系；实际上，它的生存取决于建立这些关系。经纪人的大部分时间都花在与城市中的客户会面和商谈上，向他们抒情地谈论模特，并在城市中建立"面试"（模特与潜在客户的会面）。虽然模特可以根据自己的声誉直接预定到世界任何地方工作，因为之前的工作已经接触到国外客户，通过快递或通过网络寄出自己的照片集，但是大多数模特（尤其是早期）都把时间花在选角和"面试"上（更多内容请参见下文）。在这方面，模特与经纪公司一样，必须立足于大城市，那里是主要客户所在地，也是大部分创意作品的生产地。

经纪人通常将这些不同的城市称为构成不同的"市场"，这证明了模特的本地性，尽管他的影响力遍及全球。时尚在寻找"新的"和"热门"模特时依赖于不断变化的审美观，在一个季节内与客户在本国城市预定大量工作可能意味着"过时"而在下一个季节失业，因为会被"新面孔"（经纪公司通常使用的行业术语，来区分新模特和其他模特）取代。有经验的模特见过本国所有主要客户，有时会因此而陷入停滞。正如伦敦一位首席经纪人格威妮丝（Gwyneth）所说：你可以在头三个月做得很好，然后六个月什么都不做；你可以连续制作三个广告系列，之后就没人会再找你。因此，为了振兴模特的职业，有时有必要将其"运送到另一个市场"，即将他们运送到日本、德国、美国，然后将他们带出圈子，进行洗牌；你对他们说："好吧，既然这里所有人都已经看过你了，所以你得去米兰或德国了。"

该行业的社会物理特征甚至更加本地化。在主要的时尚城市中，存在与时尚和模特相关的特定区域/地区。这是一项取决于在特定地区内建立非正式和文化联系的业务。威辛格（2007b）在纽约进行的时装模特研究证明了这一点，阿斯珀斯（2001）对瑞典时装摄影市场的分析也是如此。他指出（2001：89-90）在斯德哥尔摩，特定的餐馆、酒吧和苏德整个城市或"南方"都是时尚界人士的所在地。因此，时装模特经纪公司位于城市的特定区域：SoHo、TriBeCa 和纽约的 Flat Iron 区与时装行业紧密相关，并且都聚焦了模特经纪公司。而近年来，霍克斯顿/肖尔迪奇（Hoxton/Shorditch）已经从伦敦科文特花园和国王路的老地方接手了大多数模特经纪公司所在地的代理业务。这证明了文化对时装和时装模特业务的高度重要性：在这样的行业中，"经商"成功取决于社交/文化和工作活动的相互交织（Neff et al.，2005）。内夫等（Neff et al.，2005：322）描述了"时装模特的创业劳动"和"新媒体工作者"，他们指出，"工作时间和娱乐时间之间的流动边界是由工作日后行业内强制性的'闲聊''会面'或社交活动形成的"。对于模特来说，这可能意味着必须出去吃饭，并定期参加聚会才能见到客户："一位男性模特经纪人说：'我一半的工作是每周要有四个晚上把模特带出去见客户'（2005：322）。"他们的结论是，这些"创造性"职业的"酷"性质使这类工作非常受欢迎，即使工作的现实并不总是那么吸引人：高度的工作不安全感、长时间的工作和通常较低的薪水（尤其是对于那些刚开始或处于职业阶段较低阶层的人）。事实上，正如他们所指出的那样，"文化上理想的工作会降低人们对经济稳定的期望"（2005：331）。

介绍了城市"文化经济"中的模特工作的一些特征之后，下面介绍"美学经济"的定义。

美学经济的定义

美学经济是指在一个特定的行业、组织或公司中，美学是生产特定商品和服务的关键组成部分，在这种经济中，美学是经济计算的核心。换句话说，在美学经济中，美学是一种或多种产品，因此，它们是实践的经济计算的中心。正如我之前所说的（Entwistle，2002），美学商品比起其他种类的产品（如蔬菜或园艺工具）而言，其含义更加模糊，因为他们关注的是"美"、"风格"或"设计"这样的属性，这些属性是可以随着时间的推移以及在不同的社交空间中变化的活跃类别。这并不是说设计不是其他市场的特征——即使单调的蔬菜市场也将美学作为其计算的一部分，超市越来越多地选择"长得好看的蔬菜"来推销（在此过程中，形状怪异的蔬菜被淘汰了）。相反，美学市场存在于对美学计算至关重要的连续体的一端：裤子的长度和颜色迅速流行和过时，布鲁塞尔芽菜或青椒的美感并没有随着季节的变化而变化，而是随着时间的推移保持相对稳定。

我故意使用"美学市场"这个词，而没有用其他更广泛使用的术语，例如经济的"美学化"或"非物质化"。我这样做是为了明确地反驳后现代主义的激进观点，即经济已经沦为符号和象征；去非物质化"浮动的能指"。马克思主义分析认为，我们可以关注商品的物质和非物质（文化）要素，就好像它们是分开的品质或"时刻"一样。豪格（Haug，1986）认为，资本主义制度试图通过在商品周围建立感知（文化含义）来创造一种"审美错觉"，以美化商品的物理内容，她将分析重点放在广告的实践上，以围绕商品编织含义和欲望。但是，正如法恩（Fine，2002）所证明的那样，商品的物质内容与其文化含义之间的这种区分太简单了。他（2002：93）认为，"审美错觉不可避免地比买卖时的欺骗更根深蒂固。广告和设计密不可分……设计和生产也是如此。这些都是文化活动，也是物质活动"。同样，斯莱特和汤基斯（Slater and Tonkiss，2001：180）认为："美学化在商品生命周期的各个阶段起重要作用，它确实将生产、流通和消费这三个被早期的经济和社会思想所分离的过程性时刻聚集在一起。"最接近于理解这一点的方法是杜盖伊和霍尔等（Du Gay and Hall et al.，1997）在他们对索尼随身听的案例研究中提出的，在本书第5章中进行了更详细的讨论。

美学市场的计算有其自身的特殊性或"局部合理性"（Abolafia，1998）。也就是说，美学价值并非凭空而来，而是通过个人和机构的常规行为和实践在市场本身内部产生的。在模特世界中，模特的外观不断变化，以适应时装系统的波动和客户的不同需求。那么，问题就变成了那些在相关领域的人如何稳定他们正在销售的产品（也就是模特）？美学市场中的波动和不稳定性通常通过对他们完全有意义和"理性"的特定策略、计算和谈判来处理。正如斯莱特（2002b）所说，要使经济完全存在，必须通过他所谓的"物化过程"来稳定事物。换句话说，行动者在给定的时间点使对象可计算且有意义。作为对"非物质化"或"美学化"理论的有说服力的批判的一部分，他的分析甚至扩展到了看似最"非物质"的商品，例如美学对象，他认为这是基于物质（即物理的）和非物质（即符号）之间的可疑区别。因此，他认为，所有商品都是在经济行动和市场内计算和实现的。

因此，我不关注生产者和消费者以及市场和实践所没有表现出来的标志本身，而是研究行动者在经济行为中如何产生美学价值，而美学价值对于实施经济行为越来越重要。虽然模特的外表是这些做法的特征之一，但我不对它们进行符号学的解释，而是研究特定标志（文本或图像）围绕商品形式（模特或服装）产生含义和价值的方式。换句话说，通过使用术语美学经济/市场，作为这些市场内部计算的一部分，我认为有必要精确验证美学价值是如何产生的。正如我所建议的那样，模特提供了一个示例，该示例说明了在特定经济领域内"物化"特别不稳定的商品（身体的造型或外观）的方式。现在我想研究一下时装模特的特定审美观，以及在"经济"和"文化"价值之间进行的各种计算。

美学经济中的网络与回路

尽管上述美学经济中固有的不稳定性对于模特和经纪人来说都是一个问题，当被要求在面试中定义时装模特外观的质量时，他们很难定义自己想要的东西，通常通过对他们完全有意义和合理的策略来处理，所以这也是他们工作的一个可以接受的方面。换句话说，这个市场中的实践稳定了质量，这使它成为一个可计算的对象，其含义和价值是"固定的"，即使可能只是暂时的。要了解事物如何获得商品价值，我们需要研究市场实践的两个主要方面：第一，市场行动者进行的计算以及他们如何使对象有意义——稳定和"转译"（Callon，Meadel et al.，2005）——以使其成为商品；第二，追踪商品在整个过程是如何保证其价值的。稍后，我们将开始展开在模特经纪公司的行程。

这两个与计算和行程有关的问题是联系在一起的：时装市场上能动者所要求的计算是异质的，当然，与价格有关，但也通过对象的牵连和沿着一个看似非经济或"文化"因素的网络而达到。威辛格（2007a：15）将模特业中模糊且难以定义的工作描述为"非物质劳动"。在拉扎拉托（Lazzarato）的作品中，她指出非物质劳动是指"产生商品的信息和文化内容的劳动（Lazzarato，1996：133）"，后者涉及"通常不被认为是'工作'的一系列活动。换句话说，这些活动涉及定义和固定文化和艺术标准、时尚、品位、消费者规范，以及更具战略意义的公众舆论（Lazzarato，1996：133）"（Wissinger，2007a：251－252）。这种劳动还包括"法典化和去法典化"的过程，其中个性和主观性参与了价值的生产（Lazzarato，1996：135）（Wissinger，2007a：252）"。尽管我不接受关于非物质性的论点，但正如我在下面讨论的那样，这些观点在我对男性模特的访谈中引起共鸣。我也同意她描述的模特工作是如何在一个项目的基础上组织的：

"小型又是非常小的'生产单位'（通常只有一个人组成），是为特定的特别项目而组织的，并且可能只存在于这些特定的工作期间"，拉扎拉托声称这是典型的非物质生产（1996：137）。在时装模特的典型形象中，这种复杂的关系网并不十分明显。模特通常被描绘成好像是一个人在一个时尚的休闲场所独自凝视着杂志版面（2007a：252）。

然后，她指示我们"退后一步，走出镜头"（2007a：252），考虑拍摄人员——摄影师、造型师、化妆师、发型师及其所有助理，以及客户的工作人员，可能还有拍摄地点的人员，并补充说，"这些人只是房间里的人"（2007a：252），因为很多其他人围绕着模特工作，而不是专门拍摄模特的经纪人或公关人员。

在本章中，我将重点放在模特工作的总体方面，以便了解一系列行动者和流程创造模特价值的方式。正如以上对模特项目工作的描述所暗示的，美学对象（在这种情况下为模特本人）是联网的。也就是说，模特的价值不在于模特的内在，而是通过许多不同的参与和过程在模特周围产生的。正如我在本章中所论证的那样，美学价值是在对象/模特纠缠在一起的网络中创建、累积和赋予的。换句话说，美学价值不是对象的本质，而是在其生命过程中赋予它的某种东西。休斯（2004：212）认为，网络隐喻的有用性还没有应用于商品，但可以用于"经济领域，以描述不同类型的节点（人、公司、国家、组织等）是如何以复杂和多股的方式相互联系的"。休斯（2004：212）总结了思里夫特和奥尔兹（Thrift and Olds）的论点，并继续指出该概念是如何"代表经济联系中的社会和文化纽带的组织"，并建议"在最一般的层面上……它捕捉到了经济中不同行动者之间存在的相互依赖的网络模式"。在美学市场中，这些相互依存的关系网产生了地位，也就是说，通过文化声望的联系而获得地位，而文化声望来自所建立的有价值的关系或重要的行动者，包括设计师或摄影师、品牌形象的塑造、媒体关注等，正如我现在想展示的那样。

模特的事业几乎不可避免地始于一家模特经纪公司，因为潜在模特可能很少独立获得价值和地位的来源。就像科学技术研究（Science and Technology Studies, STS）（Latour and Woolgar, 1979；Latour, 1987）中描述的实验室一样，模特经纪公司仿佛是有自己的"炼金术"，能够在许多人中挑选出其中几位并点石成"金"。也就是说，"炼金术"还取决于众多其他成员和过程，包括摄影师、造型师、化妆师、数码润饰师等。这些行动者和关系对于创造模特价值具有实质性意义，从而影响了通常被认为是经济的计算：价格正确吗？我们能以每天 10000 英镑的价格出售这种款式的上衣吗？我们是否缺货/是否需要购买更多库存？也就是说，"外观"的高价值——（男性）时装模特或高级时装成衣品牌——是由该市场内的人们的行为共同产生（定价）的。因此，布迪厄（1993a，1993b）和布鲁默（1969）的作品特别有用，因为他们指出了构成时装生产世界的特征、地位、关系和"集体选择"。

为了理解这些过程，我想首先介绍时装模特的美学。尽管这种美学的内容在变化，但时装模特的美学在某些方面使其与其他形式的身体美学区分开来，例如商业模特的"日常""外表"或"魅力"模特。

"某些重要的事情"：时装模特的美学

高级时装模特"外观"绝非不言而喻。尽管确实有许多男性和女性模特在流行文化中被认为是"美丽"的，并因此而广为人知，但模特的外表不一定非要是"漂亮的"，模特并不总是与面部和身体上流行的审美品位相对应。要说明美学的迷人本质，最好的方式是走进模特经纪公司。在开始研究之前，我曾假设时装模特是关于"美"的商品化，并且我与模特业内对美的看法相同。但是，有时我发现模特经纪人（或称为"登记人"）形容为"奇妙"或"令人惊叹"的模特对我来说似乎很奇怪，或者仅仅是例外。一个十几岁的男孩，在模特事业上发展得特别成功，他的伦敦经纪人格威妮丝用夸张的措辞形容他有多帅，她说当他第一次进入经纪公司时，办公室的每个人都被他迷住了。一位发型师向他们介绍了他，这位发型师在罗马机场登机时发掘了这个男孩。但是，当我遇到那个当时 16 岁的男孩时，我并不感到惊讶：这并不是我想象中那个令人惊叹的阿多尼斯（Adonis），而是一个看起来非常脆弱的男孩，他的身体对于他这个年龄的人来说异常得小，我只能形容为"奇怪"或"不寻常"。而且，我永远不会像发现他的发型师那样，将他从具有模特潜力的人群中挑选出来。直到他打开他的照片集（或档案袋）后，我才能看到他的经纪人和其他人在他身上看到的东西：在照片中，他的空灵外表十分醒目。

在另一场合，正当我要结束实地考察工作时，我被要求带上一名年轻女性到一些模特经纪公司去转转。经常有人告诉海伦（Helen）（这不是她的真名）她具有"模特的潜力"，因此，她被一位对模特行业了解不多的某人介绍给我。这个女孩当时只有 17 岁，与演员朱莉娅·罗伯茨（Julia Roberts）极为相似。与她会面后，我也认为她非常有做模特的潜力，并同意花一个上午时间给她打个电话。她身上发生的事情是许多年轻的"潜力股"和模特经纪公司之间初次接触的缩影。在第一家经纪公司处，我们被告知要与另外两个充满希望的候选者一起在大厅等候，直到首席经纪人有空。当这位首席经纪人第一次到来时，他在和我们谈之前就立即谢绝了其他女士："你不适合我们，但是这里有一些知名的模特经纪公司，你可以向他们介绍自己。"乍一看，他似乎对海伦感兴趣。他要求她把马尾辫的长发散落下来。当她自由地摇动着浓密的棕色卷发时，他开始凝视着她的脸，但是正当我感到自信的时候，海伦被谢绝了。她甚至没有被拍照，这是"测试"模特是否拥有潜力的下一步（Callon，Meadel et al.，2005）。当我检查那些通过初步测试的人身上发生了什么时，我将通过下面的模特美学经济中的价值回路，回到这一过程。

从这两个事件中我意识到，时装模特的"内在"与"外在"美学完全不同。这也表明那些"内部"的人能够一目了然地看到某些特质，而这些特质却逃脱了"局外人"的感知。布迪厄（1993a）关于"信念圈"的想法似乎很恰当。在谈到艺术世界时，布迪厄用魔术的比喻来描述特定艺术品的价值，这些价值是通过艺术品经销商的精选和推广来实现的。布迪厄（1993a：80 - 81）借鉴了莫斯（Mauss）的观点，认为魔术与其说是与魔术师甚至是魔术操作的特定属性有关，不如说是要在"魔术群体"中发现集体信念或"集体误认"的基础，这是魔术师力量的源泉。成功模特的职业生涯似乎与信念的产生类似，就像魔术一样，是通过团队内部的"集体认知错误"产生的。模特的职业发展需要一家信誉良好的经纪公司进行初步选择，该经纪公司的信念使该模特能够与潜在有影响力的客户会面。选择工作的模特越多，尤其是为有名望的客户工作的模特，产生的信念就越多，并且可以保证模特自身的职业生涯的顺利。我并不属于这个"魔术团体"，并不总是了解他们的信念，在整个领域工作中，我仍然对这个领域中受到关注的身体类型感到困惑，这让我意识到该领域的美学具有自己的特色。

定义时装模特的美学

尽管高级时装模特外观的实际美学内容不是我关注的重点，但是值得尝试定义这种外观，因为它与外界或实际上在商业模特领域内定义的"美"完全不同：

> 外形吸引人与成为模特并不是一回事……我们在这里谈论的是一个奇怪的遗传理想。"模特美女"的原则与"邻家美女"是不同的东西，或正如某杂志编辑所言"'业内美女'和'街头美女'"是两码事（www. models. com，着重强调）。
> 目前，我正在寻找一些不同的东西。大鼻子、胡须或文身，这并不代表华丽，这其中许多实际上看起来很奇怪。（Corner，2001：8，着重强调）

在2008年4月的《星期日电讯报》（*Sunday Telegraph*）文章中，男性模特的形象是根据不同的客户或时装店来描述的："目前肯定有两种主要形象：前卫的男孩，例如埃迪·柯林特（Eddie Klint）和尼克·施耐德（Nick Schnider）为普拉达工作，还有一个更经典的帅哥，例如马特·戈登（Matt Gordon），他更像Gucci那一款（Webb，2008）。"

时装模特有其独特的身体美学，这一点得到了事实的证明，不是每个人都能看起来充满美感，因为不是每个人都可以成为时装模特：经纪公司是为"普通"人群（例如伦敦的 Uglies）存在的，但是为了商业客户，而不是时尚客户。确实，时装模特经纪公司是非常排他的，拒绝过的人比他们接受的还要多。表征时尚外观的确非常困难，甚至模特和经纪人本身也常常很难定义。因此一方面，经纪人谈论特定的骨骼和肉体的某些物理性质的要求，但另一方面，这些特征必须由经纪人"转译"和"鉴定"。也就是说，这些品质不是不言而喻的，而是通过他们的选择和计算行动而变得有意义。实际上，被称为"必需品"的特质也总是被重新计算或鉴定，例如那些"打破常规"并建立新外观的模特，凯特·摩丝身高为 5 英尺 7 英寸左右，而索菲·达尔（Sophie Dahl）刚开始做模特时才穿 14～16 码的衣服。模特的年龄段也很年轻：时装模特的年龄介于 15～25 岁，只有少数"名人"时装模特将自己的职业生涯扩展到这个年龄以外。

有一些行业标准强加于经纪人的计算上，例如"样本数量"（工作室中样本的数量）。这些因素在设置模特尺寸的物理参数方面起着重要作用：美国通常使用 4 号或 8 号女性样本，而在男性模特中，正如伦敦首席经纪人格威妮丝告诉我的那样，男人必须"拥有正确的比例：40 为常规，腿内侧为 34。这个高度大约有 2 英寸，也许您可以降到 5 英尺 11 英寸，也许可以升到 6 英尺 3 英寸，但是大多数都是 6 英尺～6 英尺 2 英寸。她将这些身体素质总结为"面部对称和身体比例"。除了这些标准的严格规定外，模特外观还被描述为具有神秘的品质，一种无法定义的妙不可言的特征，尽管对他们的"眼睛"而言显而易见。正如伦敦一家经纪公司的负责人琼（Joan）所说："很明显，是成分 X 使它起作用，很难直接地指出到底是什么，但是我可以说，只要我看到它我就知道（着重强调）。"

手、脚和腿模特是本书范围之外的一个明确定义的子部分，相比之下，时装模特的"外观"由整个模特的身体（头发、脸部和身体）构成，关键的是这些特征在照片中如何转化。但是，外观也不仅是身体各部分的总和。外观也是通过模特所做的工作来构建的。正如我在下面所讨论的那样，可以将模特的外观定义为"商业的"或"社论的"，并且通过模特所做的工作可以区分这些类别。很少有时装模特靠走秀或时装表演维生，因此模特必须足够"上镜"才能拍摄"社论"（时尚杂志）的作品。出于这个原因，模特的外观越来越多地通过他们出现的图像而被编码，并且在他们的职业生涯中，以工作、合同和图像的形式形成了客观的特征，物化在模特照片集里，并且物化为他们积累的"声誉"。这些照片几乎是模特身体的延伸，因为模特实际的外观在工作中仅对工作起着很小的作用：至少拍摄的方式同样重要。在采访中，有时模特和经纪人会提到模特的实际样子与照片上的差异，其中许多人评论说，大多数模特看起来都不像他们在照片上的样子。确实，经纪人发现有潜力的人要做的第一件事就是用拍立得照相。这可以立即测试他们是否上镜，然后将其发送给摄影师进行一些"测试"，以查看他们在相机上的表现并为照片集生成图像。

时装模特的外观通常被称为"社论"外观，涉及的是该市场中时尚杂志社论工作的重要性。通常，这种社论外观被描述为"前卫"，这个词很难定义，但指的是这些外观的不同寻常、奇怪或"古怪"的性质。伦敦的某家顶级机构的男装首席经纪人马丁（Martin）对此描述如下："现在的外观被定义为古怪。大约一年或两年前，这是非常极端的。现在这类型的模特还很年轻，仍然是 16~21 或 22 岁，但更加年轻和美丽，又很新鲜还不是方下巴。脸非常漂亮但又不过分女性化，这也许有一点优势。"

根据马丁和伦敦的其他经纪人的说法，"颓废"外观与 20 世纪 90 年代的时尚相联系，使这种极端外观得以普及，以应对 20 世纪 80 年代女性模特和男性模特过于光滑和完美的身体［亚马逊超级名模，例如琳达·伊万格丽斯塔（Linda Evangelista），以及 Calvin Klein 商业广告中的方下颚大块头］。这种外观与伦敦市场特别相关。马丁指出，这种极端的审美观念似乎会发生变化（更"美丽""新鲜""漂亮"），但是从这些术语中可以明显看出，这种审美观念与传统的男性外观观念还是大不相同。与商业男性模特中的外观也有所不同，两者都需要更具"男子气概"或"阳刚"的外观。正如这些名言所暗示的那样，与深奥和曲高和寡的高级时装世界之间的联系相比，适合时装模特的外观通常与流行品位的联系更少，这使外界人士和主流公众都不太容易接触到它。这样，时装模特的美学与艺术领域中的前卫艺术有很多共通之处，从而促进了起初看起来丑陋或奇怪的外观。就像前卫一样，时装模特在不断寻找新事物或"与众不同"的过程中会寻找"看起来很奇怪"的事物。这些外观需要具备以文化能力、知识和所获审美敏感性的形式存在的"文化资本"（Bourdieu，1984），以变得通俗易懂。

可以将时装模特的"极致"或"前卫"美学与其他模特所需要的外观进行对比。"魅力"模特要求完全不同的美学。有时被称为"赤裸"造型，因为该作品涉及裸体或半裸着摆姿势，因此该市场青睐比时尚更大或更凸显曲线的身体，以及"邻家女孩"的漂亮外表。它还向通常生产男性产品的客户出售（例如每周和每月的男性杂志、小报、汽车）。更接近但仍与时装模特不同的是商业模特。社论外观通常是针对商业作品来定义的，例如，在目录或牙膏广告中发现的具有"方形"下巴的英俊面孔的"好看"受到青睐。商业模特偏爱具有广泛吸引力（"邻家美"）的模特。商品目录和生活方式产品的市场定位较老，商业模特产业通常偏爱年龄较大的男性模特（25岁以上）。一些年轻的时装模特兴许可以从事商业工作，但大多数人在年龄稍大后才开始这项工作。虽然时装模特可能会跨行业进入商业工作，但年长的商业模特和生活方式模特不会拍摄高级时装。

因为时装模特和商业模特在模特业中同等重要，所以将模特和经纪人定向到特定客户。差异可能意味着经纪公司之间的分隔：许多城市的商业经纪公司为本地客户提供服务，而时装经纪公司仅位于主要的时装之都。它们之间的主要区别可以用这种方式来概括：商业经纪公司不做时装，但是时装经纪公司通常必须将时装和商业模特结合起来；它们的生存取决于两者的结合。因此，正如我更详细地讨论的那样，在整个模特实践范围以及时装模特业中，存在着不同的价值回路。因此，"社论"和"商业"不只是美学范畴：它们可以塑造或指导模特的职业生涯以及经纪公司的整体形象。定义为"前卫"的模特将主要预定杂志拍摄，而具有"商业"外观的模特将预定产品集目录或电视广告。这关系到他们的收入潜力和职业寿命；正如阿斯珀斯（2001：85）所说，"经纪公司'指导'模特。如果认为模特的外观适合目录，则可以将其职业生涯定位于目录客户。其他具有更强'特征'的人则具有更大的潜力，尽管他们的职业比在顾客喜好更'稳定'的市场（如邮购公司）中难以预测"。

就像这句话所暗示的那样，时装模特的美学虽然具有更大的"潜力"，但本质上是不稳定的和"难以预测的"，这取决于不断变化的时装美学和客户需求的变化。与商业美学相比，这使时装美学成为更加不稳定的商品，正如需要在本章最后一节中讨论的那样，商业美学需要暂时稳定下来，以允许模特及其经纪公司开展业务。

模特本身对这些不稳定的美学几乎没有控制权，并且对于能否接到工作会感到困惑。然而，他们可能试图通过各种形式的"美学劳动"（Warhurst，Nickson et al.，2000；Witz，Warhurst et al.，2002）来实现某种控制，目的是"第二次猜测"客户可能正在寻找的东西，尽管市场的波动以及客户经常出现的模糊要求没有明确的标准或有保证的策略（Entwistle and Wissinger，2006）。这项工作有多种形式：节食、锻炼、经常定型头发，以及其他类似的美容技术。但是，男性模特从事这种控制身体的尝试的程度取决于市场本身。比起伦敦模特，纽约模特更有可能通过健身以"剪裁"身材以及有意识地做发型，因为美国市场通常面向运动和休闲服装，比伦敦市场更要求拥有健美和肌肉发达的体质。在伦敦，我观察到男性模特的行为类似于"懒散""不羁"的态度，这意味着他们倾向于与身体工作保持距离，从而产生"不在乎"和"休闲"的举止。我在伦敦采访过的比较成功的男性模特之一，已经完善了这种态度，他声称不关心自己的外表，宁愿花费更多的时间来调整他的吉他（他在业余时间经常弹吉他）而不是他的身体。这本身并非完全没有美学品质：的确，伦敦模特的风格——宽松的裤子、宽松的 T 恤和运动鞋以及长而蓬乱的头发——很明显地表现出"休闲"和通常"无所顾忌"的外观，非常符合当时伦敦利基时尚杂志所青睐的社论模特外观。

模特业的美学经济中的价值回路

时装和商业模特：计算文化和经济价值

不仅时装模特的美学与商业模特有所不同，而且每类模特的经济和文化价值也有很大差异。令业外人士感到惊讶的是，一些最负盛名和具有高知名度的作品是社论（杂志和报纸上的时尚故事）和诸如 *Vogue*、*L'Uomo Vogue*、*Arena Homme* 等杂志的封面，付给模特的工资非常少，也很少给他们带来直接的经济价值。无论是"新面孔"还是著名的模特，社论作品的收入都不多，仅仅在 100 ~ 200 英镑。正如阿斯珀斯（2001）所指出的那样，确实，这种时尚产品的经济性是奇特的，摄影师、造型师和模特甚至在支付了拍摄费用后蒙受损失。相比之下，商业工作会定期赚大钱：商业模特的日收入可能约为 2000 英镑，根据目录拍摄，这种工作可能会持续数天或数周。大客户的大型宣传活动，费用会大幅上升，这类活动的日费率很高，并且内置了一定的使用和分发费用。百事可乐在欧洲的一项宣传活动可能会支付大约 3.5 万英镑，而一份全球范围的合同则要支付大约 6 万英镑。[1]正如将要讨论的那样，商业工作比时装工作更有利可图，但它的声誉远不如时装工作，并且在建立时装模特的职业生涯中毫无价值。

考虑到经济学上的巨大差异，模特们为什么愿意为 *Vogue*、*The Face* 或者 *L'Uomo Vogue* 拍摄，甚至可能会拒绝安排在同一天拍摄的商业工作呢？答案在于这种工作具有很高的文化价值，这对建立模特的地位和荣誉是无价的。但是，高级时装的价值可能并不总是立竿见影的：模特们可能要花几个月的时间仅拍摄社论却不赚钱，甚至有些人可能永远也不会在这项工作中"毕业"。成功的少数人希望这些社论拍摄能给他们足够的"样张"（书中的图像）以提升他们的形象，增加参与大型时装公司（例如 Gucci 或 Calvin Klein）的时装宣传活动的机会。甚至商业客户也在寻找社论工作，正如一位经纪人所说，"客户喜欢看到很多样张，这有助于提高商业价值"。换句话说，没有直接经济收益的高级时装工作以声望和名誉的形式借出象征性的资本，这种资本至少有可能在未来某个日期转化为经济资本。然而，反之未必如此：商业工作没有任何文化价值。百事可乐的商业广告或牙膏广告的价值不超过其货币价值，而且实际上可能会减少模特的整体文化声誉：如果模特被"卖出"而被"贬值"，即使获得了文化声誉，也可能会丢失。这就解释了为什么即使是著名模特在整个职业生涯中也要继续为主流时尚杂志提供一定比例的封面和社论拍摄，即便只能获取少量工资，以及为什么他们可能会拒绝有利可图的商业工作，因为这将对其形象和整体职业轨迹不利（Neff，Wissinger et al.，2005）。因此，在发展模特职业时，对特定工作的长期文化价值的计算通常会超过短期的商业收益。这些计算通常在经纪人指导和建议下进行。

经纪人计算模特的职业生涯，谨慎地平衡商业与社论工作。纽约的经纪人约翰（John）将时尚和商业工作之间的这种平衡行为描述为"像是跷跷板"。"你必须说服模特做这个只赚125美元的工作，因为这很重要，这关系到你的照片集。他们大多数人都明白这一点。"经验丰富的伦敦模特西蒙（Simon）表示："高级时装是每个人都梦想的，但只有拍摄目录集才有钱。因此，你要有想要做高级时装的目录模特，还要有高级时装模特想要拍的商品目录，因为他们想赚钱！"

能够预定两种工作的模特必须确保其中一种的经济价值不会削弱另一种的文化价值，从而可以清晰地分辨，商业拍摄的照片永远不会进入模特的照片集。当被问及是否想要为品牌的商品目录拍摄时，两名伦敦模特都说他们在寻找这项工作，但罗比（Robbie）指出，这些照片并不能放进他们的照片集："不！除了意大利版 *Vogue* 和 Burberry 之外都不可以?!"西蒙解释说："不，你需要一本满是样张的书，你应该从你拍摄过的杂志上找些体面的照片来帮助你找工作。"因此，必须仔细计算以书的形式物化的模特的职业，考虑他所预定工作的相对文化和经济价值的问题。

即使在时尚社论中，也要区分高质量的工作，这些工作为模特增加了文化价值，而在低端市场则有可能使其贬值。伦敦一家大型经纪公司的首席经纪人格威妮丝指出，必须仔细计算这两个因素：

> 有一种叫作形象的东西。所有较好的经纪公司都试图保护其模特的形象。如果他是为 *L'Uomo Vogue* 拍摄的，我们绝不会允许他同时为 *Cosmopolitan* 拍摄。或者，如果他开始为 *Arena* 拍摄，即使他 16 岁，也不能为 *Just 17* 去拍一个沙滩故事。如果他们是从某个级别开始的话，他们就会待在那里。他们可以从青少年杂志开始自己的职业生涯，但一旦在这里开始了就不能回头。

经纪公司要生存的话，不仅必须仔细计算模特工作之间的平衡，还必须在两种形式的模特之间仔细平衡自己的形象，从而赢得高级时装或"尖端"以及"商业"声誉。因此，经纪人说需要保持一个平衡的"名单"（花名册上的模特阵容），招募和发展各种形象的模特，这些模特的形象涵盖从时装模特的更"极端"的审美到商业模特的"帅气"美貌。行业网站 www. models. com 将这种平衡行为描述为：

> 每个模特经纪公司都有两个必须掌握的要素……第一个是 Y 轴的"获利能力"。这是（大众市场性质的）商业广告、商品目录和宣传活动发挥作用的地方……第二个是 X 轴的"名

望"。在这里，前卫、社论、时装秀和竞选工作制造时尚……
发挥作用……模特职业生涯中最好的经纪公司可以在两个轴之
间画一条直线。

因此，继续进行数学类比的话：

  当经纪公司向 X 轴摆动过近时，它就有可能今天明明还
很卓越，但明天就破产了。如果它过于偏向 Y 轴，则经纪公
司的形象会受到损害，并且它最终被排除在时尚界的贵宾区
之外。

换句话说，在高级时装模特业中，美学和文化价值对经济价值至关
重要。如本书第二部分所述，可以在塞尔福里奇找到类似的价值计算，
在那里，对商业利润和销量大的品牌的需求与销售"前卫"高级时装
品牌的需求进行了仔细的平衡，以符合商店本身"高级时装"和"尖
端"的形象。同样，在瑞典的时装摄影市场中，阿斯珀斯（2001）描
述了模糊的文化问题对市场至关重要，因为文化声望有助于塑造时装摄
影事业。在这里，在商业和时尚之间，类似的工作层次也很明显。

时尚网络与价值回路

因此，正如我所论证的那样，对地位或声望的考虑对于时装模特内
部的计算至关重要，因为时装模特的职业取决于积累最大的文化价值，
这种价值可以在不确定的时间点上转化为经济上享有声望的工作的合
同。我现在想进一步检查这些计算，并研究在此过程中如何对模特进行
"鉴定和再鉴定"（Callon，Meadel et al.，2005）。正如在第 8 章中详细
讨论的那样，"资格"描述了一个过程，通过这个过程事物被行动者定
义、检查、塑造和执行，以使其有意义并可以计算。这需要研究时尚网
络的模式或"形态"（Hughes，2004），以及美学商品（也就是时装模

特）被卷入其中的方式。这个市场中的计算与管理模特必须与在整个网络中进行的行程紧密相关；也就是说，这些价值是如何在此网络中的"价值回路"中生成或累积的。这个价值接近我之前关于"信念圈"的观点。为了进一步探索这一点，我们继续讨论模特必须经历的过程，在他们被经纪公司选中之后，检查试图确保最大价值的计算。

尽管行业中使用竞选和"公开招募"来"寻找"模特，就像海伦和我上文所述的两名年轻女性一样，但大多数人都是在大街上被这个行业的内部人士所"找到"和"发现"的。这些人可能是自由职业的"模特星探"或带薪的经纪公司员工，他们通过在主要城市的街道上漫游来寻找下一个"大"事物或"热门"的形象。但是，最初的选择只是模特行程的起点。一旦被"发掘"，必须由模特经纪公司来"测试"（Callon，Meadel et al.，2005），上面已经描述了其中的一些测试：仔细检查他们的外貌（真人和拍立得相片中），可以对他们的身体进行测量，甚至可能会称重。换句话说，在各种活动中，模特身体都被经纪人来"鉴定"。通过这种资格认证的过程，经纪人对市场起作用，他们的选择导致了经纪公司模特的特殊组合。资格认证的过程是连续的，因为商品不断地被检验，当商品从市场中的一个行动者转移到另一个行动者时，总是可以被解释和转换。在模特方面，资格认证并不局限于经纪公司：摄影师和设计师等客户会根据模特进行操作（选择模特和塑造他们），而经纪人会监视这些选择和决定的效果，以计算或重新计算模特价值。预定和合同得到保障，客户的反馈得到监控、消化并转化为知识，这些将构成进一步计算模特价值的基础。

回到经纪公司，以及潜在模特和经纪人之间的首次接触，我们发现在这次遭遇中，很多事情对资格认证过程有影响。在检查了潜在模特的特征之后，正如我将海伦介绍给经纪公司时所描述的那样，下一步就是到拍立得照相。出于上述原因，该测试非常关键：模特必须上镜，拍立得可以检查每个人的身材五官特点是如何在静态图像中呈现的。图片没有被处理过：因为相机本身不是专业标准的，也没有灯光、彩妆或发型。因此，这里追求的品质是能够在没有这些装饰的情况下拍摄出好照片，并看起来是"自然的"（Wissinger，2007b）。真正上镜的身体通常意味着"原始形态"会转化为无法言喻的事物；那就是有非常"神奇"的东西从肉体身体被转化为摄影身体，并超越了主体的意识控制。经纪人谈论的是照片中传达的"某些特定事物"或特殊的"魅力"。如果在拍立得相片中发现了这种无法言喻的品质，那么与经纪公司之间的关系就开始于签署基本的"条款和条件"，使经纪公司能够代表模特行事。模特仍然是自由职业者，这不是雇佣合同。

然后，新签署的模特将出现在所谓的"新面孔名单"上，这就是经纪公司正在推广的新模特。当模特工作了一段时间后，他们将从该名单转移到主要的男性模特或女性模特名单上。但是，"新面孔"仍然未经测试，或者说，测试和资格认证过程是在经纪公司外部进行的。新签署的模特必须打动客户并得到工作。"新面孔"通常会在第一次会面的当天，在摄影师拍摄的"测试"中立即发出。如果经纪公司看到的素质很快也被其他重要人员认可，则从未经测试的"新面孔"到得到工作的模特的过程可能会非常迅速。例如，一组非常强大的拍立得相片就足以确保与大客户达成的订单，有一些经纪人说他们旗下的模特的职业生涯甚至开始于进入经纪公司面试的那一天。如果模特在开始的几天就被预定了新工作，那么这个资格认证确认了他们具有模特的外观特质：他们作为商品是可销售的。如果一位模特为某主流的时尚杂志进行了社论拍摄，那么他们的事业似乎会更快地腾飞。接受采访的几个伦敦模特讲述了在被经纪公司选中几天后，他们是如何被预订为 *L'Umo Vogue* 拍摄的，却没有意识到这本独家杂志为他们提供了进入高级时装世界的神圣途径。这项特别有价值的杂志拍摄可能由诸如马里奥·泰斯蒂诺（Mario Testino）之类的主要摄影师拍摄，在某些特别幸运的情况下，可能会带来享有盛誉和利润丰厚的宣传活动工作，因为泰斯蒂诺负责一些主流时装公司，他对为这些宣传活动拍摄的模特有很大的发言权。

时装秀也是这一价值体系的关键部分。米兰通常是能够帮助新模特进入这个行业的城市，尤其是在时装周期间，时装界知名人士参加了时装发布会，他们正在寻找下一张"新面孔"。因此，经纪公司通常会直接派模特到这座城市，与客户"见面"，并希望预定出现在一些大型品牌的大型秀中，例如 D&G 或 Versace，让他们接触坐在 T 台下方前排的所有有影响力的人。伦敦和纽约的几乎所有模特都描述了他们是如何在职业生涯早期被送往米兰的，这个重要的市场经常被用不讨人喜欢的方式描述为"牛市"，抱着希望的人太多，而他们追求的工作和大客户的关注太少了。根据模特们在一家意大利大型时装公司的大型秀上的亮相，一位主要摄影师仅为宣传活动选择了一位新模特的消息并不少见。

但是，并不是所有的模特都能立即得到这种有名望的工作，他们仍然需要为"照片集"拍摄制作一系列照片。因此，他们会被请特定的摄影师进行拍照"测试"。这些是非商业性工作，其中涉及的每个人（模特、摄影师、造型师、发型师和化妆师）都不是为了报酬，而是为了他们各自的作品集拍摄一些照片而工作。通常，一张"新面孔"可能会拍摄许多这样的"测试"，以便将这些照片放到"照片集"中来寻找第一份工作。这些"测试"在资格认定和测试过程中也很重要，以确定模特是否具有被拍摄所需的质量和能力：模特不仅需要穿着不同的衣服并且看起来不错，而且还必须是"多面的"，并且展现出不同的形象来为不同的客户工作。他们还必须具备其他个人技能和素质，例如良好的沟通能力、举止、纪律等（Entwistle and Wissinger, 2006）。具备这些品质将增加预定工作和回头客的机会。至关重要的是，模特的成功与长久立足于这个行业取决于他们能否获得良好的声誉，这不仅意味着拥有享有声望的作品，而且意味着他们必须拥有与人相处融洽且令人愉悦的工作能力。态度不好、人际交往能力差或粗鲁无礼意味着模特只有一次机会能见到客户或摄影师，随着消息的传播，基本不会有与他人合作的机会了（有关"信誉"的更全面讨论，请参见 Entwistle and Wissinger, 2006；另请参见 Wissinger, 2007b）。

测试能力的另一种方法是将新模特送出去"面试"。这些基本上是与城市中的潜在客户或有影响力的人进行的快速会议，这个会议的模式将取决于他们认为客户大概会喜欢的"外观"。例如，一个拥有"好身材"——肌肉发达，动感十足——的人可能会被送去见拍摄内衣宣传活动的摄影师或客户，例如 Calvin Klein，后者基本就是根据这个标准选择模特。通常，"面试"并不意味着能被直接预定工作，而只是向潜在客户介绍"新面孔"的一种方式。值得注意的是，如果这些有影响力的人中的任何一名选择了新的模特，新模特的职业生涯就将有一个重要的开端，就像之前提到的模特在头几天或几周内预定著名的杂志摄影一样。

因此，让模特之所以能成为模特的特质，即出售"外观"的商品，经过广泛的测试：在开始的几天里，商业价值的成功并不为人所知（如果得到主流杂志的拍摄机会将开启辉煌的模特职业生涯），尽管这样的情况比平时拍摄"测试"和在城里跋涉"面试"的经历要少见一些。这些测试中发生的任何事情，都能让这个网络中其他、关键行动者最终确认（再鉴定）模特是否拥有他们在拍立得相片中看到的潜力。当经纪人进行初始选择并赋予模特他们的价值和"信念"时，经纪人经常描述他们如何与潜在客户"交流"他们的新模特，花费过多的时间向客户介绍他们希望推销的特定模特，但成功取决于其他人（设计师、造型师、摄影师等）是否选择他们并将价值添加给模特。正是这样，名声和事业才得以建立，每个圈子里的人都可以对模特进行鉴定，并参与集体"信念"的构建。

关键参与者，例如著名摄影师［例如马里奥·泰斯蒂诺或布鲁斯·韦伯（Bruce Weber）］，以及近年来的某些时尚造型师［例如英国的凯蒂·格兰德（Katie Grand）或凯蒂·英格兰（Katie England）］，在该信念网络中扮演着重要的角色；他们有能力通过他们的选择来"神化"模特。正如伦敦的一位经纪人所说："如果造型师喜欢一个男孩，那真是太棒了，（因为）他会雇用他。马里奥·泰斯蒂诺善于再次雇用人和雇用新人，布鲁斯·韦伯也是如此。"尽管特定的人物很重要，但参与者定义时装模特美学的能力被他们在时尚网络或场域中的地位所激活。可以说，这当然是在挑战有创造力的个人的魅力，这正是布迪厄在场域分析中的意图。他（1993a）指出，特定个体在场域的力量，例如艺术场域和时尚场域，取决于他们在该场域内的神话地位。当他研究艺术或创意场域的"成功"问题时，他特别仔细地讨论了这个问题。他（1993：136 - 137）指出，时尚场域很有趣：

> 因为它处于中间位置……介于旨在组织更迭的场域之间，例如官僚管理场域，在这个场域中，能动者必须按照定义是可以互换的，以及人们根本无法替代的场域，例如艺术和文学创作场域……在这里，我们有一个场域，既可以肯定其创造者的超凡魅力，又可以肯定替代其不可替代性的可能性。

他的例子（1993：136）是从高级时装中提取的，研究了这个问题（在法国 *Marie Clare* 版本中提出），"有人可以代替香奈儿吗?"，但同样适用于特定摄影师的个人身份。不能否认主要摄影师（如泰斯蒂诺）的魅力，但像设计师香奈儿（的确是最终被替换）一样，明天的退休不会导致他所担任的职位的终结，因为另一位主要摄影师将介入并执行相同的职能。同样，该领域中的其他关键角色也可以替换：大多数模特在职业生涯的早期就意识到了这一点，并意识到他们的"保质期"很短，甚至顶级模特最终也会被取代。当然，个人名字很重要，但是随着新人出现占据他们腾出的位置，他们的能力会在适当的时候减弱。因此，与其他文化产业和社区一样，时装模特的特征之一，正如斯科特（2000：33）所言："与其说他们由有着许多不同、无关的追求的杂乱无章的个体构成，不如说他们是相对同质的集体……其成员陷入相互补充和社会协调的职业中。"

莎拉·杜卡斯/凯特·摩丝的故事很清楚地表明了时尚职业的"相互补充"性质和这种经济中价值的循环性质。伦敦模特经纪公司 Storm

的负责人杜卡斯（Doukas）声称，她在 20 世纪 90 年代初在机场发现凯特·摩丝时改变了心中时装模特的面貌。摩丝的外观与 20 世纪 80 年代后期的亚马逊超模形成了鲜明的对比：她矮了几英寸，超瘦，牙齿不好看，腿也短，却是所谓的超级浪潮中的第一人。但是，杜卡斯并没有单凭一己之力改变当时的身体美学；相反，她读懂和领会了时代，所以能够在恰当的时间发掘打造合适的模特。使用布鲁默的暗示术语，杜卡斯在时尚网络中的地位使她对"初衷"有所了解。但是，这种外观必须在行业内加以推广并延伸到其他领域：就摩丝而言，摄影师科琳娜·戴（Corinne Day）在塑造她的职业生涯和当时的审美观（以"颓废"而著称）方面发挥了更大的作用。戴是最早和最重要的"颓废"摄影师之一，生活和工作于伦敦——这种审美观出现的地方。然而，即使是她也不是一个人在倡导这种审美观：她的作品捕捉了"初衷"，以替代 20 世纪 80 年代的超级名模。1990 年 3 月和同年晚些时候，有影响力的杂志 The Face 在一篇社论文章中使用了她那张当时不知名的摩丝的照片，封面是"爱之夏"，使她声名鹊起。这些标志性图像为摩丝和摄影师提供了至关重要的文化资本，使摩丝和戴成为 20 世纪 90 年代的顶尖模特和摄影师。

如本例所示，经纪公司、模特、摄影师和杂志之间的关系网络赋予了模特文化价值，但它必须是合适的经纪公司、合适的身体/容貌、合适的摄影师，能够传递合适的照片，以及正确曝光的合适杂志。就杜卡斯/莫斯/戴/The Face（杂志）而言，链中的所有元素都具有较高的文化价值：替换一个或多个元素，戴用商业摄影师拍摄的摩丝或 J17（低价青少年杂志）而不是 The Face，故事可能就不一样了。当被问及在正确的出版物中对模特的职业有多么重要时，伦敦一家较小经纪公司的负责人琼说："这真的很重要。在你不知道的情况下这是一个绝对的雷区。"杜卡斯/摩丝/The Face 的故事说明了在美学商品的生产中文化价值评估的至关重要性：场域内相互促进的回路产生了文化价值。回路中的每个元素都赋予了"最前沿"的价值。由于具备了所

有正确的要素，摩丝的模特生涯开始了，而戴和杜卡斯的经纪公司
Storm 的事业也因此建立起来。如前所述，资格认证过程永远不会停
止。摩丝在她职业生涯的更晚时期被指控吸毒，她的模特生涯似乎已
经结束，许多支持她的有影响力的人也纷纷离职，她的合同被解除
（例如英国的 H&M）。但是，因为她的坦率和在戒毒康复中心的努力，
所以摩丝设法（实际上甚至是增加了）恢复了她的文化价值，最终也
获得了她的经济价值（据估计，经过这次变故之后，她在合同中的价
值比以前要高得多）。

近年来，新一轮的前沿杂志（*Dazed and Confused*，*Sleaze Nation Ny-
lon*，*Wallpaper*，*Pop*，*Dansk*）加入了类似的、更成熟的出版物（例如
ID）的行列，并且就赋予文化价值而言，它们现在在时尚网络中很重
要。经纪人经常承认这一批精选杂志和不断崛起的摄影师和造型师在建
立模特潮流方面的重要性，尽管在这个特定的利基市场中工作几乎没有
支付任何模特费用，但这类杂志的文化声望非常之高，以至于他们很高
兴为这些出版物预定模特。这类杂志宣传的是"更尖端""更极致"的
模特，如今时装经纪公司越来越多地代表这些模特。鉴于这类杂志的前
卫品位（通常与反美学相关），因此它们更喜欢使用"前卫"型而不是
最新的顶级款式。反过来，这些出版物的前卫风格也因其模特的古怪性
而得到增强，从而确保了它们与主流时尚杂志和名人杂志的"差异"，
后者倾向于使用相同的少数顶级模特。

结论

在时尚市场中定义当今美学的方面总是存在未知的因素。正如伦敦
一位经纪人所说的："它是如此随机，你永远无法说出设计师接下来的
竞选需要什么。你必须设法同时取悦所有人。"市场上的波动和不稳定
性要求模特及其经纪人必须采取特殊的策略来应对这项工作。了解趋势
的发展方向，帮助模特发展外观和资产组合以保持"新鲜"，了解客户

和摄影师的激情，将模特转移到不同的"市场"，这些都是促进模特职业发展的策略。因为经纪人是这个世界的内在力量，所以经纪人比我们其他人更能解释身体风格的趋势，他们了解上周/月的预定情况以及客户今天提出的要求。经纪人还通过策略来管理随机性，该策略旨在通过计算将模特发送给谁（摄影师、客户和设计师）来管理模特的职业，这些人可能会喜欢他们，模特通过其选择获得一些有价值的作品，而经纪人在将模特"传达"给下一个客户时可能会用到这些作品。

为模特寻求声誉的经纪人必须拥有正确的文化资本，其形式为对趋势的知识储备，包括哪些设计师和摄影师是"流行的"，以及哪些出版物和客户受到了重视，来做出明智的决定。他们运用这些知识取得了很好的效果，在为模特预定工作之前会问几个问题：他们总是问哪个摄影师在拍摄故事，并坚持，正如伦敦经纪人马丁（Martin）所说"如果是社论，那一定是他们可以在其书中使用的东西，能够帮助他们得到宣传活动"。因此，模特是否能被预定将取决于是谁在负责这个、什么杂志社以及图像的质量如何、大小和位置。

因此，正如我所论证的那样，美学，不仅只代表时装模特，而且还是社会过程、关系和网络的结果，这些结果建立在文化类别上，而不是"美"的某种抽象品质（Bourdieu，1993b；White，2002）。确实，任何特定模特的成功仅部分取决于他或她的个人身体特征或素质。质量或美观是过程的结果，被赋予模特或归功于模特。正如已经讨论过的，这是一个依赖于以地位或声望的形式获得价值的市场，而这种价值是通过重要行为者的选择而获得的，因此也是联合获得的。换句话说，这是一种主要与美学商品有关的商业实践，因此，既取决于经济计算，也取决于文化计算。模特的价值建立在文化范畴之上，而该文化范畴被建立在生产领域本身的日常商业决策中，而不是仅仅作为生产后的副产品。因此，尽管必须对诸如价格、费用、日费率或合同之类的东西进行基本的经济价值计算，但是这些计算不可避免地与文化价值有关。为了建立模特的日/工作率，需要后者。

　　还有一点，要成为该生产领域的参与者，必须完全融入该领域的特定文化中。虽然其他商品需要各种形式的经济和文化知识（例如，关于市场和消费者的需求），但它们通常不需要如此精细调整的审美敏感性、详细的文化资本以及在社会和文化网络中的地位。因此，尽管你我可能需要针对家用电器市场的特定特征或蔬菜零售中的季节性和消费者限制进行一些培训，但此类知识很快就能够获得，并且不需要太多的文化知识或对该领域的投资。然而，你我在发现、推广和销售此类商品时可能会无所适从，例如受欢迎的模特外表，年轻的英国艺术家、下一个主要的时尚趋势、时装照片或最新的图形设计风格等，此处仅举了几个美学商品的例子。审美敏感性和文化资本，以及维持它们的社会，文化和体制联系与关系，对于在文化生产本身内部产生的这类商品的商业交易至关重要。从定义上讲，美学经济中的经济计算始终是文化计算。

第二部分

时尚购买：案例研究

— 4 —

案例研究简介

在本书第二部分，我研究了塞尔福里奇的时尚购买组织。本章以第一部分中的理论讨论为基础，详细研究如何构成高档时装市场。我的分析从第 5 章中对英国时装零售的概述开始。这使我能够在更广泛的时装零售研究中将我的分析与背景相结合，并将案例研究（位于伦敦牛津街的塞尔福里奇百货商店）置于英国更广泛的时尚零售领域。在这里，我还介绍了女装部门本身情况，并研究了如何根据不同的"买手身份"进行组织。正如我所展示的那样，这些买手身份可以塑造并积极生产商店中高级女性时装的市场和交易市场，在产品和消费者之间形成内部界限，从而形成商店中设计师服装的零售环境。

从本质上讲，贯穿此案例研究以及所有后续章节的基本问题可以归结为"时尚买手如何进行购买？"，但是，这个问题还涉及"他们如何知道要购买什么"？尤其是"他们采用哪种计算形式"？换句话说，了解这个市场是如何运作的包括检查用于计算高级时装的各种知识，以及检查形成这些知识以使计算成为可能的物质形态和实践。因此，接下来的四章将讨论时尚购买中知识的认识论，这些知识所具有的物质性或形式，它们如何转化为实践，以及知识的空间性，即知识是如何定位和如何流通的。因此，尽管买手选择的某些内容很有趣，但我并不是很在意买手买了什么，而是他们如何购买。总而言之，我关注购买的过程和实践以及购买团队采用的知识和计算形式。

首先，通过认识论，我研究了经济知识的不同形式以及塞尔福里奇重视哪些特定形式的知识。在第6章和第7章中对这一点进行了详细的研究，在此我倾向于将经济知识狭义地定义为理性和认知（Allen，2000）。这种关注可能与经济社会学和商业研究中常规检查的各类公司和市场有关。这些文献倾向于关注水果或食品的特定商品市场（Hughes and Reimer，2004）、金融市场（Knorr Certina and Bruegger，2004；MacKenzie，2004）以及所谓的研究密集型公司（Swart and Kinnie，2003）或制造业，它们依赖密集的科学知识进行重组和自动化（Callon，1986）。换句话说，在有关经济市场和商业的广泛文献中，人们倾向于基本商品、金融或科学的"硬"市场。相比之下，诸如时装或艺术之类的美学市场受到的关注却少得多，几乎没有什么文献需要进一步说明，要么是因为这些叙述过于理论化且没有经验性的依据（Bourdieu，1993a；White，2002），需要进一步解释和检验（Aspers，2001），要么很简单，相当陈旧，需要更新（Blumer，1969；Becker，1982）。

正如在第3章中已经讨论过的那样，我认为这种市场与蔬菜或汽车市场并没有什么根本的不同。实际上，它们具有许多相似的功能。美学市场是连续存在的，可以沿着这个连续的存在描绘出整个市场，其中美学是产品的一部分，不管是汽车设计还是蔬菜。然而，我关注的是美学市场，在那里美学价值是高度可变和不稳定的，就像时装模特或设计师服装一样，美学价值是能动者计算的核心质量（Weller，2007）。由于这些市场往往被忽略，我们对它们所需要的知识知之甚少，我认为这些知识是表达性和具身化的。这些了解方法对于塞尔福里奇和模特经纪公司内部的经济计算至关重要，但不属于对经济知识的常规理解。为了发展我对知识的分析，我借鉴了艾伦（Allen，2000）、布迪厄（1984，1993a，1993b）和布鲁默（1969）的著作，以及经济社会学领域的更多研究，例如卡龙（1998b，1998c）的相关作品。

其次，在所有章节中，我都研究了美学知识的物质性，即知识在公司中所采用的特定形式，以及使知识变得可行的日常计算实践，因为知识的物质形态与知识在公司中的工作方式是分不开的。换句话说，知识在像塞尔福里奇这样的组织中传播并以各种形式变为有形，这不能与实践相分离，因为时尚买手将这些知识用于具体实践中。在第 6 章中，我们深入公司内部和采购办公室，详细分析了知识的物质性，以分析在商店中组织时尚购买的一些主要方式。这里的关注点在于有关时尚的知识如何在塞尔福里奇出现和传播的方式，以及它如何塑造对时尚市场的想象以及如何将其整合到商店中的方式。知识在时装采购部门中以多种物质形式传播，例如通过电子表格、商品统计、计划文档、趋势预测。这些都构成了一些形式化和编码的方式，可以在诸如塞尔福里奇之类的时装公司中产生和传播知识。但是，编码的知识只是故事的一部分。因此，正如我在第 7 章中论述的那样，意会知识是一个关键维度，在很大程度上是一种具身化的知识。在这里，我将就经济知识的本质展开辩论，并描述"意会美学知识"作为表达性和具身化知识的具体范围，这不可避免地挑战了传统的经济知识概念，即认知和理性。这些知识总会是无形的，但我认为，掌握时尚的具身化现实很重要；不管是穿着、感知还是存在于这个市场中。

在第 8 章中，我将进一步论述这些买手的知识和实践，以考虑实际的购买过程以及选择和调解时髦服装所涉及的微观实践。各种知识和有意义的方式都集中在时尚"购买"中，由买手选择和购买服装。在此，我特别关注商品的持续"鉴定和再鉴定"（Callon, Meadel et al., 2005），因为它们经过检查并制成有意义的产品，并将在商店内销售。我还研究了这些相遇中中介的复杂性，因为可以说买手会中介许多事情，而中介的过程是多方向的，而不是线性的。买手中介衣服并不是简单地从展厅到商店，也不是从生产者到消费者；相反，此交互中存在多种多样的中介。

我分析的最后一个维度涉及检查知识的空间性，并且在不同的章节中以各种方式讨论了这一点，首先是在第 5 章中研究了思考产品流动和分配的理论框架。在这一章中我分析了商品的生产、分配和流通的不同隐喻："供应系统"、"商品链"和"商品网络"。然后，我将在第 6 章和第 7 章继续进行研究，以考虑对塞尔福里奇本身以及更广泛的时尚网络中知识位置和流通的实践检验。这里的关键点是，知识总是存在的，以及它是如何在公司、本地以及全球范围内传播的，这已经成为经济社会学、地理学和商业研究领域的学者之间进行的相当大的辩论。

关于空间和知识的许多争论都将编码/意会二分法映射到了全局/局部空间轴上。正如我建议的那样，时尚知识的空间比这更动态和复杂，时尚知识既依赖于高度网络化的联系和关系，因此是全球性的，但始终位于特定环境中或在特定环境中转译。我认为，静态的、空间上固定的"局部"和"全局"概念不足以捕捉时尚意会知识的动态空间维度。因此，重要的是要考虑塞尔福里奇旗舰店在牛津街的独特定位，以及旅行和与其他地方的联系如何塑造商店的整体形象。此外，在理解办公室和商店的不同知识位置，以及如何在商店内定位商品有助于创建和维持设计师/品牌、消费者和商店自身的不同身份方面，商店内的空间也很重要。在第 5 章和第 6 章中研究了这些维度。最后，在第 6 章和第 8 章中都考虑了实际的旅行空间（前往工作室、全球城市、国际时装秀）以及在这些空间中发生的商品接触。

实地调查和塞尔福里奇简介

本书所依据的实地调查是自 2002 年 3 月开始的六个月内，在伦敦牛津街的塞尔福里奇百货商店的采购办公室进行的，在 2003 年初进行了一些后续采访。该项目由经济和社会研究委员会资助，起初是一项民族志研究，关注的是时尚买手可能被称为"文化中介者"的方式（Bourdieu，1984），并称其在生产和消费之间进行中介。在实地调查方面，我的观察涵盖了买手参与的所有活动。

在实地考察的过程中，我跟随了办公室周围的三个主要时尚买手，办公室毗邻戴维斯街的商店。如引言中所述，我参加每周和每月的销售会议，与商场楼层工作人员"楼层步行"，以及在供应商的会议中观察她们。我还跟随她们开始了伦敦、纽约、米兰和巴黎的购买之旅。在较长的购买行程中，我可以非正式地谈论她们的工作，并从我的观察中发现问题。由于大部分的时装购买季节都是围绕"时装周"组织的，所以我在 2002 年 2 月开始实地考察之前，还观察了伦敦时装周的秋冬系列，并在 2002 年 9～10 月伦敦、米兰和巴黎春夏时装周跟随买手。实地考察的时间足够长，使我可以跟踪买手进行从计划、采购及挑选，到商店进货的所有采购活动。因此，我对她们在整个时装季的工作时空格局有所了解。

除了对三位首席买手进行访谈和观察外，我还对部门内的主要人员进行了正式访谈：女装负责人、所有首席跟单员、负责协调整个商店趋势方向的时装办公室负责人（有关更多信息，请参见第 6 章）以及市场总监和总经理。访问权首先通过支持该项目的总经理进行协商。在那里，我会见了两个部门（女装和时装办公室）的负责人，他们一开始有所保留，但最终为我提供了很多的支持和访问这两个部门的机会。

对于那些不熟悉塞尔福里奇的读者，我讲讲这家商店，因为这是我在实地考察时发现的。塞尔福里奇是一家大型百货公司，于 1909 年首次开业。塞尔福里奇之所以与众不同，部分原因是其在英国零售业中丰富多彩而悠久的历史。它由美国商人哈里·戈登·塞尔福里奇（Harry Gordon Selfridge）开设，最初是一家很棒的商场，以出售眼镜和出售独特产品而闻名（Honeycombe，1984）。塞尔福里奇先生的原始精神仍然适用于当今的塞尔福里奇。但是，过去有几年，这家商店"失宠"了，因为有些过时。一位买手描述，当她刚开始在这里工作时，他们对员工进行严格的着装要求，该地点的总体感觉也有点过时。在我进行实地考察时，这种旧的特点只存在于记忆中了，而现在商店充满活力的零售环境正在获得新的成功，这是在富有魅力的意大利商人维托里奥·雷迪斯（Vittorio Radice）被任命为首席执行官后于 20 世纪 90 年代后期才改变的。雷迪斯有效地扭转了塞尔福里奇的命运，从出售中档产品的老式商店到"高级时装"百货商店，推广了"时尚前卫"设计师和品牌，并站在"前沿"零售。

当我跟随买手时，我对她们在塑造和形成这种新身份中所扮演的角色感兴趣。这种身份取决于确保新塞尔福里奇的"权利"（即时尚前卫）商品的安全。买手是商品必不可少的流通渠道，因此，他们识别并确保与适当的供应商（高端设计师品牌）合同的能力对于运营新的塞尔福里奇至关重要。这是买手可以被视为"文化中介者"（Bourdieu, 1984），充当商店与供应商之间以及商店与（虚拟）顾客之间的重要中介者或"中间人"（Fine and Leopold, 1993，［原文］）的一种方式。在接下来的章节中，我将探讨这些要点，以研究购买工作中涉及的知识、实践和中介。

我提供这些章节，既是对迄今特别是时装零售业的"黑盒子"实践的案例研究，也是对更广泛的美学市场的案例研究。我的分析是社会科学领域最近有关零售实践的许多工作的重要推论，尽管人文地理学中关于零售业的文献在迅速发展（Moore, 2000；Wrigley and Lowe, 2002；Gregson and Crewe, 2003；Dwyer and Jackson, 2003；Crewe, 2004；Jackson, Thomas et al., 2007；Crewe, 2008），但却忽略了买手和购买行为。对此，有一些例外：克鲁和达文波特（Crewe and Davenport, 1992）的早期文章研究了零售商之间购买力的某些方面，休斯和赖默（2004b）的进一步工作侧重于家具分销，而休斯（2004）提供了切花贸易分销网络的详细说明。因此，我的分析补充了零售业的这一部分工作，以及上文提到的商业、知识文献和经济社会学中稀缺的美学市场工作。对时尚购买的分析提供了一个美学市场如何构成以及在其中如何计算、选择和调解一种美学商品的证据，这有望为其他研究人员提供未来研究的可能性。

了解高级时装：零售和购买

正如许多学者所论证的那样，时装在工业和后工业经济发展中起着相当重要的作用（Crewe and Forester, 1993；Fine and Leopold, 1993）。法恩和利奥波德在这方面的早期社会学工作中指出，时装和相关产业（例如纺织品生产）一直是工业发展的核心，无论是在 19 世纪的英国还是在当今的一些国家（如韩国、印度或中国等）。克鲁（2008：26）最近指出："时装业是经济发展中的重要创意组成部分，对当代物质文化的传播做出了重大贡献。"因此，时尚已成为现代性和最近的"新经济"主张的核心，以及关于后福特主义生产、"灵活的专业化"以及消费在当代经济中的重要性的争论的中心。在此过程中，新兴的零售地理现在解决了零售实践和流程的重要性（Crewe and Forester, 1993；Jackson, Lowe et al., 2000；Wrigley and Lowe, 2002；Coe and Wrigley, 2007）。但是，除了少数例外（Crewe and Davenport, 1992；Crewe and Forester, 1993；Gereffi, 1999；Moore, 2000；Winship, 2000；Pettinger, 2004；Crewe, 2008），很少有关于时装零售和分销的研究，也没有关于购买的详细分析实践。当然，有很多针对时尚购买的实用教科书（参见 Jackson, 2001；Goworek, 2007），针对的是有志向的时尚买手，但是，买手的实践，在他们对时尚市场的构建和行动中的作用以及对零售业经济表现的关键投入的背景下，仍然需要解开谜团。零售地理和经济地理在这些问题上一直保持沉默。

本书并非试图了解时尚购买的所有方面，而是要了解设计师服装市场中的时尚购买。为此，必须像在下一节中所做的那样，首先在英国更广泛的时装零售领域中定义高级时装并对其进行关联。其次，在"系统、链、回路与网络：理清不同的隐喻"一节中，我研究了隐喻地描述和分析商品如何生产、分配和消费的理论框架，即"链""回路""网络"。尽管我倾向于使用"网络"一词，但我想总结一下不同术语的相对优点。最后，"在塞尔福里奇组织时尚"这一节，我介绍了我的案例研究塞尔福里奇百货商店，先介绍了该商店在英国的独特历史位置和身份，然后介绍了女装部门。此外，我研究了通过"买手身份"的结构如何在塞尔福里奇内部组织安排高级时装。就像我将要说的那样，女装部门的组织结构决定了高级时装市场的构成方式，从而可以建立和定位商品、品牌和"虚拟"消费者。正如我将要讨论的那样，每个买手身份都与部门中的其他买手身份相对应，并且在预算、资源和组织概念或主题方面形成格局。正如我将演示的那样，这种买手身份构成了商店内的"计算空间"。

英国的时装零售

定义高级时装并描述英国时装零售领域绝非易事。正如克鲁和达文波特（1992：183）所描述的，"服装零售业绝不是一个同质的实体……因为它是在各个维度上进行分解的，包括规模、所有权和市场细分。玛莎百货显然与一家小型独立设计师商店截然不同"。正如他们所指出的那样，还有更多的条件使该领域的研究变得困难：它正在快速变化，新来者通常会非常迅速地获得市场份额，并且它的特点是生产、营销和销售的安排多种多样。此外，他们指出，两个部门（多个和独立的设计师）之间的关系不是"直接、简单或稳定的"（1992：183）。所有这些观点在今天仍然适用，甚至应用更广泛。

英国的时装市场高度分化，分为许多不同的层次，实际上分为不同的市场。这些级别部分由价格点定义，价格点是买手使用的术语，指特定消费者准备为特定服装支付的价格水平。诸如 New Look、Primark 和 Matalan 等英国低价零售商的进入，以及诸如 Tesco 的 "Florence and Fred" 和 Asda 的 "George" 等超市时尚品牌的崛起，在时尚零售界掀起了一场风暴，这些零售商的实力有增无减（Mintel，2002a，2002b）。除了明显的低价吸引力外，这些零售商在快速满足趋势方面的成功也确保了他们的持续成功。的确，"快速时尚" 一词经常用于描述 Primark 等商店以及 Zara 和 Topshop 等其他更昂贵但同样受欢迎的大街商店如何适应季节趋势。

快速时尚的重要性一直伴随着个人设计师和设计师服装在市场另一端的持续魅力。事实上，克鲁和福里斯特（1993）描述的近年来的一个特点是，在 20 世纪 90 年代，英国的时装零售业在折扣店和新兴设计师部门之间出现两极分化，这种两极分化一方面取决于廉价、批量生产的服装，另一方面取决于独特、高质量的时尚服装。这些论据至今仍在引起共鸣。当代的英国大街仍然在 Primark 等低价商店与高级时装商店之间保持高度两极分化，融合了 "自己的产品范围" 和 "设计师品牌"（即品牌产品，例如 Whistles 或 Joseph）。作为这种两极分化的一部分，英国服装业已经集中在少数大股东手中。与其他欧洲国家不同，多重零售在英国市场中所占比例较大，独立商店所占比例较小（Mintel，2002a，2002b）。

我在塞尔福里奇中追踪的买手牢牢位于女装的 "高端" 位置，这也被称为 "设计师" 服装。1996 年，仅英国设计师时装经济的规模就估计为 6 亿英镑（DCMS，1998，2001），最近，英敏特（Mintel）的数据显示在 2006 年为 8 亿英镑（Roodhouse，2003）。但是，尽管外观很明显，但设计师服装一词却含糊不清。英敏特（2002a）的定义很笼统，是指四件事："时装"，由法国的国际品牌如 Dior 或 Chanel 主导；"国际设计师"，指通常以一个名字为主的品牌，如 Donna Karan 或 CK；为商店生产 "高街" 商品的 "扩散设计师"，例如 Debenhams 的 Jasper Conran；以及 "高级时装"，指的是经常受到名人认可的新设计师。但是，当我按设计师服装的首席买手朱莉娅的话来定义这个术语时，她说："这不再是一个非常具体的术语了"，接着说：

> 我可能会买一些经过特别设计的东西。例如，Alexander McQueen 系列就有他强烈的个人风格，他是设计师，而且你知道，他就是那个你想要的人，而对于 MaxMara，你不会想起任何人，这只是一个品牌名称。因此会有点误导。

但是，她指出：

> 确实表明了市场中的某个水平（某种程度上是市场的较高水平）来对此进行了限定，其中包括……一些大型生活方式品牌，当我说"生活方式"时，你知道，我的意思是像 DKNY 一样，它们出售休闲服、时尚正装、晚装、睡衣等各种商品，几乎涵盖所有的东西，如果你愿意的话，你甚至可以在 DKNY 生活。因此，它包含了这一切，但同时也包含了最小的设计。所以不要被标题搞糊涂了，它没有任何意义！

因此，她和塞尔福里奇所有买手的设计师时装都处于英敏特在 2002 年确定的"较高水平"范围内，仅涵盖前两个定义，尽管我们必须抛弃高级时装，因为其市场在经济上微不足道（尽管具有象征意义的重要性）。塞尔福里奇的名牌服装涉及很多方面。个人设计师的成衣"系列"以很高的价格零售，是按订单生产的，因此非常排他。最有名的设计师都从事高级成衣和时装，例如 Givenchy 或者 Yves Saint Laurent。这种类型的成衣都有其单独的空间和时间安排，在国际"系列"中"展示"，或在伦敦、纽约、米兰和巴黎的时装周上展示。这涉及世界各地时尚达人（新闻记者、买手、设计师、模特等）同时在全球范围内的身体运动，一些时装秀也在这个具有历史意义的时尚城市外围的城市举行，但现在这些城市正在组织自己的时装周（Breward and Gilbert, 2006）。这些国际化的枢纽不仅是设计院所在的地方，而且也是所有样式、摄影和营销手段的所在地。正如我在下面描述的，这些系列为设计师的时尚设定了时间节奏。这些时装秀是半年一次的，这构成了此类服装的流动，购买周期与两个主要的季节性交付相适应。

在这个水平上女性时尚的时间维度也非常特殊。不像量产的高街女性服装，高级成衣按订单生产、订购和交货之间的时间间隔更长。它分为两个季节，1月/2月的秋/冬，9月/10月的春/夏。这意味着衣服要比实际（实时）季节提前四到六个月展示和购买，这使时尚周期比当代高街（其趋势接近实际季节）慢得多。为了解决这个问题，大型品牌和主要设计师现在展示"季中"或"季前"系列，例如10月/11月的"巡游"系列。确实，季前系列品牌占塞尔福里奇销售额的65%～70%[1]，因此甚至比主线系列更高。但是，大多数中小型设计师没有能力（投资、制造和时间）来生产季前系列，因此，两年一次的购买周期仍然很重要，并为大多数设计师设定了整体时尚步伐。

如下所述，这会产生更大的风险，因为趋势会在本季之前进一步显示。商店与供应商之间的合同安排意味着，除了很晚交货以外，一旦下达订单就无法取消，而重新订购更多库存的可能性很小。这种合同安排增加了在经济行动者的日常计算中必须满足和管理的购买风险。这些非常特殊的组织结构设置了能动者必须具有计算和管理时尚的条件。

尽管高级成衣价格昂贵且具有排他性，但其他设计师品牌或"生活"品牌如Julia，包括上面提到的CK和Armani或DKNY的排他性却不那么高。这些品牌可能会在时装周期间举办时装秀，但拥有更广泛吸引力的"扩散"系列，因为它们是批量生产的，不需要订购，所以价格较低。这种模式甚至在以成衣闻名的设计师中也变得越来越普遍，如今，价格较低且吸引力更强的"扩散"系列已广泛使用，例如"Marc by Marc Jacobs"或Alexander McQueen的McQ系列。其他著名的设计师也进行了进一步的多元化设计，例如英国商店Debenhams的Matthew

Williamson 或 Jasper Conran，或者 H&M 的设计师斯特拉·麦卡特尼（Stella McCartney）的一次性产品。尽管这些系列以设计师的名字进行交易，但它们是批量生产的，而不是"设计师"时尚。

尽管"设计师"时装零售市场有所不同，但我将注意力集中在更独特、高端的市场上。克鲁和福里斯特（1993）在对诺丁汉花边市场（Nottingham Lace Market，NLM）中决定高级时装独立性的条件进行分析时，得出了市场的显著特征，尤其是对主要由买手和设计师之间的本地联系或网络生产的高质量服装的关注，通常依赖于"口碑"以及"声誉"。其结果是形成了一个具有地方特色和身份的市场："该地区的显著特征是个性和独特感，与形成传统零售核心的两个室内中心的受控、无地方感的基调相去甚远。因此，这是一个具有独特地方特色的空间（1993：224）。"

虽然这一描述似乎与塞尔福里奇这样的大型百货公司相去甚远，但它们之间可以得出一些相似之处。塞尔福里奇建立了一个"独特"的身份，正如营销总监所说，这是一种非常特殊的零售空间或"独特体验"。因此，与玛莎百货（M&S）或德本汉姆百货公司（Debenhams）这样的大型连锁店不同，塞尔福里奇并不是一个"无地方感的地方"，而是保留着独特的地方特色，甚至在伦敦牛津街（Oxford Street）的历史位置上慢慢扩张。通过建筑物的设计、内部商场楼层布局和"自购"的独特融合，或时尚买手特别挑选的系列，以及特许经营范围，塞尔福里奇坚持了一种独特的身份，在牛津街旗舰店的独特历史上具有很强的影响力。它还牢牢地定位在一个依赖于本地和全球传播的知识流的全球时尚网络中，并通过开发独特的设计师组合来建立自己的声誉。例如，在伦敦时装周上展出的新设计师只占"自购"预算的一小部分。寻找并确保与新设计师的合作是买手的责任，就像花边市场中的买手一样，这取决于声誉和"价值回路"的网络，而买手和设计师则在相同的展示和销售网络中工作。

在确定了塞尔福里奇设计师时装的定义和背景之后，我现在想研究一下我们如何理解设计师服装的流通，研究不同的框架以理顺商品供应的途径。

系统、链、回路与网络：理清不同的隐喻

我已经描述了英国和塞尔福里奇设计师时装的一些相关特征，但是要了解这个市场是如何构成的，就需要我们分析时装商品、图像、思想和知识的位置以及它们的分布方式。为了捕捉这些商品历程的空间维度，可以转向近年来已被广泛讨论的许多空间隐喻。"供应系统"（Fine and Leopold，1993；Fine，2002）、"商品链"（Gereffi，Korzeniewicz et al.，1994）、"文化回路"（Du Gay，Hall et al.，1997）和"网络"（Hughes，2004）等概念都是用来分析商品从生产到分配和消费的流通的隐喻。每个隐喻所调用的实际空间配置是不同的，对"系统"或"商品链"中各部分之间的"垂直"关系的分析也是如此，对"水平"维度的关注也是如此，比如市场和商品之间的关系，其中，性别等因素可能与商品市场的联系一起考虑。尽管没有足够的空间来深入讨论这些问题〔并且休斯和赖默（2004a）对这些不同的方法进行了全面的概述〕，但我想总结一下这些不同的隐喻/框架如何发挥作用，从而为我对塞尔福里奇买手的案例研究提供参考。我首先从商品链的概念开始，然后特别研究供应体系方法的优势，该体系强调在任何商品链中进行整合。然后，继续研究解决供应系统某些弱点的回路和网络方法。

商品链

休斯和赖默（2004b：2）首先指出"商品链的概念是思考商品生产、分配和消费之间联系的最普遍的隐喻之一"。拉古兰（Raghuran，2004：123）简要总结商品链方法如下："商品链的概念可追溯产品的整个轨迹，通常在从世界体系理论衍生的政治经济学发展观内。"实际上，正如休斯和赖默所证明的那样，在这个广义的政治经济学观点内，

可以辨别出两条特定的分析线。第一个是"世界体系理论"（Hopkins and Wallerstein, 1986；Gereffi, Korzeniewicz et al., 1994；Gereffi, 1999），它从"外围"地区（那里有廉价劳动力）的消费到"核心"或西方零售和消费中，追溯了"全球商品链（GCC）的线性联系"（Fine and Leopold, 2004b：2）。这些文献与法国境内的"单据"研究重叠，并且像海湾合作委员会一样，追踪商品从原材料到最终产品的过程，以及随之而来的价值转变。正如休斯和赖默所指出的那样，这种分析的问题与所有宏观研究相似，因为这种分析往往是对复杂过程的还原、过度概括和简化，并且进一步假定商品的行程是单向的，即从生产到消费。

商品链分析中的第二篇文献，即供给方法系统，也追溯了生产和消费之间的"垂直"联系，但"促进对生产者与消费者关系的更辩证的理解，认识到商品所具有的文化意义的重要性，并认识到生产者与消费者的动态在不同的行业中可能有所不同"（Hughes and Reimer, 2004a：3；另见 Hughes and Reimer, 1999）。这种分析是由法恩和利奥波德（1993）提出的，旨在反驳简单化的市场模型，既包括自由主义的"自由市场"对消费者主权的描述，其驱动了市场，又包括了马克思主义对消费进行降级的生产。"系统"方法"设定了消费者选择的角色……既由历史决定，也由……共同决定，在单独的供给系统中具有可变性"（Fine, 2002：83）。法恩抛弃了考察诸如"模仿"之类的一般主题的"水平"方法，认为供应系统方法对不同链条的特殊性和历史偶然性更为敏感，还认识到分销系统和"中间商"作为供应体系中的"关键"的至关重要性（Fine and Leopold, 1993）。我自己的项目以充实法恩和利奥波德的供应系统的方式开始，并着手弥补我们在"中间商"作为生产和消费之间的分配代理的关键作用方面的知识空白（Entwistle, 2005）。基于我现在所讨论的，我的分析此后在许多方面偏离了供应方法系统，但在很大程度上仍然支持其许多目标。

对于休斯和赖默而言，"系统"方法可以解决全球商品链分析的局限性，而商品链分析存在一些普遍问题。它往往强调生产而不是消费，最终目的是"揭示"生产条件。例如，尽管赖默批评了这些文献中对生产的过分强调，并呼吁对消费迹象进行"唯物主义的符号学分析"，但哈特威克（Hartwick，1998：425）的分析也有类似的雄心壮志，即通过关注"消费节点商品的辐射效应"来"揭示"生产关系，以便"将消费结果带给消费者"。这种"揭示"现象在许多文献中普遍存在，并被批评为光顾了比学者们想象的更具反思性的消费者（Jackson，2002）。但是，对于休斯和赖默来说，"揭开面纱"的思想使其倾向于从生产到消费的线性商品链的相当简单的假设，即可能会忽略将生产和消费联系起来的复杂实践，并且往往没有考虑到买家如何控制和调节"外围"的经济命运（Hughes and Reimer，2004：3）。

商品回路

最近有关商品流的工作倾向于从线性"链"的概念转移到隐喻，以强调商品流通的非线性、复杂方式。关于商品"回路"或"文化回路"的文献（Cook and Crang，1996；Jackson，1999）捕捉了商品流通的非线性方式，生产、分配和消费的各个阶段不被看作依次发生的单独的"时刻"，而是相互影响的阶段。杜·盖伊、霍尔等（1997）对索尼随身听的研究就是一个很好的例子，因为它说明了对目标消费者群体的了解对随身听的生产是至关重要的，展示了消费者对机器的意义和用法如何构成机器开发和改造的一部分。因此，与其关注"链的起点和终点"，不如将关注点转向"生产、流通和消费时刻之间关系的文化变化动力……在商品流通的不同时期、不同地点和不同阶段，对商品所附加的意义有一个更清晰的理解"（Hughes and Reimer，2004b：3－4）。这种空间上的"文化生产"方法在普拉特（2004：117）对创意产业的分析中也很明显，该分析主张"对生产和消费的相互联系的过程有一个更全面的认识"。

最近，"网络"的概念已开始应用于商品流的分析（Hughes，2004；

Jackson，2002）。网络分析的价值在于，"行动者之间的联系被视为相互依存的复杂网络，而不是固定的垂直和单向关系"（Hughes and Reimer，2004b：5）。这样做的好处是，它避免了商品流通中的一个站点相对于其他站点的特权，因为"网络隐喻被扩展到包括例如设计、研究和开发的站点"（2004：5）。休斯（2004）在对国际切花贸易（International Cut - flower Trade，ICFT）的分析中，运用了网络和回路的想法。根据休斯的说法，网络分析将注意力集中在市场中关系的"形态"上，而"流（或回路）是思考该网络中节点之间知识转移的最有用的隐喻"（Hughes，2004：215，着重强调）。她在方法论方面的研究与我自己的研究相似，尽管关系和知识的实际配置有所不同。她展示了零售商在这个市场中塑造关系和传递特定形式的知识的力量，但这在高级时装市场并不总是如此。服装中已经描述了这种模式（Crewe and Davenport，1992；Gereffi，1999）。但是，托卡特利（Tokatli，2007：68）警告，当情况可能更加复杂时，不必对这种不对称性太过当真："主要制衣公司与其供应商之间的业务关系确实是不对称的。但是，这并不一定意味着买方对供应商拥有自动控制权。"尽管鲜花切花贸易是"买方驱动"的，这是由供应商的需求驱动的，特别是英国的大型超市，他们着眼于推动生产周期的审美趋势，而在时尚界，模特经纪人和时尚买手并不是跨市场的商品和知识流的唯一重要节点，这些网络并不是由他们驱动的。买手和经纪人必须会"翻译"巴黎和纽约时装秀上的外观，以及模特外观的不同波动，但他们无权主张特殊的美学，英国超市与肯尼亚或其他花卉种植者的交易也是如此。因此，正如休斯所证明的那样，回路和网络这两个隐喻并不矛盾。她认为，两者都比"商品链"的概念更为可取，"商品链"往往强调商品生命周期中特定点的单线性流动。

重要的是要注意这两个隐喻并非没有自己的问题。拉古兰（2004：123）对受行动者网络理论启发的描述持批评态度，因为"行动者网络理论主要关注人类和非人类实体的能动性，因此有将复杂的生产和消费系统简化为机械框架的危险。专注于在网络内节点上运行的能动者并仅关注它们之间的链接，可以将这些系统与设置这些链接的社交框架和过程区别开来"。

她通过个人传记来反驳这一点，在这个案例中，恢复一家为印度妇女生产服装的公司的工人协会，该机构是由于一名妇女对现有服装供应商的特别不满而产生的。同样，莱斯利和赖默（1999：407）承认，尽管他们"被引入了非线性回路的概念，但仍存在着追踪不断变化的力量线的重要原因，这恰恰是因为它永远不会固定在一个位置"。采用回路或网络方法可能会失去对政治和开发的控制，这使休斯和赖默（2004b：7）"犹豫不决是否要放弃链的概念"。

尽管商品链方法强调需要研究生产与消费之间的垂直整合关系，但休斯和赖默（2004b）、莱斯利和赖默（1999）也主张考虑"水平"特征，这些特征可能与不同的商品链有关。的确，他们问道："单个商品链是否具有垂直唯一性？纵向方法是否会忽略不同供应体系之间的相互联系？"（Leslie and Reimer，1999：407）。米勒（Miller，1997）认为链可能没有任何垂直的逻辑，即使零售业将制造业与消费联系起来，零售商也可以将两者视为非常不同的领域，例如通过以"质量或工艺"的理念来改造大宗商品，将制造业与象征意义区分开来。对于莱斯利和赖默（1999）来说，商品链不仅是由竞争性需求和从生产到消费的联系构成的，而且阶级或性别等其他因素也很重要，可以解释"站点之间的多重和不断变化的联系"（1999：403），以及不同的"系统"之间的多重和不断变化的联系。在他们自己对家装的分析中，性别是"商品链逻辑的核心"。他们采用"垂直"和"水平"的方法，强调需要注意跨链的链接，或他们所谓的链的"泄露"。因此，尽管他们广泛赞同"系统"方法，但也认识到商品的符号价值和象征意义，不仅要关注商品本身，而且还要进行论述，并理解供应系统的地理偶然性（1999：405）。

确实，当检查当前在设计主导或美学市场上的工作时，可以看到许多横向的一致性，跨越了不同的、垂直整合的供应系统。像常规的样式更改一样，"时尚"可能会在一系列美学商品市场中变得越来越普遍。

威勒（Weller，2007）认为，"时尚观念渗入了多种文化导向的商品，在原本分散的生产部门之间形成复杂的相互依存关系。因此，具有完全不同的物质供给系统的商品通常具有共同的美学敏感性"。确实，正如莱斯利和赖默（1999：414）所论证的那样，时尚似乎已经成为加拿大和英国的家居装饰市场中的重要问题，在这些市场上：

> 家居消费、时尚消费和身份形成之间存在着新兴的联系。就像时装设计师和零售商鼓励服装不断翻新一样，家具广告和杂志社论现在经常强调随着身份变化重新装修的乐趣。零售商之间有一个相对强烈的共识，即家具行业的变化反映了时尚行业向实践的转变。从广告/营销和零售站点这两个部门的合并来看，这种交叉现象是常见的。

正如他们的分析所表明的那样，定期地更改，尤其是"季节性颜色更改"，会促进"加强时装和家具链之间的联系，从而说明供应系统的'泄露'"（Leslie and Reimer，1999：414）。尽管设计师的服装和切花之间的"供应系统"明显不同，但它们之间也存在相似之处。根据休斯（2004）的研究，切花市场是设计密集型市场。也就是说，美学和设计是市场计算的核心。它也是知识密集型的，取决于能动者共享和传播设计趋势的知识，诸如设计和时尚杂志或设计"专家"在网络知识流通中发挥作用。在设计师的时尚舞台上，知识在网络中的传播和扩散更多。有时可能会通过特定的小众杂志对其进行部分编码，并通过像"大师"般的角色（例如前沿设计师、摄影师或造型师）进行过滤。

也可以追踪其他水平连接。麦克罗比（McRobbie, 1998）提出"［时尚］零售业的员工可能会认识到自己与时尚行业的其他员工有更多的共同点，而不是那些从事食品或家具销售的员工"（McRobbie，引用于Leslie and Reimer，1999：408）。尽管所有零售工人可能都有类似的条件，但是"工作中涉及的绩效和表现方面是针对时尚零售的，并且与'时尚'链逻辑有关"（Leslie and Reimer，1999：408）。也可以通过比较其他种类的专门时尚市场来找到这种"时尚链逻辑"，例如时装模特（Entwistle，2002）或时装摄影（Aspers，2001）。尽管商品存在明显差异（分别是摄影和模特的"外观"或"风格"），以及不同的文化和历史环境，阿斯珀斯对瑞典时装摄影市场运作方式的描述也显示出与英国时装模特市场相似的特征。如第 3 章所述，这两个市场在很大程度上都取决于"商业"外观或样式的创建，这明显不同于公司客户或大众市场的"商业"美学。此外，就两个市场的关系形态以及通过特定渠道或节点（杂志、编辑、设计师、造型师、摄影师、模特）传播的时尚知识而言，这两个市场非常相似，事实上，这两个市场的员工的职业生涯有着至关重要的联系。因此，尽管这些市场之间存在差异，但也存在一些共同的特征，不同美学商品和劳动力市场之间的联系是显而易见的，但如果仅采用纯粹的垂直方法，则很大程度上会被遮盖。

时装购买和零售实践

如果此案例研究遵循的是纯粹的供应系统方法，那么我寻求将所有实践整合到高级时装中，而不仅是购买。取而代之的是，我将注意力集中在买手身上，并通过关注他们来"追踪"从这里展开的联系。从一开始就需要注意一些有关时尚购买的细节。在服装零售的所有部门中，时尚购买的组织方式都不尽相同。重要的是要注意，"与快速时尚相关的生产预设（如交货期、最小生产周期和节奏）与高级时装或设计师成衣相关的预设不同"（Tokatli，2008：24）。此外，即使是在商业街上，有时被称为"快时尚"的商店之间也存在显著差异。根据托卡特里（2008：24）：

快时尚零售商可以分为两类：一类是零售商，从真正意义上讲，没有自己的制造能力（以 Gap、H&M 和 Mango 为代表），而另一类（以 Benetton 和 Zara 为代表）是"有工厂的零售商"。没有工厂的零售商显然不制造自己的衣服，而是将它们外包给部分工业化国家的其他公司。

在英国，像 Marks 和 Spencer 这样的大型连锁店，以自己的品牌设计一切商品，方式与 Zara 或 Gap 这样的专门时装商店几乎相同。在这些情况下，商店协调设计和生产，尽管是通过分包链。同样，百货商店也各不相同：有些商店只有特许经营权，只为一系列品牌租用空间，而其他商店（如 Selfridges 或 Harvey Nichols）则与"自购"股票一起经营特许经营业务。这些不同的购买安排在零售商和供应商之间建立了不同类型的关系和接触。在克鲁和达文波特（1992）对大型时装零售商"首选供应商"模型的分析中，零售商非常紧密地协调生产，而有关分包链的最新工作（Ross, 1997）证明了一种更为"放手"的关系。零售商和生产商之间的关系，最近几年因鼓励"过量"劳动而受到批评。但是，零售实践中的购买微观关系仍然是"被关在黑盒子里"（Latour, 1987），因为它们在很大程度上被忽视了。

在采用网络方法时，我将目光集中在"除了链的生产和消费'端'以外的其他站点的复杂性"上（Hughes and Reimer, 2004b：7）。这提供了一个重要的视角，通过购买活动建立的关系以及计算这种美学商品所需的各种市场知识，能够将高级时装市场组合在一起。购买本身处于一个复杂的位置，是生产和消费"相遇"并进行调解和转译的关系，而不是作为这两个固定的"终点"之间的"中间"位置存在的站点。因此，正如我在第 8 章中更详细地论述的那样，买手参与的不是简单地将货物从一端转移到另一端，而是更复杂的中介和转译，不是单线性的。但是，在我进行分析之前，有必要介绍一下塞尔福里奇的时尚购买和买手：这些能动者是谁，他们的工作涉及了哪些方面？然后，我想研究一下在商店里是如何组织购买的，以及高级时装市场是如何组合起来的。

在塞尔福里奇组织时尚

作为计算能动者的时尚买手

值得一提的是，时尚买手不能凭着"一时冲动"购买。他们的选择是由一系列体制机制和活动精心设计的，这些机制和活动系统安排了他们购买的东西以及所购买物品的数量、大小和颜色。这说明了一个基本的问题，即市场的核心问题是计算问题，我一直在重复这一点：设计师服装市场是如何成为计算对象的，该市场中决定买手购买行为的计算条件是什么？

米勒（2004：179）在对会计实务的分析中有力地指出，会计技术有力地影响了计算条件并"使经济可见且可衡量"。在第6章中，我研究了塞尔福里奇的计算工具。但是，在这里有必要考虑使时尚买手成为一种特殊的计算行动者的基本条件。根据米勒（2004：180）的说法，现代会计已经"解放"了公司中的个人，成为了"负责任和有计划的个人"，他们能够自己做出决定。虽然他的例子涉及投资和金融，但"自由"的精神在塞尔福里奇很明显，在那里，买手被要求对特定的预算负责，并且在被赋予目标和其他指标的同时，被告知要对如何购买做出自己的判断。因此，作为一种"治理技术"（2004：179），这种会计构成了特殊的主题。正如米勒（2004：180）所说的：

> 与其每天就资源分配问题与个人对质，为什么不把资金提供给一个既有责任又有自由按自己认为合适的方式花钱的个人呢？换句话说，为什么不设法培养一个能够发挥自我调节作用的人，尽管这个人位于影响和控制的不对称网络中？

这反映在塞尔福里奇的买手的精神和身份上，他们把自己描述为

"了解自己的市场"，并在计算购买对象方面给予相对自由。我的分析完全集中在买手选择的女装"自购"系列上。与特许经营业务相反，塞尔福里奇拥有自己购买的产品范围，构成重要资产，如果不出售，则构成潜在的负债。关于自购，有很多值得注意的地方：首先，它要求预算数百万英镑的买手进行选择；其次，要求仔细计算市场；再次，它的价值更大，因为利润大于特许权；但是最后，风险也更高，因为风险完全由商店承担。这些功能（选择、计算、风险和价值）使自购对于分析美学计算变得很有趣。在商店中创建这种"自由"计算能动者的关键是将女装正式组织成"买手身份"。

买手身份

买手身份作为一种机制或"计算空间"，构成了"互动发生的边界"的基础（Callon, 1998c：249）。为了定义买手身份，最好的起点是检查这些界限。买手身份包括七个主要组成部分，但是最好的起点是将其视为财务的"决策工具"。"决策工具"的定义是"决策者为应对环境的不确定性和模糊性而创建的脚本"（Abolafia, 1998：74）。因此，买手身份是一个可以用来回答"买手如何购买？"这一基本问题，并研究商店中女性设计师时装市场是如何组合在一起的很好视角。

让我从预算开始，进一步描述买手身份的这七个相互关联的组成部分。买手是指定的支出领域。我跟踪了整个女装部门的三个主要买手身份，分别以"设计师"、"当代"和"休闲和更新"命名。[2] 这些命名的支出领域被进一步细分为较小的支出领域：正如一个买手身份的负责人所描述的那样，"首先是拥有整体数字，然后是细分数字"。因此，可以将买手身份视为一种以预算形式进行投资的财务资源。一旦建立起来，其他主要的资源投资也由此而来。显然，买手身份也由指定人员来定义，因为预算仅通过管理和支出预算的工作人员的活动而产生。因此，买手身份是通过指定支出预算的工作人员的活动而存在。原则上，所有买手身份均包括首席买手和采购助理（高级买手、助理买手）以及指定的跟单员（高级跟单员，有时还包括助理跟单员）。在首席买手负责"整体数字"的同时，助理买手被分配的资金较少，并将负责在买手身份内购买特定类别的产品。其他资源投资如下：软件/库存系统、办公空间、桌子和椅子等。这就是说，买手身份不仅是一种金融机制，还是一种制度性的手段，通过它来管理"外面"（商店之外）的产品、卖家和消费者，即识别、买卖、估算、评估和衡量。

换句话说，这些财务资源（预算和人员）旨在确定和整合买手身份的其他主要组成部分。这些元素是完全相互连接的，它们没有任何顺序或优先级，这些组件由"在那里"的产品组成，因此涉及确定特定的供应商，即设计师和设计公司（通常由分销商代表而非直接代表）。这些产品和供应商通常会在很长一段时间内牢固地建立在买手身份之内，其中许多都是大品牌，这些品牌已经被商店购买了多年，甚至有自己的品牌空间。这些产品在商场楼层有一定的空间分配，该空间对于物化买手身份很重要。指定给每个买手身份的空间往往相当恒定。买手知道他们必须填充多少平方米，并且所有产品都是根据外观和在商场楼层中的适合位置进行计算的，相对于该地区的其他产品有意义地排列。买手在购买时会考虑自己的空间，考虑特定服装在商场楼层的外观以及在附近区域与其他产品"坐得住"的程度。如第 7 章所述，他们还会在"楼层步行"上查看自己的区域时，定期考虑这个空间。

因此，空间的排序不是随机发生的。有组织的"概念"有助于想象产品及其空间位置的方式，该概念为该区域提供"主题"或"感觉"，并指导买手进行购买决策，因为产品的选择是基于它们与"概念"的契合。因此，产品和销售商的组合不是随机的，而是一种谨慎的基本原理的结果，该原理首先基于产品类别（例如，内衣或配饰，以及在买手身份内，基于一个思想或主题），"当代"的含义与"设计师"和"休闲和更新"完全不同。在这三个主要买手身份中，在空间和"概念"方面都有进一步的细分。

买手身份的组织"概念"显然与预算的"硬性"现实形成对比，

后者是一种"软性"知识，而不是基于某些数字/统计数据的知识。但是，该概念对于预算的分配方式至关重要，因为它提供了一种查看该地区所购买产品的方式，一种使产品有意义的方式，以便以有意义的方式购买和组合产品。因此，就总体主题而言，使产品有意义，该主题组织了购买选择，并且根据最终在商场楼层集聚而得以实现。最后但并非最不重要的一点是，所有买手身份在经营时都以"想象的"或"虚拟的"客户的想法在那里购买。买手从不直接与客户见面，但他们会通过某种高度的"真实性"进行交流，尽管这是通过与商场楼层销售团队的高度调解相遇而实现的，如在第6章和第8章中更详细讨论的那样。

通过这些可视化和空间化，高级时尚中的"市场"既通过"市场上"的产品和供应商组装而成，在过程中构成产品和供应商的外部全球地理或市场，又在内部以空间术语进行积极的转译或配置，因为所有产品都注定要位于商场楼层的特定区域，并且彼此之间存在空间关系。因此，买手身份可以通过两个不同的空间记录来构建时尚世界的图景：全球时尚市场和商场楼层内的内部零售地理。它是一种用于计算商店内时尚，通过使市场可见、有意义和可计算来组建和实现高级时装商品的机制。事实上，买手身份使不同类型的高端时尚"市场"之间的内部界限清晰可见。但是，这些分界和内部市场边界并非没有问题。如下文所述，在"设计师牛仔"的情况下，买手身份和市场之间的内部边界可以而且确实模糊不清，这使人很难明确区分两者，并给买手带来了购买什么和如何购买方面的问题。但是，首先，让我介绍一下观察到的三个买手身份："设计师""当代""休闲和更新"。[3]

高级时装市场Ⅰ："设计师"

首席买手朱莉娅将设计师的服装描述为"业务的最高水平"，这意味着标签是最昂贵、最独特的，但也是最引人注目的，因为这些设计师和品牌拥有很多状态。这种买手身份包括知名设计师，其中许多人出现在成衣系列中，而他们的身份也构成某些"制约因素"。正如朱莉娅所说，"其中一些供应商可能是……最困难、最苛刻的供应商"。部门主管西莉亚（Celia）更加坚决地描述了这一业务水平上的关系是如何"非常政治化"的，以及如何进行（或不进行）库存的，重新装修或创建品牌区域的谈判"可能要花费几个月"或更长的时间，例如在现场工作期间经过数月的长时间谈判而计划和建立的"超级品牌"区域。（对我来说太政治化了）对这些业务朱莉娅描述如下：

> 当我们谈论这些类型的业务时，他们具有需要维护的国际形象，因此可以很精确地掌握想要展示、证明、反映自己品牌的方式，这可能需要非常大的空间，可能会要求在商店里树立自己的形象，他们可能会要求我们为此付出，而不是他们，诸如此类。另外，我的意思是，他们的布局有很多问题，因为他们非常明确地知道希望进入哪些门店，但某些品牌我们却不一定能够拥有，因为他们觉得自己已经有太多的分店。但是与此同时，我们这里有一些别的商店所没有的品牌。因此我们可以围绕着一些很难控制的事情进行非常复杂的谈判。

尽管"老牌"塞尔福里奇公司在确保与这一市场终端的关系方面存在问题，但"时尚前卫"的塞尔福里奇公司（Selfridges Radice）在20世纪90年代末开始发展，这取决于与尽可能多的这些公司达成协议。因此，即使价格范围超出了大多数消费者的价格水平，该市场水平也具有象征意义。这些设计师是世界新闻界寻求新趋势和灵感的设计师，因此在商店中也具有非常重要的象征意义。

至关重要的是，成衣系列是在本季度开始之前订购的，而不是在本季度大量生产和销售。由于零售商会在旺季之前投入资金，这会带来更大程度的风险，必须在实际到达商品和购买商品之前就对"时尚"商品进行准确的计算。一旦在国际时装秀上展现出来，趋势就可以牢固地建立起来，并且随着季节的到来，产品设计几乎不会改变。在名牌服装中，服装的订购量要比主流时装零售小得多，并且时间延迟最长。据朱莉娅称，本季开始前，超过 80% 的预算用于各个买手身份的"自购"范围，但在设计师服装中，这一数字甚至更高，接近 100%。取消和重新订购几乎是不可能的，因为物品是严格按订单生产的，因此一旦下了单就几乎没有回旋的余地了。商店与供应商之间在此市场末期的合同安排意味着，塞尔福里奇承诺在购买订单后（非常迟交的情况除外）接收库存，而并非总是重新订购更多的库存。通过这种方式，设计师时装与大街上的"快时尚"不同，涉及更大的风险，因为设计师承诺在季前提前进行设计，而且：

> 快时尚零售商并不直接投资于设计，取而代之的是在时装秀上发现的最具吸引力和前景的潮流，以及来自主流消费者的暗示（Agins, 1999；Reinach, 2005）。将这些趋势转化为几乎可以立即投放市场的产品，从而使自己和消费者摆脱"季度时装陷阱"，并在此过程中改变生产环境（Tokatli, 2008：22 - 23）。

换句话说，根据托卡特利（2008）的说法："在时装周期间，模特拍摄的名牌服装几个月都没有到达百货商店，但几周后就可以在 Zara 发现类似的服装。"考虑到长时间的延迟，成衣比季节性响应消费者需求的市场需要更仔细的计算。因此，尽管计算时尚始终是不确定的事情，但可能在高端市场更不确定。就像朱莉娅所说的，"他们是按订单生产的……因此我并不能随时从仓库取货。因为它是高级时装，所以人们只想在它刚上市的时候入手。那样的销售方法存在很大的风险，但我们必须冒险"。

买手预算的一小部分被保留用于季节内购买，这增加了灵活性，但这不会显著改变商场楼层的整体季节性库存。这些状况增加了在这个市场层次上购买什么的高度不确定性，正如第 6 章和第 7 章所讨论的，在经济行动者的日常计算中一定会被遇到和被管理。

设计师服装还包括更多主流、较少独家经营的大品牌设计师，例如 MaxMara，他们虽然不以高级时装创作而著称，但是却保持着更多规律性的大宗生产——按季节销售的产品，例如经典的裙子和长裤。这些品牌相比"高级成衣"的设计师更"商业"。在买手身份中，"时尚前卫"设计师和"商业"设计师之间的区别是一个关键因素，在当代买手身份中也很重要，其中"前沿"时尚与更为主流和可负担的物品之间存在类似的保持平衡行为。事实上，在设计师服装和当代服装领域中，平衡盈利产品与具有文化声誉的高风险、高级时尚产品之间的关系非常重要。因此，朱莉娅确定了自己的"标志性品牌"，提供了该季节的"必买单品"，这可能不会赚钱，但这些商品会出现在杂志中；与此同时，那些"价格稍便宜，营业额大"的品牌却能从中赚到钱。为了保持所在地区的形象，重要的是要在具有文化价值但风险较高的产品和营业额较高的品牌之间保持平衡。

这是我在讨论"当代"买手身份时要谈到的观点，但值得注意的是，商店中的高级时装市场正在关注平衡"经济"和"文化"价值。也就是说，既需要"商业"又需要"前沿"或"时尚前沿"，这需要在提供健康利润的"商品购买"与风险更大、利润更低的时尚商品之间保持谨慎的平衡，但要保持商店的"最前沿"市场地位。

因此，高级时装与其他高级时尚市场之间存在明显的相似性，例如时装摄影（Aspers，2001）和时装模特，在"商业"和"前沿"工作之间必须保持相似的平衡。正如我在第 3 章和其他部分（Entwistle，2002）所讨论的那样，这种平衡行为对于单个模特本身很重要，经纪公司将两种工作物理地分离为模特的不同投资组合，这对经纪公司也很重要，经纪公司需要在获得大笔商业合同的商业模特和时装模特之间保持平衡，后者的收入通常要低得多，但要确保获得高度重视的社论工作，从而保持其作为时尚经纪公司的形象。这些风险更大的计算可能不会带来立竿见影的利润，但会以荣誉、声誉和地位的形式增加不可估量的价值，最终支撑企业的市场地位。这种平衡是很困难的，但是在实地考察期间，塞尔福里奇在创造力和冒险精神与销售和利润之间保持平衡。在讨论其余的"当代"和"休闲和更新"的买手身份时，我将回到这一点。

空间在维持"前沿"和"商业"的这些类别和区别方面起着至关重要的作用。模特照片集在物理上是分开的，因此不同的客户可以看到模特外观的不同示例，而在塞尔福里奇这样的时尚商店中，分隔可以保持在买手身份的品牌之间以及不同买手身份之间的差异。卡龙和米德尔等（2005）已经注意到，产品如何摆放是维持产品、品牌和单个设计师/标签之间身份的关键部分。将最高端的设计师服装在单独的房间（"超级品牌"房间）中展示来建立和维护这些设计师们在时尚界中的崇高地位。这种物理上的邻近增强了每个设计师的独有身份。确实，这样的放置非常重要，以至于根据女装主管西莉亚的说法，超级品牌室的设计涉及商店和设计师之间的复杂谈判，而设计师则希望与邻居们面对面商讨能提供给他们的最好空间。

朱莉娅将设计师服装描述为"在很大程度上受到媒体和媒体曝光率以及人们在杂志上看到的东西的引导"。她以知名的设计师和具有公认的身份和"忠实客户群"的品牌来描述自己的市场。她还描述了自己想象中的顾客的不同购物习惯，这些顾客非常"忠诚于品牌"，可能不会在女士服装区的其他地方购物，而是专门购买特定的设计师/品牌。这与其他主要买手身份形成鲜明对比，在那里的买手想象他们的客户在不同的产品、区域和设计师（包括底层的特许经营区域）"移动"，以产生更具"折中主义"的外观，而不是从头到脚穿着同一个设计师的作品。

通过这些方式，无论从空间上还是通过明显不同的客户群，设计师服装市场都比其他两个主要买手身份的女士外衣采购市场更加明确。其他两个买手身份（"当代"和"休闲和已更新"）之间的界限会有所滑移，因为在两个买手身份中出售的产品，品牌/设计师和客户之间的区别并不明显。这对这些买手身份构成了一个问题，因为缺乏明确的界限意味着要维持一个独特的身份或为每个买手身份组织"概念"并不容易。这样使这两个买手身份难以计算，正如我在下面针对 2002 年牛仔产品的时尚方面所讨论的那样。我将从产品、供应商、空间、概念和客户的界限来介绍这两个买手身份。

高级时装市场 II："当代"

当代时尚买手身份是文化价值和经济价值之间的平衡最为关键的一种。该商店的这一区域在建立一系列"前沿"设计师方面非常重要，这些设计师对于确立塞尔福里奇的"时尚"身份至关重要。就所有买手而言，该区域的描述涉及定义产品类别和/或"概念"和（虚拟）客户。买手玛丽亚（Maria）将她的地区描述为三个主要的"产品类别"。"最前沿"概念是"试管"概念，该概念由经常在伦敦、纽约或巴黎时装周上崭露头角的新兴设计师组成。玛丽亚认为，该区域相对于建筑面积而言，"冲击力高"，"非常具有视觉性"，但"密度低"，因为它的销量并不大。尽管该地区的营业额不高，但重要的是，因为这"与声誉有关，拥有正确的品牌……因此，您只是为了它的标签"，而不是产生的收入。该区域的"影响力"得益于其与主要"自动扶梯"之一并排的位置，它成为进入女装部门的引人注目的切入点。其高度可见的位置绝非偶然：将这一区域如此突出地放在商店楼层中，就可以看出塞尔福里奇对高级时装的承诺。这在该区域造成了很高的"人流量"（顾客通过商店的通道），从而促进了商店的整体战略向"时尚潮流"的发展，以使尽可能多的消费者可以通过该区域，即使他们中的一些人不是为了购买，单纯只是经过。

玛丽亚描述的其余两个概念/产品领域是"西方女孩"，包括"杂志上经常有的那种产品"和名人穿着，以及由大品牌领导者组成的有利可图的"当代实验室"销售量更大，从而有助于确保买手身份的健康销售和利润。因此，通过谨慎地平衡"最前沿"和"商业"产品范围，可以在买手身份中维持经济和文化价值之间的平衡。虽然"试管"具有较高的风险，但购买它的原则是可以提升商店的"正确"（即"时尚前卫"）形象，从而将整体形象提升为"最前沿"。另外，较高密度的获利品牌有助于维持销售量和买手身份的获利关系。

玛丽亚描述了该区域相对于其他区域（买手身份）如何保持自己的身份，包括内部以及与商店外部市场的关系。在评估 2002 年相对较差的表现时，玛丽亚解释了该区域有时难以定义自己的情况，正如她所描述的：

> 当代风格的商品位于中间地带，位于两个竞争区域的中间。在最底层，是风格明显的高街风格，然后它上面的是设计师品牌，它一直都在与这两个风格竞争，有时确实很困难，你必须让产品恰到好处，还必须选择正确的品牌，甚至必须正确决定库存的尺码和所有内容。

这种对保持一种身份的关注是她许多购买决定的基础，这与充满活力的高街明显不同，高街的"快时尚"能力能够使其迎合时尚潮流，也不同于店内销售的设计师时装。她在"试管"概念中的购买策略反映了这些担忧。例如，当购买由一位年轻的时装周设计师展示的系列时，她可能只购买几个款式的商品，买 10 ~ 12 件并且都是小尺码，而不是全部，因为那样会有太多风险（如果设计师并不为人熟知）。如果是知名设计师，她将采取"广泛"而不是"深层"的购买措施（购买大量不同的款式，但一个款式只要几件并且也都是小尺码）。设计师的组合完全是"自购"的，因此可以创建独特的产品/设计师/品牌组合，从而有助于宣传塞尔福里奇的"与众不同"的主张。该区域的"令人兴奋"的"前沿感"也反映在产品的布置上，这些产品具有很大的空间，显示出最大的"影响力"。DJ 经常播放大声的音乐，使该区域显得年轻而"潮"。因此，买手身份的特征似乎支持商店本身新获得的"时尚前卫"身份。

高级时装市场Ⅲ："休闲和更新"

上面对两个买手身份的描述清楚地表明，买手通过识别特定产品类别和虚拟消费者来创建并积极维护市场中的身份。但是，这些身份不是稳定的，而是不断地计算的。可以通过检查塞尔福里奇的"休闲和更新"（或简称为休闲装）的第三位买手身份来说明高级时装市场中身份的不稳定性。

首席买手简（Jane）对此进行了描述，这个买手身份包括三个主要区域："经典"区域，包括晚礼服在内的经典服装，该区域针对年轻的职业女性，而"设计师牛仔系列"涵盖的是休闲装，从T恤到牛仔裤，并包括大品牌牛仔布系列。在现场考察的前一年，该区域进行了全面翻新，以创建所谓的"牛仔布间"。简表示，翻新工程极大地改变了该区域的面貌，吸引了更新的"时尚前卫""设计牛仔"品牌。的确，翻新与2001年和2002年的主要"牛仔布趋势"同时出现，这困扰了当代和休闲服装买手身体的界限。因此，值得考虑的是"牛仔布故事"如何在塞尔福里奇使身份和类别陷入混乱，这说明市场永远无法得到保证，它是而且总是充满偶然。

牛仔布故事

作为一种产品类别，牛仔布以前在休闲服装买手身份中已明确划分和协调，直到许多发展使其身份发生了改变。确实，在2001年和2002年，牛仔布（主要是牛仔裤）"处于流行趋势"，确切地说，牛仔布是此期间女性穿着的主要趋势。这极大地改变了牛仔布的身份：虽然牛仔裤以前曾被视为"基本"或"主要"产品，而价格相对便宜，但在2001~2002年，牛仔布被重新定位为高档时尚商品。也就是说，它成为一种时尚主导的商品，随着季节的变化，有不同的颜色、样式、裁切和品牌出现在时尚中。其身份发生这种变化的原因有两个：首先，当时牛仔布出现在所有的成衣系列中；其次，与此趋势并驾齐驱的是，专业的"设计师牛仔"市场看到了新的牛仔品牌的出现，这些品牌以时尚的眼光获得了"崇拜"地位。第一波设计师牛仔品牌来自美国（例如，Earl，Paper Denim and Cloth，Seven，For all Mankind），洛杉矶是一个重要的"枢纽"，尽管随后更潮的品牌来自瑞典（Acne）和澳大利亚（Sass & Bide 和 18th Amendment）。这些系列的价格点都远高于 140 英镑，其中许多零售价都超过 200 英镑，因此这些牛仔裤既"时髦"又"时尚"，并配有独家标志。来自新的牛仔布品牌和高级成衣设计师的"设计师牛仔系列"对传统的牛仔布休闲装提出了挑战。

除了这些外部发展，上述的塞尔福里奇内部的另一个主要因素是"牛仔布间"的翻新，这使许多人对商店产生极大兴趣，并带来了可观的销售和利润。虽然最初是一件好事，但后来对休闲装的购买产生了负面影响。正如我现在所描述的，这三项发展，牛仔布的趋势、设计师牛仔布的出现和牛仔布间的整修，给现代和休闲区域的塞尔福里奇的买手带来了一些问题。

牛仔布被重新定义为一种时尚商品，而不是基本款，它挑战了商店内先前持有的关于牛仔布的观念，并在企业内部引起了竞争。正如首席买手所解释的那样，由于"每个人都穿着牛仔裤"，牛仔布在商店中被一些人视为商品购买，也就是说，是被大量购买的"基本款"商品销售。对于财务人员，或简所说的"上班族"，尤其如此，他们对时尚知之甚少，这导致了定义的冲突。因此，虽然上班族将牛仔布视为"商品业务"，这是一种应以批量销售的低风险、高利润产品，但简对此提出质疑，其认为："我们不做缺口市场，我们做高级时尚。"

这种影响对休闲买手身份产生了正面和负面的影响。正如简所总结的那样，"产品的重新聚焦、整修和牛仔布的一次爆炸"意味着"我们的数字已经达到了顶峰"，但这对下一季的计划产生了负面的连锁反应。牛仔布被认为是"基本款"，加上良好的销售，这意味着在随后的几个季节里，她的区域"预计将推动商品数据增长"，因此"有非常积极的计划"，这是为了获得持续不断的高销售额和不可持续的利润。下一章将讨论财务计划在推动店铺数据和评估中的作用，但在此仅需说明一下，在这种情况下，"积极的"计划为以后无法实现的未来销售设定了不切实际的目标。因此，在强劲增长之后，该区域似乎失败了或甚至并未制定计划，因为目前牛仔布趋势已趋于平稳，翻修已不再新鲜。

因此，尽管牛仔布的实际利润仍然相当可观，但相对于部门的"计划"而言却是下降了。这个故事特别说明了三件事。首先，产品甚至看似主要的产品，例如牛仔布，都需要不断地重新定义、重新校准，并要求不断地进行重新认证。其次，产品变化（例如牛仔布趋势和新兴的设计师牛仔布市场）对市场内和市场之间（在这种情况下，商店内不同买手身份之间）的其他长期定义和身份构成了挑战。由于牛仔布的趋势，设计师服装被靛蓝（由许多牛仔布产品组成）充斥，尽管如上所述，其市场、价格范围和客户群仍然更加明显。更大的问题是牛仔布的崛起困扰着当代和休闲服装买手身份之间的界限。这揭示了市场的偶然性、市场边界和身份。牛仔服装是"潮流"，它突破了休闲装的界限（在休闲和更新买手身份中），也波及商店的其他区域、设计师服装，它甚至进入了当代时装。这意味着这三种买手身份的独特市场身份在某种程度上是模糊的。这种合并给当代买手玛丽亚带来了特殊的问题，他们所在的区域努力保持差异。如上所述，她认为自己的区域位于高端设计师服装和高街之间，并且在高街时装中包含了牛仔布，选择走秀潮流，因此她对这两个区域的认同出现了一些危机，这与休闲服装有关。

玛丽亚描述了她所在区域与传统销售牛仔布的休闲装之间的区别。由于这两个区域的买手身份都购买了大量的牛仔布产品，并且它们之间在产品轮廓方面的界限更模糊了，所以它们看起来越来越相似，或者说，当代风格看起来越来越像休闲装。她对自己所在区域表现不佳的总结反映了一个问题："可能的主要因素……是其中一些系列中的牛仔布含量（2002 年的成装系列）。"

这个故事说明的第三点也是最后一点是，管理产品（如财务计划）的策略不仅是被动的计算工具；它们是施为性的，产生它们似乎反映或映射的东西。时尚趋势意味着牛仔布作为一种时尚而非商品购买而被摆在商店的中心位置，从而支持了买手对产品的定义，尽管无法维持惊人的利润，但他们人为地夸大了推动该领域发展的预期数字。因此，尽管计划是计算女性时装市场固有风险的一种方法，但即使是时尚买手和销售商的"最佳计划"也不一定总能做到正确。

从这里可以明显看出，产品不是固定的，而是有解释意义的实体。当它们带着身份、含义和联想进入商店时，又通过零售实践在其定位、展示和促销中变得有意义。随着 2002 年春季从美国新收购的潮牌牛仔裤品牌（Seven 和 For all Mankind）的到来，身份的不确定性和波动性得到了极大缓解。在 2002 年春夏，这些品牌的牛仔装变成了最流行的，最初由于欧洲的许可问题，它们仅在美国销售，并且仅为时尚的"内部人士"所知晓，例如我追随的买手和其他此类在时装周秀场上见面的工作人员（新闻工作者、设计师、时装编辑）。将牛仔裤重新定义为时尚品，并且该特定标签的所谓"潮牌"状态意味着，虽然"牛仔布间"显然是放置类似 Seven 和 For all Mankind 这些牌子的地方，但它们还是被决定放置在当代时装区域。根据当代时装的首席买手的说法，该决定正在接受审核。她认识到，如果当它作为"热门"的身份消失时，新的标签会不可避免地减少，那么这些牛仔裤就会迁移到牛仔布间，就像几年后一样。因此，随着市场不断变化，产品标识也发生变化。这个故事不仅说明了商店中与不同市场相关的产品是如何不固定的，还说明了零售业如何涉及产品的解释及其有意义的转译。

结论

在本章中，我通过关于零售业的文献摘要概述了英国女性时尚服装市场的广泛背景，并介绍了一些理解和联系供应"系统""链""回路"或"网络"中"生产"和"消费"的许多不同空间和时刻的一些机制。然后进一步进行了自己的案例研究，研究了塞尔福里奇如何通过"买手身份"的概念来组装高级时装市场，以及这如何涉及金融、空间和概念方面的活跃市场配置。因此，我认为，尽管买手将时装市场描述为具有外部"真实性"，据说是以外部行动者（例如，设计者、供应商、消费者）的形式存在的，并且位于分层结构（"设计师"，例如上述的高街风格），但这些外部市场条件仍然需要在企业内部进行积极的解释、转译和资格认定，以进行有意义的组合。的确，为了在市场上行动，买手必须对"外面的东西"有很多了解，而要通过女装部门的正式组织结构转变成不同的买手身份，才能做出这样的转译。这不仅是因为时装市场的"外部"一直处于不断变化的状态，如同时装总是如此变化一般，而且还因为市场没有不证自明的结构，但在网络中却始终无处不在地活跃着。

要注意的另一个相关点是，市场取决于产品、客户之间的明确分界，对于塞尔福里奇而言，取决于创造性地理解事物的概念或主题。在这里，买手身份机制有助于在商店内不同的"市场"之间进行分界，从而使据称存在于商店"以外"或"外部"的市场得以形成。但是，就牛仔布的情况而言，由于缺乏必要的素质，市场始终处于动荡之中，从来没有完全固定或得到保证。当不同的产品特性出现融合时，就像2002年牛仔布那样，在市场（产品、客户、概念）之间建立边界的内部机制就受到了质疑。买手身份是理解和转译时装市场的一种主要的正式手段，而其他手段和常规做法则决定着每个买手身份的计算。这些方法和实践构成了正式和非正式知识的基础，这些知识支撑或支持时尚的计算。正是通过特定的方法和实践表现出来的这种知识，现在引起了我的注意。

-6-

市场运行：时尚的暂时性和物质性

塞尔福里奇的时尚买手汲取了广泛的知识。他们的知识当然部分是经济的，但是要在这个市场中变得有意义，就需要组装各种各样的元素：了解过去、现在和将来的品位；音乐、艺术、电影、生活方式方面的先前和新兴文化趋势；购物习惯和零售趋势；想象中的顾客身体形态、心理和偏好；竞争对手的策略以及天气等环境对购物习惯的影响。各种知识在无缝网络中错综复杂地捆绑在一起，作为对时髦服装进行分析和计算的一部分，因此，在审查商品统计数据的会议上讨论每周销售额时，可能会包括讨论潮湿天气如何"减少"支出，一位特定顾客对商场楼层工作人员的评论，买手的婆婆对商店中为年长顾客提供的特定设计师品牌的感受，哪些顾客试图规避塞尔福里奇退货政策，把已经穿过的衣服（尤其是晚装的问题）和无效或标识不充分的店面标牌带回来。

因此，购买是一个复杂的过程，是一个"物质上异质元素的网络"（Law and Hetherington, 2000: 37）。我想通过描述采购办公室的一些日常活动和流程来描述这些要素。了解这种"物质异质性"（另请参见Law, 2002）涉及研究用于"观察"和预测时尚的不同方法和手段。同样，"跟随行动者"（Latour, 1987）参与到时尚界中，意味着在日常工作生活中跟随他们，研究采购办公室本身是如何组合起来的，并调查计算方法本身，包括电子表格、财务部编制的统计数据和计划、宣传材料、趋势预测和销售会议。这些不同的方法、技巧和实践是各种各样的市场知识集合的材料："对于科学技术研究（STS）分析来说，产生已知位置、信息的关系是无止尽的。那么，我们说的是，了解是一种关系的'效应'（Law and Hetherington，2000：38）。"我建议知识分布在各种材料和位置上，时尚买手是知识流中的重要节点。首先，我们了解一下采购办公室内部空间的组织方式。然后，我的分析着重于塞尔福里奇组织知识的三种特殊策略，即时尚办公室、日常的"楼层步行"和财务计划，所有这些策略都以不同的方式用于理解、预测和评估女装时尚。

这种行动者网络理论挑战了一些有关业务、管理和"知识转移"文献中的常规知识，这些知识根据固定属性和位置对其进行了定义。本章分为两个部分。在"定义经济知识"中，我挑战了一些经济知识的常规定义，这些假设假定它具有"理性和认知"的明确属性以及"研究和设计"部门中的某些稳定位置，例如通常位于"知识密集型"公司和行业内，在科学、工程或化学领域。在这些情况下，知识往往被定义为抽象的"事物"或可以"管理"或"转移"的属性集。因此，存在着一种倾向，即某些技能、能力和位置优先于其他，并使特定部门、行业和公司享有特权。在塞尔福里奇知识的物质性和局部性中，我的关注点在塞尔福里奇采购办公室内知识的实际物质性，研究了知识如何在各种实践和材料中定位、循环和传播。

因此，我的叙述挑战了对知识的理解，这些将知识定义为抽象的"事物"。牢记这些观点，我特别主张两件事：

首先，我不是在实地考察之前定义的知识，例如针对其内容开发精确的定义并在编码知识和意会知识之间绘制固定的二进制文件，而是遵循使用中的知识，研究知识如何组装以及其内容如何是多方面的，分布于各种行动者、工具、对象和位置中。因此，我不是将知识视为坚实而稳定的财产或"事物"，而是关注事物与由此产生的集合之间的关系。我采用行动者网络理论的观点，坚持观察并遵循行动者和实践，并扩展了阿敏和科恩戴（Amin and Cohendet，2004：2）关于知识与认识之间关系的某些方面的观点，并同意他们的观点，即知识应该"从根本上看是一种异质资源，以不同的表现形式牢固价值"。我的方法也与"实践社区"的想法（Wenger，1998）有共同点，该想法考虑了实践如何组合在一起。的确，将所有这些方法联系在一起的事情与作为实践和过程的认识有关。知识是从一系列正式的工具、程序、机制以及非正式的实践和对话中汇集起来的，这对任何试图明确区分正式和非正式制度、意会和编码制度的努力来说都是挑战。

其次，我通过展示知识是如何具身化，即在身体上磨损和执行，挑战了知识作为认知的观点。的确，特别是在时装市场，可能还有其他市场，身体是一个重要的已知位置。这一讨论在第 7 章作为对知识文献的批判而发展，尤其是对意会知识的批判，它倾向于脱离知识的实体，尽管反复提到实践和"在那里"（Gertler，2003）。我研究了塞尔福里奇的时尚买手所采用的风格如何具身化高级时装市场所要求的美学知识。

因此，我的时尚购买案例研究关注于社会科学对知识和经济研究的长期偏见，即偏向于某些知识和特定种类的市场，例如基本商品（Garcia，1986）、金融市场（Knorr Certina and Bruegger，2004；MacKenzie，2004；Tsing，2004）、基于科学的市场（例如 Latour and Woolgar，1979；Law，1986；Latour，1987）、工程学（Callon，Law et al.，1986；Law and Callon，1988；Malecki，2000）或被定义为"知识密集型"的公司（Swart and Kinnie，2003）。但是，"在我们对不同知识形态的调动（它们在空间和时间上的扩散、传播或转译）的理解上，仍然存在很大的差距"（Weller，2007：42）。换句话说，在对"硬"市场和知识的关注中，文化和美学商品的"软"市场被忽视了。这种忽视在学术、商业和政策文献中是显而易见的，因此，正如鲁尼和赫恩等（Rooney，Hearn et al.，2007）所著，谈论后者时争论，"政策规定……专注于科学、技术和工程，以有效地排除非技术知识。包括在文化、艺术和人文科学中的知识……目前不被视为核心知识政策问题"。类似地，如艾伦（2002a：39）所说，"许多关于经济知识有见地的观点都被困在正式的、规范的知识体系中，往往是在无意中，边缘化表现性知识并优先考虑认知的知识"。

我在被忽视的时尚购买领域的研究增加了一小部分关于创意企业和市场的类似研究（Negus，1992，1999；Scott，1999，2000；Aspers，2001；Weller，2007），以将有关市场的知识扩展到经济社会学所青睐的明显且参与广泛的市场之外。有充分的理由将注意力集中在时尚上：正如威勒（Weller，2007：40）所说，"时尚物品的意义和知识丰富的本质……几乎没有被人认识到"。从事"文化"或"美学"产品交易的公司需要我们的关注，不仅因为它们在当代西方（和越来越多的非西方）经济体中日益增长的利润和高度可见的市场使其在经济上很重要。有证据表明，政府越来越重视"创意产业"。还因为，它们使我们能够扩展对市场预测复杂性的理解。正如我希望在本章和下一章中将要演示的那样，这个时装零售案例研究迫使我们通过认识到感性、审美和具身化在时装市场的预测中如何重要来扩展经济知识的定义。时尚被定义为一种"不稳定且不断变化的知识形式，这种知识虽促进了不断变化但没有进步"（Weller，2007：42）。在开始研究此知识之前，值得研究一下通常如何定义知识，特别是经济知识。

定义经济知识

在制度经济学、商业研究和经济地理学中，人们对"知识管理""转移""溢出"的兴趣与日俱增，知识被视为管理"风险"和确保"竞争优势"的关键"资产"（Nonaka and Takeuchi，1995；Boisot，1998；Maskell and Malmberg，1999；Malecki，2000；Nonaka，Toyama et al.，2000）。许多文献着手定义知识，并参考迈克尔·波兰尼（Michael Polanyi，1967）的著作，保持了意会知识和编码知识之间的区分，前者被认为在区分公司方面更有价值（Howells，2002；Gertler，2003；Howells，2004）。这些文献倾向于将知识表述为一个独立的变量——被公司"利用"的"资产"（Boisot, 1998）；也就是说，在公司内部流通（或不流通）的具有不同性质的、不同定义的独立对象。因此，知识被认为具有一定的稳定性和客观性。在关于知识的争论中各种尝试试图描绘其"物性"所塑造的维度，包括编码/意会辩论，并在这一过程中确定了不同性质的"物性"。因此，有必要简要地分析一下某些常规的知识形式以及在企业中流通的知识的类型。在此，我想提出我自己的分析与这些描述有何不同。

尽管艾伦（2000）认为，在定义知识时，实际上存在一种"模糊性"，尤其是在试图寻找和衡量知识时，他认为定义也存在"明显性"，而且确实存在一些可以列出的特征。知识与信息是不同的，因为它涉及翻译信息和形式数据并将其应用于实践；因此，知识是"一个可以存储、处理和理解信息的动态框架或结构"（Howells, 2002：872）。霍威尔斯（Howells）继续指出，所有知识都涉及"了解自我和事件或实体"（2002：871），并强调"知识是一种积极的过程，是一种介导的、情境的、临时的、务实的和有争议的积极过程"（2002：872）。同样地，正如艾伦（2000：15）所强调的那样，当被要求定义知识时，倾向于退缩到更狭窄的定义上；"最重要的是认知能力，而不是那些与审美和表达能力有关的能力"。因此，霍威尔斯（2002：872，重点强调）继续指出"知识是与一个涉及认知结构的关联的过程。这些认知结构可以吸收信息并将其置于更广泛的环境中，从而可以从中采取行动"。

艾伦在经济知识的定义中发现的狭隘性在任何地方都显而易见。在最近的英国贸易和工业部关于公司知识的报告（Department of Trade and Industry Report, DTI）中，巴伯（Barber, 2006）确定了不同类型的知识，包括科学技术知识、市场知识、顾客知识以及员工的知识和技能。因此，企业中的知识可以采取多种形式，尽管有一个相当可预测的、有限的技能范围，特别是认知技能，通常被视为知识。知识被认为是人为持有或拥有的，例如"人力资本"（Swart and Kinnie, 2003），尽管它也可以被编码为科学、技术或市场数据。斯沃特和金尼（Swart and Kin-

nie，2003：3）在定义"知识密集型"公司时指出，此类公司中的知识
涉及"通过他们的知识（无形资产）创造市场价值的高技能人士"的
雇用。

认知活动的评估是有问题的，因为它将注意力转移到公司内部有限
范围内的活动上，例如那些需要认知技能的活动、那些研究与设计
（R&D），以及范围狭窄的标有"知识密集"的公司或行业。斯沃特和
金尼（2003）在他们对"知识密集型"公司的研究中认识到了这一局
限性。他们注意到"特定行业通常被认为是知识密集型的，例如生物技
术或管理咨询"（2003：60）。但是，他们认为"将特定行业定义为知
识密集型行业是不明智的"，他们对"知识密集型"的定义可适用于任
何"雇用高技能人才，从而通过将知识应用于新颖、复杂的客户需求来
创造市场价值"的任何组织（2003：62）。因此，它们的定义适用于许
多组织和公司，例如塞尔福里奇，这些组织和公司的知识不是科学或技
术，而是内容上的美学，但同样依赖于高技能、知识渊博的能动者。时
尚买手的知识对于塞尔福里奇的成功至关重要，必须不断地应用于瞬息
万变、充满活力的时尚世界以及经常出现的"新颖"情况，例如设计
师每个季节推出截然不同的系列。

在这些不同的定义中可以看到艾伦所指的"模棱两可"和"显而
易见"之间的某些矛盾：知识都被定义为"无形的"（当指个人"持
有"的知识时），但是被认为是采取一些"显而易见"的形式（如技术
数据）。在有关意会/编码知识的辩论中，这种紧张关系仍然很明显：作
为编码知识似乎是某种坚实的、物质的东西，然而，另外，很难真正确
定构成个人拥有的知识的重要元素。实际上，即使在关于意会知识的文
献（Gertler，2003）中，具身性作为知识的核心、实质性特征，也很少
被理论化，人们会期望找到一些对它的认识，因为在日常实践中，意会
的"诀窍"在很大程度上具身化了。事实上，艾伦（2000）的批评有
力地抓住了问题所在，并呼吁发展一种扩展的"表达性"知识。他认
为，"表达性"和感性的认识方式不属于经济知识范畴，因为它被狭义

地定义为纯粹的认知。他利用福柯关于权力/知识的观点，认为经济知识是广义认知的，也就是说，这一定义产生于反复的陈述和分析。这对如何理解经济行动者以及什么才算知识有着真正的意义。

我同意艾伦的观点，也认为对知识的传统理解倾向于抽象化和僵化，把知识当作一种抽象的"东西"，即一种可以客观地"持有"或"利用"的属性或能力。通过研究"实践社区"，温格、麦克德莫特等（Wenger，McDermott et al.，2002：11）对企业的知识问题的看法截然不同，他们提出了这样一种观点：

> 知识管理的挑战在于，它不像设备或文档一样是可以存储、拥有和移动的对象。它存在于成员的技能、理解和关系中，也存在于体现这些知识的各个方面的工具、文档和过程中。公司必须管理他们的知识，而不仅是将其简化为一个对象。

阿敏和科恩戴（2004：2）持同样的观点，他们同样认为知识不是个人或群体的"占有"，而是"公司以不同表现形式重视的异构资源"。在寻求知识与认识的调和时，他们强调"知识是一种过程和实践，而不是一种占有"，强调"在具身化和文化化的实践情境中日常学习的语用"（2004：8）。

与艾伦（2000，2002a，2002b）一样，我认为经济知识的定义需要更加多样化，超越理性和认知能力，考虑到非认知的认知方式。跟随行动者而不是事先定义知识，让他们有机会看到他们去哪里，他们做什么，他们认为什么是知识，并研究他们如何收集和解释不同种类的信息，以了解商店中的时尚市场。遵循使用中的知识提供了一个机会来研究知识的定义和使用的自然发生方式，以及它是如何由不同的行动者、工具和地点构成的，也就是说——不同的物质性。因此，尽管时尚买手是商店知识流中的重要节点，但知识并不是在任何特定位置或任何特定个人或团体"持有"的固定资产或物体。它"跨"行动者和位置"流动"，并且是异质的，而不是形式稳定的，是由各种各样的材料组装而成的。同样，这与"实践社区"方法没有什么不同，实践指的是组织内部各种各样的创造性的做事方式。正如温格（Wenger, 1998：47）所说：

> 实践的概念包括显性的和意会的。它包括所说的和未说的；表示什么和假设什么。它包括语言、工具、文档、图像、符号、定义明确的角色、指定的标准、编码的程序、法规和各种实践明确表达的联系方式……还包括所有隐式关系、默认约定、微妙的线索、难以理解的经验法则、可识别的直觉、特定的感知、精心调整的敏感性、具身化的理解、基本假设、共同的世界观。其中大多数可能从未明确表述过，但它们无疑是实践社区成员身份的标志。

就像这句话所暗示的，实践涉及不同种类的对象、过程、理解、假设等的异类组合。这种对组织中的实践和知识的思考方式否认了意会知识和编码知识之间的任何明显区别。遵循这种在组织中设想实践和知识的更广泛和包容性的方式之后，我现在考虑一些时尚购买知识的物质性和局部性，首先将时尚购买办公室的空间描述为一个知识位置，然后再研究一些在高级时装市场中组织日常时尚购买知识的日常方式、所使用的工具和做法，以及如何将这些元素组合在一起，作为日常感官的一部分。

塞尔福里奇知识的物质性和定域性

塞尔福里奇的采购办公室

在其组织、设计和管理结构中，采购办公室具身化了思里夫特

(Thrift，1997，2005）所指的"软资本主义"的管理精神。这是近年来出现的一种解释"软资本主义"（Ray and Sayer，1999a；Heelas，2002）的现象，并应归功于自 20 世纪 60 年代以来，企业界和管理界的直觉等"软技能"的增长和扩展（Thrift，2005：118），部分原因是对泰勒专制主义的反应。思里夫特指出了"组织性""鼓舞性""意识形态"等机制，这些机制制定了特定的工作方式并有助于形成"软"的管理精神。尽管思里夫特不能凭经验证明这些主张，因此无法说这种管理方式是否普遍存在，但我认为他描述的某些功能在像塞尔福里奇这样的公司中具有特殊的共鸣，这种公司重视"创造力"和"创新"，正是因为这些是公司在时尚之类的美学市场中所必需的"软"技能。可以肯定的是，这种管理精神具身化于所观察的采购办公室。就像拉图尔（1987）以及劳和希特林顿（Law and Hetherington，2000：37；参见 Law，2002）所描述的科学和知识生产实验室和办公室一样，我想研究塞尔福里奇采购办公室如何帮助设计特定的存在和知识方式，以及它是如何"执行"的，"即……行动"并参与"权力关系、主客体关系的产生"（Hetherington and Law，2000：37）。

塞尔福里奇百货公司的总部和采购部门位于戴维斯街，紧靠旗舰店所在的牛津街。对公众不开放，访客必须严格按照预约进入，并且必须在安全柜台登记。桌子的后面是明亮的会议区，上面是光滑的向日葵黄色空间（黄色是他们的品牌颜色），在这里，买手有时会在颜色鲜艳的塑料椅子上会见其他员工，讨论商店业务并接待外部访客。黄色具有光泽和现代感的空间风格，肯定会更突出公司的品牌形象，吸引更多时髦的顾客和员工，例如时尚杂志散落在休息区。

在该会议区域的后面是高级管理层和采购团队的安全办公室，分别位于独立的走廊上。在与执行董事讨论访问权限时，我的第一个观察点是指定给高级管理层的走廊。这些办公室都是私人的，要到达这些办公室，必须经过一条长而豪华的地毯。确实，我的第一个也是非常有实际意义的观察是我的鞋子如何深深陷入了这条柔软的地毯，突出了穿高跟鞋走路有多困难，以及似乎预示着在许多情况下紧邻走廊的人们的重要性。深红色的地毯以同样的方式向皇室或名人发出信号。相比之下，采购办公室不像之前那样布置了地毯，而是开放式设计的（部门主管除外）。空间的开放性确保了特定的工作方式。正如思里夫特（2005：119）所述，开放式办公室将机构编排为"团队"和"项目"，他指出这些"现在被认为是机构与生产性创造力相结合的主要方式"。

事实上，采购办公室的设计和布局非常符合公司"开放"和非正式组织的精神。它使不同女装部门之间的人员、物体和信息的移动变得容易。商家和买手彼此靠近坐在自己的办公桌旁，随时获取信息并了解新闻、动态和八卦。因此，该办公室近年来通过知识共享展现了公司的关注，此外，它所提供的全貌旨在使员工能够进行特定类型的表现，从而传播有关高级时装的具身化知识。

机构是重要的"已知位置"，开放式办公室是一种"组织技术"（Thrift，2005：119），可以使机构"协调一致"，在这种情况下，根据风格调整机构，从而传播和表现自己的高级时尚品位。在开放式办公室中，对机构的这种可见性以及对外观和时尚性的审查并不罕见（Freeman，1993，2000），但是在时尚零售环境中，它尤其值得注意，甚至是可取的，因为它鼓励共享时尚知识和品位。休闲装的首席买手简要介绍了办公室如何鼓励买手"检查"其他人的穿着。她指出，这使她意识到自己和他人的着装，这种意识很容易转化为"需求"或适当的着装要求（即时尚）。她详细描述了同事们的风格，并指出团队中的成员，尤其是负责人，总是穿着时尚且昂贵的名牌服装。她还讲述了穿高级时装的压力在整个阶层中是如何感受到的，对于那些没有足够薪水去购买昂贵名牌服装的初级买手和跟单员来说，这是一个特别的问题。这位买手的描述深深地触动了我。风格的重要性以及办公室团队之间的风格相似之处对我来说非常明显。经过一段长时间的实地考察后，在一次巡视办公室时，这些相似之处特别引起我的注意：有十几名员工穿着同一条潮牌设计师牛仔裤（顺便提一下，我当时也穿着这条牛仔裤。这时我已经完全沉浸在实地考察中了，我已经开始采用与我观察到的时尚买手没什么不同的服装）。

　　因此，高级时装风格在开放式办公室的肥沃环境中以一种具身化知识的形式在视觉上流通；正是这些"知识"在其他人的身体上安放和携带，因此，他们的风格就被"阅读"了，正如简"阅读"了领导的风格一样。它表明一个人具有适合公司和高级时装销售业务的知识。的确，正如一位领导的买手——简的经验所表明的那样，拥有并执行这些具身化的知识至关重要。她描述了自己如何更倾向于以"经典"而不是高级时装的方式穿着，但接着指出，在新的时尚前沿的塞尔福里奇中，"如果您穿着得过于经典，那么人们会认为你不知道时尚，你不时髦又不跟风，而且还过时，这不是去放羊才穿的衣服吗"（着重强调）。正如她所描述的那样，从事时尚工作理应该让自己也看起来很时尚。这就等于你穿着知识。但是，虽然她想穿着"前卫"的时尚服装，但在"接近40岁"的同时，她对于穿着过于时髦的衣服而感到不舒服，并且担心自己看起来像"老羊打扮成小羊羔"。因此她觉得"打量着自己的时候有巨大的压力"，她不断地意识到自己的着装，并模糊地不确定自己的风格相对于公司形象是否合适。她负责在商店内采购休闲和优雅的工作服，这一事实意味着她的风格确实适合她的工作，并且对公司而言不是问题，但这并没有减轻她对自己外表的焦虑和意识。她所描述的，在高级时尚中"打扮自己"是多么重要，这是不可低估的，正如我在其他地方讨论过的（Entwistle and Rocamora，2006），时尚的着装构成了这个就业市场的某种"审美劳动"（Entwistle and Wissinger，2006）。

　　高级时装风格不仅在办公室中流传，而且在其中反复灌输。尽管简并未因其高级时装而出名，但她描述了自从在商店开始工作以来如何改变自己的风格，以适应新定义的塞尔福里奇的高级时装形象。她首先描述了她之前在一家阿拉伯公司工作时的着装非常不同——佩戴黄金珠宝和穿着鲜艳的衣服，并指出，起初，这是：

一种有意识的努力，因为我在想，"为了得到这些人的尊重，我将不得不开始看起来更像他们"。所以我有意识地买了几副俗气的金耳环，并购买了一些吊坠耳环。但最终，发生的情况是，我完全投入其中！（笑）这实在太可怕了！（着重强调）

这个说法的重要意义在于，她在阿拉伯公司市场上发展起来的穿着感觉在很大程度上是一种有意识的（实际上是一种认知），但是由于长期参与这个市场以及反复接触这种穿着风格而变得越来越无意识。简继续指出，就像她"随便拿起了"适合阿拉伯市场的款式一样，后来她"放弃了这种风格"并变得更适合塞尔福里奇的风格。

她穿着服装以适应高端时尚市场的经验并不罕见。其他买手则描述了他们的品位是如何改变的，使"高端市场"转向更昂贵的高级时装，因为这家商店重新定义了自己在高级时装市场的地位。确实，采用这种策略似乎对于确保商店作为高级时装的地位至关重要。买手告诉我们，原来古旧的塞尔福里奇在安排一些设计师作品的库存方面是不成功的，因为人们认为它"不上不下的路线"并不符合品牌标识。塞尔福里奇能否成功地重新定位取决于商店形象的重新塑造，而这在很大程度上要归功于服装得当且具有品位的时尚买手的塑造。正如我在第 8 章中所论述的那样，买手是商店对外界形象的重要中介者，他们在与供应商的相遇的时尚购买行程中表现出塞尔福里奇的身份，就像劳（1986；另见Hetherington and Law，2000）描述的"代表"，葡萄牙在殖民地战争中所表现的。在我观察到的一次购买经历中，一位主要设计师品牌的代表指出，"你可以从买手那里了解很多关于商店的信息"。我们也可以说，买手通过越来越了解和识别"高档"的时尚着装方式来"解读"商店的形象。买手和商店形象的这种"融合"是复杂的：买手的风格与商店一起"向高端市场移动"，但是商店并没有把这种风格强加于他们。它需要首先了解并解读这种风格的买手，识别、选择、穿戴和执行它。

在买手对话中，买手、店铺、产品的身份似乎一直在合并。塞尔福里奇当代服装的首席买手玛丽亚在评论一位同事的工作时说，"你如何能从简的购买中看到很多简的影子"，就像供应商可以从买手的风格中看到商店的风格一样。正如我在其他地方所讨论的那样，可以参考布迪厄的"文化资本"和"惯习"概念来理解对这种知识的灌输和调解（Entwistle and Rocamora，2006；另请参阅 Weller，2007）。

回到开放式办公室设计中，我建议并鼓励去共享时尚知识和风格，但更重要的是，作为一种空间技术，它会影响到员工的表现，这些员工将具身化知识和公司形象（Crang，1994；Entwistle，2004）。在办公室里穿高级时装有助于确保公司的气质和风格，就像我在下面讨论的那样，反复说公司是一个"创造性的"和创新的公司，有助于实现这一身份。但是，采购办公室只是一个"知道"的地点，时尚知识从空间和物质上分散在商店内外更多的地点和材料，我想通过一起研究其他一些形成时尚的物体、空间和方法，来提出一些关于塞尔福里奇的信息流和认识位置的建议。

塞尔福里奇时尚办公室

除了采购办公室外，时尚办公室是商店中关键知识点之一。该办公室成立于雷迪斯（Radice）接任首席执行官后不久，主要职责是发展内部知识，包括音乐、时尚、零售、艺术和建筑趋势以及更广泛的文化和政治发展方面的知识，旨在推动商店的整体发展方向，并将其置于零售业的"前沿"。该办公室首先是一个"认识位置"和知识生成机制。在下一章中将详细讨论开发定域意会知识以使塞尔福里奇与众不同的重要性。在这里，我想研究一下该办公室的宗旨和目标是如何帮助建立对商店的信念和信心的，而且这也表现出其作为"创意"和"创新"公司的身份。

首先，这个办公室参与了研究活动，包括知识的收集和转译。该办公室内部产生的知识被广泛收集，并用于外部宣传活动以及内部确立商店的发展方向。以前者为例，该办公室负责协调主要的宣传活动，例如5月举行的年度宣传活动，其中第一项活动"Tokyo Now"非常成功。其次是2002年在现场工作期间的"宝莱坞"。这些活动通过特殊促销、新产品线、壮观的场面和奇妙的商场楼层风格在商店中传递。他们试图在商店周围产生"热门"或"炒作"，并确保塞尔福里奇作为令人兴奋的"创意"零售环境的身份。为了寻找创意，负责人艾丽斯（Alice）和她的副手与买手进行了两年一次的采购之旅，也纯粹是为了研究目的而旅行，以了解正在发生的事情，并了解全球文化和零售业的发展情况。该办公室产生的知识也以多种方式直接输入商店的内部运营中。它构成了办公室与采购人员之间非正式对话的一部分（在伦敦和国外采购旅行期间在喝咖啡、吃午餐和晚餐时的对话）。

办公室的工作被转换为多种形式，但最明显的是，它被转变为正式的文件和演示文稿，例如每两年一次的"时尚指令"（后来"时尚"这个词被删除了，而演变成"指令"）。因此，尽管艾丽斯优先考虑"直觉"或意会知识，但一定程度的编码是不可避免的，因为仍然必须以正式方式在商店中传播这种知识。我将更详细地验证该指令。

该指令采用多种形式。它涉及制作一份光鲜的文件，并在内部分发；还以艾丽斯的名义向所有工作人员每年做两次发布会的形式传播；并在她和买手、零售业务、视觉营销（Visual Merchandising，VM）等之间的后续会议中，将其传达给商店的各个级别的员工。基本上，它确定了下个季节公司的发展方向，并且在我的观察中，它有一份涉及已确定的新兴文化和美学趋势的PPT。这个发布会带我们纵览了世界各地的全球城市和文化空间，如博物馆、舞蹈表演、国际建筑、零售和创新网站，并包括了一位来访的"专家"演讲者的演讲［本案例中为艾丽斯·罗斯索恩（Alice Rawsthorne），当时是伦敦设计博物馆的馆长］。对于商店中的所有员工而言，这是一次重要的聚会，尽管他们在不同的时间聚会（分别在一天中的几个不同时段开展），但是这次聚会让所有人都看到并听到了公司在下一季的方向。然后，在购买和零售策略中转译并实施此知识，并与艾丽斯和零售人员进行后续会议，进一步传播和解读此知识。但是，解读并非总是那么容易。在该指令中提到了"消费者之间的新情绪"。在"9·11"之后，艾丽斯认为消费者将变得"更加谨慎"、"更注重精神价值"以及"对名人不那么感兴趣"，但这在随后的提问时间受到了一位首席买手的质疑，这是一个挑战。她的客户仍然是"名人主导"。她应该如何考虑自己所在区域的情况呢？不幸的是，我无权参加该指令之后的会议，以了解如何解决这种意见分歧。但是，我确实知道艾丽斯被认为是众所周知的那个把握动脉的人，并且她在买手中广受尊敬，因此，至少，即使有时与买手的经验和知识相矛盾，她的看法也非常受重视。

重要的是，作为精心设计的活动，该指令与思里夫特所称的"激励"机制相对应，该机制用于将组织大规模地聚集在一起并"保持灵感的不断发展"（Thrift，2005：120）。正如思里夫特所认为的那样，公司会产生"意识形态"的叙述来支撑它们，并且这些机制可以协同工作。它产生的时尚办公室和指令是雷迪斯对整个塞尔福里奇组织及其形象进行彻底革新的关键组成部分。办公室和指令有助于"激发"并在公司员工中树立信念（MacKenzie，2004）。就像麦肯齐所描述的那样，金融市场如何依靠信念来维持它们，而塞尔福里奇作为"创意"百货公司的成功在很大程度上取决于这种活动，因为这激发了员工对公司的信念。公司作为一个"创造性"和"创新性"的叙述被广泛表达，在所有采访中都清楚地表明，塞尔福里奇百货公司是一家"独特"的百货公司，不断追求"前沿"和"与众不同"。时装办公室帮助买手和管理层建立了对塞尔福里奇自身产生的"本能"或"直觉"的知识的信念。这种叙述是有力的，可以在多次采访中反复提及该公司以及他们自己以"创意"和"直觉"的方式来理解市场的方式。这些声称不仅是口头上的，而且是施为性的（Austin，1962），服务于复制和维持商店本身的愿景（Thrift，2005）。

因此，作为知识生成和传播的策略，时尚办公室很重要，但其实际影响力超出了它创建和传播的实际知识。雷迪斯设立的办公室是一种"激励"和"意识形态"的机制，是产生"创意"想法的场所，因此对于他重新设计商店标志性形象的策略至关重要。虽然我没有对维托里奥·雷迪斯进行任何采访或观察，但我采访的员工毫不怀疑他成功地重塑塞尔福里奇的影响力。他的管理风格经常被人称为"有魅力"和"鼓舞人心的"，例如时尚办公室，作为"创造性"和"创新性"工作场所，是在店内员工中产生新信心和信念的关键。

楼层步行

塞尔福里奇的时尚知识也分布在其他地方。至关重要的是，另外两个重要的知识位置是采购办公室和商店楼层本身。两者之间的边界是半透性的：采购办公室通过对顾客不可见的伪装门直接通向商场楼层。买手在日常工作中通常会在两个空间之间轻松移动。这种半透性边界对于工作流程、知识和信息的流动非常重要，这些信息都会影响商店的时尚购买。通过战略会议，买手可以立即进入商场楼层检查产品外观，与商场楼层工作人员交谈并观察顾客。因此，信息通常在"采购办公室"和商店楼层之间流动，尽管通常以"楼层步行"的方式进行交流。这些活动通常在每周的星期一进行，通常是星期一或星期五，首席或助理买手以及跟单员会与专门的楼层经理和其他销售人员一起在他们的区域内走动。在这些走动中，他们讨论"产品"；哪些品牌和商品正在销售，哪些品牌和商品没有销售，并讨论增加销售额的策略、可能的降价等。我在一个星期一做了两次这样的步行，穿过二楼和三楼的区域，它们揭示了时尚知识的多样性和它的多个位置。

第一次步行是与购买休闲服装的首席买手简一起进行的，她首先向楼层经理罗伯托（Roberto）介绍了自己，他是这一区域的新人，那周刚从设计师室开始工作。他们首先讨论了该区域的新品牌，"Happy Friday"[1]被定义为"时尚品牌"，因为它具有吉卜赛风的感觉（这种吉卜赛风和嬉皮造型在那个季节很流行）。简最初表示需要采取行动：这是

"时尚引领的新潮流"，因此他们要迅速清理库存，因为这个风格下个季节可能就会变得不那么时尚。目前，它"隐藏在后墙"，顾客不容易看到它。她建议将这个品牌换成另一个经典品牌"Buddha"，"顾客总会发现它的，因为它是一个有忠诚客户的老品牌，他们愿意花时间在商店内寻找它"。然而，罗伯托接着说，"Happy Friday"星期六刚入驻商店就已经卖出了一大笔。简担忧地回应道：她当月仅购买了2.5万英镑，因此按这样的概率，她认为他们的库存可能就要告急。她希望可以重新订购一些。

简还与罗伯托聊了一些表现不佳的品牌。特别是一个非常新的、尚未稳定但非常昂贵的设计师品牌。上周只进账了500英镑，这不算好，因为这大约仅仅相当于两件商品。简解释这是因为这位设计师目前依然鲜为人知，并指出，由于"他才刚来"，商品还不能被移动或减少。然后，他们讨论了该区域还需要减少商品数量的其他品牌。因为"宝莱坞的促销活动已经开始了，他们不能太明显地降价"；他们可以做，但不能用品牌做广告。然后，她谈到了一个名为"Ragamuffin"的品牌，该品牌经营不佳（比例下降了30%）。她指出，在"9·11"和纽约时装周取消之后，她进这个货时遇到了问题，她不得不完全以"读光盘的形式"购买。她抱怨说，技术不允许她正确检查织物的颜色和质量，货物在抵达时就令人失望。她接着注意到另一个新品牌"舒适区"，该品牌对该区域来说还很新，她有些八卦地描述了设计师是一个有点"前卫/神经质"的女人。她觉得摆放衣服的横杆看上去很"沉闷"，并且需要做一些移动或重新组织。她指出因为它主要销售"稳定产品"所以没办法降价，显然，"沉闷"的灰褐色和灰色的销量很好，"所以永远都不会降价"。在简一直在讨论这些问题时，她还同时一直在看着衣服并进行处理，拿起它们以探索和感受其品质。

第二次步行是下午在牛仔服装和休闲区与助理买手索菲以及该区域的跟单员莫妮卡（Monika）和楼层经理桑德拉（Sandra）一起进行的。与早上的步行一样，出现了一系列问题，这些问题表明，买手、跟单员和企业的零售运营部门之间的信息和知识很容易流动，涉及哪些产品畅销，顾客喜欢什么，他们正在试穿什么并退货，是否需要移动某些商品，或者某些产品是否只是"不合季"：一位销售经理问"这是夏季产品吗?"，以及该区域看上去是"太闷"还是"过于凌乱"。还有一次讨论涉及了一个潮牌品牌的牛仔裤及其在上周的销售情况。所有人都认为，周末的温暖天气与这有很大关系，而且从天气角度来看，下一个周末也将是一个好时机。许多讨论都涉及如何将商品重新摆放和展出，以使客户将其视为新到店的商品：卡在柱子后面或墙壁上的产品远离主要的楼层路径往往销量并不会很好，除非有知名度，并且拥有"忠实"的顾客群。移至更突出的位置可能会被误认为是新到店的，因为这可能是顾客第一次体验新的商店布局路线。卡龙和米德尔等（2005）提出，产品的摆放位置是商品"资格认证"的重要组成部分，对于塞尔福里奇来说，对商品的放置进行的讨论是非常频繁的，这通常是买手日常计算过程的一部分，是产生商品销售的重要策略。

这两次楼层步行说明的是，时装购买知识涉及各种元素的组合，以了解商店的时尚市场中正在发生的事情。通过对各种不同信息的收集，来采取常规做法来了解市场。如上所述，楼层的布置和商品摆放的位置在不断地变化以引起顾客们新的兴趣；当所有其他同类产品的销量都不好时，衣服会被标上"降价"，除非产品被认为"稳定"（灰色或灰褐色）；对特定消费者的品牌忠诚度和购物习惯做出假设；还未开卖一周的衣服怎么能像温暖的天气里的热蛋糕一样卖出去，的确，天气在时装销售中是不可靠、不可预测的因素；设计师的敏感性如何在移动或降价方面起重要作用；检查衣服本身，对其进行评估并不断地"测试"其属性（颜色、质地、剪裁）有多么重要。所有这些元素都聚集在一起，来理解并计算出实际的现实：并不存在水晶球和预言家，没有人真正知道在本周末或下一周将卖出什么。计算是根据大量的信息和来自不同地点的知识流进行的：买手、跟单员、楼层经理和零售人员是关键的已知信息，买手、跟单员和商场楼层经理之间存在大量的信息交易，但是衣服本身和商场楼层布局也是如此，因为在它们看起来如何观察是定期进行的，并构成了对销售的解释和对相应行动的计算的基础。

零售人员会从顾客那里获得至关重要的反馈，而买手几乎看不到这些反馈：例如，休闲服装销售经理桑德拉热情洋溢地谈论了顾客所购买的商品。零售人员和买手通常都注意到，将有关品牌的知识传达给消费者非常重要。因此，买手谈到了如何将有关设计师和产品系列的知识以及如何穿着它的知识传达给零售人员，然后零售人员可以更有效地了解品牌和产品系列并将其传达给顾客。然而，知识又通过零售人员知识的调解从顾客流向买手。商品展示是否成功取决于购买和穿着，因此保持与顾客的"亲密关系"非常重要，这依赖于以每周买手和零售员工之间的沟通形式从顾客到买手的定期知识流，以及通过销售统计每月和每季度生成的更具历史性的统计信息。

事实上，消费者的习惯和购买情况是通过各种统计手段"捕获"并整理的。对于拉图尔（1987：68）而言，"任何组织，无论其大小、性质和成本如何，都可以虚拟显示任何类型的科学数据"。

销售统计是一种计算工具，从表面上看，其客观性似乎是"科学的"。这些统计数据可以对时装市场进行"虚拟展示"，将消费者每周、每月的消费流压缩或收缩为有序、整洁的数字，这些数字构成了其他类型计算的基础，例如降低销售量。最终，他们进入"虚拟展示"，这是一种查看和评估商店中特定标签、设计师、品牌表现的方式，销售什么，以什么尺寸、形状和颜色销售，影响未来要推出哪些品牌的长期决策。跟单员、买手、部门主管以及计划和财务主管在每月销售会议中定期讨论此类统计数据。在这样的会议上，这些主要能动者以惊人的速度阅读厚厚的电子表格，这令人印象深刻，因为这些小字体（第9点）和密密麻麻的文本阅读起来很困难。事实上，我几乎不能同时关注文本和讨论内容，因为这些会议的节奏很快，而且中途提问是不恰当的。我所能观察到的是各种各样的、看似杂乱无章的外部因素，例如天气、社交事件的模式（阿斯科特，婚礼季）以及买手对时尚趋势表达的总体看法，在这些编码数据的转译中起到了关键作用，因此意会知识和编码知识很容易并存。这样的会议是捕捉、转译和回应时尚市场永恒运动的一种正式尝试，但这种会议取决于团队之间共享的非正式意会知识。有时，买手和跟单员会就产品是否处于"流行"状态进行对话，并就在商场楼层共享的产品系列的优缺点发表意见：产品系列可能被描述为"沉闷"或"潮流"，影响了"交货不佳"或"取消系列的要素"。总而言之，统计数据提供了某种"窗口"或"展示"，被视为客观可靠的证据，但总是基于意会知识进行解释的补充，实际上，是这些意会知识让这些数据变得"有血有肉"。因此，正式的、编码的知识和非正式的、意会的知识之间的关系是密切的，正如许多人（如 Howells，2002）所指出的那样。这一点我将在第 7 章中讨论。

最好的"计划"：塞尔福里奇的财务计划

在时尚购买的正式过程中，另一个决定这些销售统计数据的关键因素是财务"计划"，这在销售会议上起着至关重要的作用：事实上，它是规划和协调商店时尚的核心工具。从表面上看，该计划是每个季度制定的销售和利润预测，它将协调门店的财务方向、在房地产和资本支出方面的投资以及是否推动积极增长。高级管理人员对该计划的决定有很高的权限，该计划运用于时尚购买的计算中，会预估每个部门将获得多少利润。但是，在这里我们必须暂时退后一步。此类业务报表（例如财务计划）及其与经济实践的关系不能完全以表面价值来理解。正如米勒（2004）在其对会计的分析中所表明的那样，计算工具是由社会和历史构成的，绝不是一成不变的。但是，它们的确成为了对象（暂时）稳定并因此可计算的基础。必须承认的是，该计划以及"采购限额"（在此将对此进行更多讨论）设定了重要的财务参数，买手必须在这些参数内工作。因此，有关此类工具的关键在于它们是实践的组成部分。正如卡龙（1998b：23）所言，"没有计算工具就不可能存在计算能力"和会计工作。这些工具"不仅记录了一个独立于它们自身的现实；它们通过以测量来影响它们所测量的现实而做出了巨大的贡献"（1998b：23）。事实上，故事比这更复杂。该计划不是以直接的方式制定的：随着与买手的计算发生冲突，它会被修改和重新配置。正如我现在要研究的那样，财务计划跨越了从形式统计知识到实践的复杂路径。

该计划始于买手，在计划和财务部会议上制定，会上买手与董事和首席执行官一起制定公司下一季度的财务预测。许多计划都是在我无法参加的会议上进行的，因此我只能见证采购部门如何以非常实际和务实的方式将计划付诸实施。在董事会一级做出的计划决策取决于"外部"的市场条件，例如利率、通货膨胀等。根据顾客信心和支出预测等方面的解释，商店将相应地"谨慎"或"积极地"施行计划。如果市场条件意味着对更高支出的预测，那么该商店在其预测和计划中更有可能对销售和利润增长持"乐观"态度。因此，这家商店的总体计划可能是"将销售额（或利润）提高10%"（一位主要买手表示，利润率"现在更加重要"）。这意味着除其他事项外，削减一个区域的成本，而不是简单地购买更多的库存。实地考察时似乎是这样：在买断之后，商店没有取代已经离开的员工，而是合并了采购职责和预算，因此，主要买手必须管理比以前更多的区域。总体财务计划按购买力细分（如第5章所述）。然后，将计划的利润增长分配到各个区域，要求买手根据一系列计算和预测，增加利润，包括该区域的经营状况、上一季度的业绩（此处的销售统计数据很重要）、任何扩张/重组/重新设计的计划，诸如此类。该区域的计划将由单独的设计师/标签进一步分解，并为每个设计师/标签确定一个数字。有了这个数字，每个区域都将为下一季分配一个"采购限额"空间。一个成熟的中档（即非高端）设计师品牌一个季度的"采购限额"价格可能在15000～30000英镑，而对于一个小的、在伦敦时装周上作秀的独立设计师，它可能低至5000英镑，仅相当于系列产品中的几件到十件。

出于多种原因，该计划是一种过时的预测和计算工具。一方面，在季末总是"签单"太晚而无法直接进入"采购限额"分配，因此，跟单员必须估算，同时买手只能跟进，但不是最终数字。首席买手简说："这是一个问题：从这个意义上来说，这是一件非常令人沮丧的工作。"这只是事情不会"按计划进行"的多种方式之一。同样的情况是，一旦宣布一个区域的计划，买手和跟单员之间就会进行很多讨论。另一方面，这个数字集可以被认为"太大了"的，但是尽管这可以在很早的时候就显现出来，就像一匹脱缰的马，一旦这匹马成功地从马厩里跑出去，即使显而易见这是一个错误，也无法再停止计划。因此，该计划可能会给买手带来一个不切实际的目标，这将对如何看待某个区域产生影响，如下文所述。

在描述计划实施的过程时，简指出，当向买手提供其所在区域的数字时，在计划中会考虑到许多因素：

> 因此，跟单员将以一个整体数字来找我们，我们会给他们一个微小数字的列表，必须使这些在总数上匹配。而且，所有挑战［开始］都是：从特定品牌中获得更多收益，终止他们不认可的品牌，为其他品牌提供更多空间，提高品牌密度（商店中每平方米的库存销售量），并与他们认为我们有太多的降价（销售）的品牌达成协议。因此，我们将质疑他们（跟单员）试图让我们在数字上过分用力，或者对数据保持悲观，或者不去利用这个品牌的确流行的事实，因此我们应该尝试花更多的钱，或者因为我们无法获得重新订购的东西而需要花更多的钱。

换句话说，许多其他因素都在起作用，买手和跟单员之间的对话开始了，这个数字受到挑战，购买什么计算成倍增加。为了回应"将上年的销售额增加5%"的计划，采购团队可能会回来考虑一系列因素，正如简描述的那样：

买手可能会说，"好，我想重新装修我的区域"。所以你认为，"好吧，我必须赚更多的钱，因为我们将不得不为翻新支付费用"。或者他们可能会说，"我有一个全新的产品策略。我要用手里的一大笔钱来执行这个策略，而且我想引进很多新品，这会在大约两个季度内带来一些风险"，因此他们会降低计划预期。

换句话说，一旦买手对其区域进行计算，该计划的简单信息就会变得更加复杂。比赛将在该区域的买手和跟单员之间展开。买手和跟单员之间的区别对于理解购买的角色和活动非常重要。跟单员负责监督该地区的财务计划并与统计信息紧密合作，而买手则不仅看到统计信息，还带来了关于他们在市场和所在地区所发生的一切的知识和信息。尽管角色和活动有时会合并，但本质上是买手进行商品的选择和购买（进行旅行和下订单），而跟单员倾向于留在办公室并协调商品的预测、到达、销售和减价以及管理跟踪所有这些的商品统计信息。简用具体的术语定义了"思考"和"感觉"之间的区别："很多都是我们的知识，它在我们的脑海中，然后……从跟单员的角度来看，它是围绕着公式的规则、法规，基本上就是零售规则，也就是数学。因此可以这么说，他们偏向思考，而我们更偏向于感觉（重点强调）。"

"思考"和"感觉"与特定种类的知识有关（正式和非正式或意会知识），跟单员负责前者，而买手则负责后者。跟单员同样认为他们的知识更常规，更了解公式，而不是熟悉市场的知识：一位高级跟单员将她得到的信息描述为"更客观"。因此，虽然她觉得自己需要了解时尚才能了解买手对新品牌的看法，但她并不需要到达买手在市场上选择所需的对时尚密切了解的同等水平。挑战在于如何将"思考"和"感觉"两者结合起来，以便商店能够"制订计划"。这可以用另一种方式来表达：与模特经纪公司一样，在商业要素与行动者认为是高风险市场的高级时装市场的特征之间存在着持续的平衡行为。在设计师服装中，尤其具有风险，因为每一季的产品都会有很大的变化，设计师的产品可以做得很好，也可以失败。财务计划经理莎伦（Sharon）负责制订计划并直接管理跟单员，她描述了商店面临的挑战如下：

> 因为它是一家非常时尚的公司，它在这里的运作方式我可以这么说，"好吧，从财务方面来说，这就是这个品牌所做的，这是下个季度应该购入的"。但他们（买手）下一季去看，这个系列可能很棒也有可能很糟糕。因此，采购经理和高级跟单员负责我们为集团签订的总金额，你知道，"你可以为这一整组商品花费1000万英镑"，如果他们花了更多，那就成了问题……或更少，这是另一个问题。但如果在这个预期之内，他们就可以对市场产生影响（莎伦，高级跟单员，重点强调）。

正如她所描述的，高度的不可预测性使目标计划制定非常困难。一些设计师可能会展示出一个"弱"系列，买手认为这不会很好地销售。因此，在"投入市场"和处理系列时，买手必须具有自主权进行计算。只要这些数字不会比"采购限额"数字"差太多"，买手就有权在他们认为合适的情况下做出反应。高级跟单员莎伦说："我需要买手拥有这种灵活性。实际上，当我尝试向他们解释这一过程时，我们的审计师会感到非常恐惧！"这种灵活性体现在预算中内置的应急费用中。所以她会对买手说：

> "你必须花费80%的钱，并且必须将这些钱花在这些品牌中的任何一个上面……但是实际上，这是50万元，你可以用它做任何想要的事情来让你的部门看起来很有趣"，因为毫无疑问，塞尔福里奇的部分成功取决于看起来很新鲜而且很有趣。因此，我无法为此做计划，我只需要给他们自由，让他们在市场上能做到这一点，因为他们在上市之前是看不到的（高

级跟单员莎伦）。

　　高级跟单员和部门负责人都认为，买手在"去"市场进行购买时，利用自己的判断是很重要的。因此，尽管部分支出相对稳定，因为该区域需要填充产品，所以必须以相当一致的数量购买在商场里拥有自己品牌空间的大品牌，除此之外，买手被要求在购买时做出反应。"采购限额"中内置的这种偶然性因素使买手有能力灵活地对所遇到的产品做出反应。因此，"感觉"相对于"思考"被认为是购买过程中的重要方面。的确，正如我将在第7章中讨论的那样，"感觉"可能是一种"思考"的具身化方式，在这种市场中，产品的某些品质是无形的，需要计算一种内在的感觉和敏感度，这或是意会美学知识。一言以蔽之，尽管数学计算在时尚购买计划中起着重要作用，但买手可能会偏离设定的数字，因此买手的计算能力不能始终以数学方式来呈现。"最佳计划"可能无法把握时装市场，因为这是由买手所经历并把握的。

　　然而，作为最终评估一个区域成功与否的工具，该计划的执行方式不止一个。无论多少买手试图塑造它，他们最终还是要"制订计划"。计划的执行质量可以通过查看上一季休闲服装买手在牛仔布区域的情况来检验。如上一章所述，"牛仔布间"在实地考察前两年已经重新装修过，因此所有销售牛仔布产品的设计师或品牌，与牛仔裤和T恤等相关的"休闲"物品，都放置在一起。它的时髦、街头的"氛围"被商店楼层里经常播放的喧闹的货仓音乐和嘻哈音乐所强化。从前几个季度的销量来看，这次改装已经显示出了巨大的成功。但是，如前所述，重新设计恰逢牛仔布"流行"。翻新和牛仔布趋势的共同作用导致该区域被"积极地"规划以在随后的季节中获得丰厚的利润。休闲装的首席买手简总结了该季节制定一项激进计划的两个原因："因为资本支出，也因为在牛仔布领域进行了新的调整，我们不得不为此付出代价。而且，由于这种牛仔布的大趋势，公司期望牛仔布能够继续持续这个势头。"但是，她继续说道，这种趋势"在某个阶段已经达到平稳状态，并且还在保持着"。鉴于上一季的数据推动了一项激进的计划，因此产生的效果是，在本季度观察到的情况下，该区域的表现似乎很差："如果我们没有那么积极的话……这些数字反而不会那么糟糕。"相反，她指出："在当代设计师区域，他们之前做得很差，并且预期也很低，所以相对来看他们的表现还不错。"也就是说，因为他们超出了预期。当被要求描述不"制订计划"的影响时，她指出：

> 　　这完全让你丧失了信心，这意味着你没有获得任何奖金，这意味着董事级别和高级管理层级别正在查看你的部门，还说："他们的工作失败了。他们为什么不努力卖出这些商品？这里到底出了什么问题？"我认为也许是时候让我们喘口气让其他人干这个活了，下个季度，我们打算在每件事上做得非常非常少。我们会持平，甚至更少（重点强调）。

会计和管理工具"影响能动者人的行为"（Callon, 1998b：24）在该计划对商店每个区域形成看法方面所起的作用是显而易见的。这项计划是有执行力的，因为它能描绘出一个区域的经营状况，形成对一个区域和买手的"好"或"差"的看法，从而产生真正的连锁反应。米勒（2004：180）认为，诸如会计工具之类的计算工具是一种"治理技术，管理会计的主要成就之一是将责任与计算联系起来，创造出有责任心和有计算能力的个人"。这样的工具使行动者"追求既定的，通常是标准化的目标……要求个人承担责任使其具有可计算性和可比性"。因此，买手知道他们是根据他们是否"制订计划"进行评估的，尽管计划在计算自己所在区域的工作方面起着很大的作用，包括花费多少、在其他开发项目中承担多大的风险（购买新设计师的产品，翻新自己的区域等），他们可以而且确实尝试通过各种手段对其进行修改，以减少其影响。他们可能会挑战给出的数字，重新定义其中的一些较小的数字，甚至试图通过使用其他策略来抵消不良计划的风险来完全规避它，即"我们将计划统一"。看起来，时尚"永远不会按计划进行"。

结论

与试图用特定的特征、属性和位置来定义知识的说法不同，我认为时尚知识没有固定的位置或属性，而是分散的，以多种多样的形式变化。通过诸如办公室的布局和组织、买手具身化风格、统计工具、定期的楼层走动以及买手与跟单员之间的会议等活动，有关时尚的知识将被收集、分发、使用和执行。试图以各种计算工具的形式来正式组织这种知识，例如计划、商品统计和"采购限额"。然而，正式知识，例如销售统计数据和计划数据，总是以复杂的方式付诸实践、转译并可能受到挑战。部分原因是这些工具从定义上来说是不完美的计算尝试，因为计算工具永远无法完美地呈现"真实性"或确实是"未来"，部分原因是在像塞尔福里奇这样的组织中，它依靠"实践社区"（Wenger，1998）蓬勃发展，实践始终是关于创造性地创造意义。在这家自觉的"知识密集型"公司中，对市场的"感觉"和"思考"关系重大，这取决于编码知识和意会知识的融合。当然，在一些关于意会知识的文献中已经承认编码知识在解释中依赖于意会知识，而意会知识则依赖于某种形式的编码（参见 Howells，2004）。然而，这些文献往往陷入了界定意会知识与更正式的知识之间的困境，因此，倾向于保持两者之间的明确区分。遵循使用中的知识提供了摆脱这种颇为乏味的辩论的一种方法，因为它涉及什么样的知识被组合起来，不同的知识组合使传统的定义和界定变得模糊。我将继续使用这种方法，在下一章中，我将更详细地解释时尚中的意会知识，尤其是对它的具体维度进行详细分析。

意会美学知识：时尚买手的时尚感与敏感性

　　什么是时尚知识，我们如何理解其传播方式？根据威勒（2007：42）的说法，"时尚知识通常被理解为一种美学知识，作为一种不稳定且不断变化的知识形式，它促进了不断的变革而没有进步"。这是一种黏性知识，它"依赖于多个可变流动维度的偶然交叉，其中只有一部分嵌入组织中"（2007：41）。此外，它在空间上是复杂的，在某种程度上违背了通常映射到全局/局部的简单的编码-意会二元论。从意会知识是一种具身化知识和一种空间分布的知识的观点出发，我对传统的意会知识思维提出了挑战，这种思维既没有涉及具身性的问题，又把意会知识简单地映射到局部。在本章中，我认为计算时尚所需的许多知识本质上都是意会的，但这些知识是全球可移动的。也就是说，时尚中的意会美学知识是一种具身化的知识；戴在那些计算它的人身上，并与他们一起在全球网络上"旅行"。

　　时尚的意会美学知识是通过风格具身化的，这不足为奇：在这里，我们有一个与身体相关并面向身体的市场。凭直觉知道布鲁默（1969）所指的"初期口味"（即一天中新兴的口味）的能力，取决于日常的理解和无形的"把脉"的能力。因此，时尚知识超出了正式的机制和方法，而这些机制和方法无疑是用来跟踪和监控销售的，因此，它的价值也不低。的确，买手是根据模糊且不太清晰的系统来指称他们的知识：通过"感觉"与"思考"工作。时尚买手的充满感觉的能力——我称之为意会美学知识——使我可以借鉴艾伦（2000，2002a，2002b）的一些论点，进一步扩展我们对知识的定义，使之超越纯粹的认知和理性，以及当前对意会知识的思考，它忽略了意会知识的具体维度。就像我将要说的那样，意会美学知识具有具身化和表达性，为了理解这些特质，我还转向布迪厄（1984）及其惯习和品位的概念。

身体是一个已知的位置，也就是一个知识的发布和传播的地点。归根结底，所有的知识都是具身化的，因为所有市场都是由具身化的能动者构成的；正如麦肯齐（2004）所表明的那样，股票市场知识是通过手势甚至着装来制定的。然而，在有关知识和市场的文献中，具身性只是偶尔和附带出现的，因此，在很大程度上是隐含的和未经检验的。因为时尚显然是一个关注和定位于身体和外表的市场，所以对它的分析使我们能够明确地认识到知识是如何具身化的，这可能对经济社会学、商业和知识管理文献中的其他学者有所启示。

我通过总结当前有关经济知识的争论来开始定义意会知识，尤其是在许多文献中主要关注的是编码/意会的区别。我还将意会美学知识定义为表达性和具体化知识。很多关于意会知识的争论都认为意会知识在空间上位于当地并且很难"旅行"，因此我在"时尚知识的空间化"中探讨了这个知识的空间维度，认为时尚知识既在本地分布，又在全球范围内传播。

定义意会知识

编码/意会二分法一直是有关知识的文献中的主要关注点，并且与迈克尔·波兰尼（Michael Polanyi，1967）密切相关。它们之间的区别归结为"形式化程度"和"知识形成中存在的要求"（Howells，2002）。编码知识据称以正式语言和系统存在（在公司内部流通的文件、专利和其他材料中）。正如我们在上一章中所看到的那样，塞尔福里奇的这种知识采用商品化电子表格和正式购买计划的形式。另外，意会知识是指

"无法通过人工制品进行编码的直接经验"（Howells，2002：872）。但是，这种区别也是有问题的。霍威尔斯认为，波兰尼关于知识的观念被误解和歪曲，尤其是"在意会知识和编码知识之间的粗糙的两极二分法"（2002：872；另请参阅 Amin and Cohendet，2004）。波兰尼并没有将它们视为完全不同的知识形式，而是将它们视为一个连续统一体，两者以复杂的方式结合在一起，因此对编码知识的解释始终依赖于意会知识，而意会知识通常利用编码知识。从上一章的讨论中可以明显看出，我认为知识流动是各种各样的，塞尔福里奇的时尚知识取决于正式知识和意会知识的结合。因此，尽管我在这里重点讨论后者，但我认识到知识并不容易分解为纯粹的正式/编码和纯粹的非正式/意会。

话虽如此，但可以描述的意会知识具有特殊的品质，尽管相当不充分，因为根据定义，构成意会知识的大部分内容都是未经整理的，因此不容易用文字表达。至关重要的是，意会美学知识是一种具身化的知识。这是隐含的，但在艾伦（2000）的论证中并未进行探讨，因为在许多意会知识文献中都如此。例如，斯沃特和金尼（Swart and Kinnie，2003：63）将意会知识定义为"一种不能被解释并且通过实践来具身化的知识形式"（着重强调），而类似的是凡克罗、野中等（Von Krogh，Nonaka et al.，2000：6）将意会知识定义为"与感官、身体运动技能、个人知觉、身体经验、经验法则和直觉有关"。马莱茨基（Malecki，2000：108）认为，意会知识涉及个人和共享的社会经验之间的相互作用。他将意会知识称为"私人拥有的知识和共享的经验……通常，意会知识主要具身化在人身上，而不是以书面形式或实物形式"（着重强调）。但是，意会知识的具身化维度没有得到进一步探讨。在许多文献中都压制了这种具身性，这太明显了：例如，当霍威尔斯（2002：872）将意会知识定义为"直接经验"时，他立即接着说"它代表了无形的专有技术"（2002：872，强调补充），这似乎与他知识源于"经验"和"认识自我"的定义异常的不一致。此外，虽然认知本身是具体化的，但这一事实往往被压抑或升华为"超越理性"，这是一种奇怪的升华，因为人们认识到在意会知识的叙述中"存在"的重要性（Gertler，2003），这意味着工作者的具身化存在和实践。

值得注意的是，美学市场中的行动者描述他们实践的具身化特征，以及定义其工作的实践：经纪人说，他们必须被"感动"或"有眼光"，因为新兴的口味并不是明确表达或显而易见的。当被要求描述如何识别具有模特潜质的人时，经纪人只能用"直觉"和他们的"眼光"作为可能的解释（Entwistle，2002）。这些对身体感官和敏感性的提及不仅说明了这些美学市场中所珍视的知识，而且还暗示了行动者在正式获取知识方面遇到的困难。我在这里提供的学术知识无法轻松克服这一困难：意会美学知识规避了捕获，很难用语言表达。因此，我的大部分论述都集中在描述所观察到的场景上，以试图让人联想到这个世界的某种审美敏感性。

定义意会美学知识

认识的"表达"方式。艾伦（2000）对经济知识还原论定义的批判，为对美学知识进行系统分析提供了基础。如上一章所述，传统的知识观倾向于以特定种类的属性和活动来看待知识，主要是对认知的重视，这反过来又使知识显得"真实"，强化了知识作为认知的观念。当人们认为"广义的经济知识，包括表达性知识和分析性知识，由于倾向于形式化、编纂创新和创造力，而难以为继"时，这变得更加"真实"（Allen，2000：19，重点强调）。因此，"不能轻易地纳入抽象象征主义模式的活动不会立即被视为知识经济驱动力的一部分"（2000：19）。

艾伦借鉴哲学家恩斯特·卡西尔（Ernst Cassirer，1874—1945）的著作，主张对知识进行扩展定义，其中涉及人们了解世界的符号化手段。值得回顾一下卡西尔的一些论述（1946，1957，1979）。卡西尔（1979）在其知识哲学中描述了三种我们用来理解世界的越来越抽象的形式语言系统；这些是表达、表述和指称。后两者涉及语言和形式抽象推理的领域，这两个领域都要求对世界的抽象程度不断提高，语言是非表象的和抽象的知识，如物理学，进一步超越了表述，产生了系统和符号。表达的意思是"与感觉知觉和身体意识直接相关"（Allen，2000，重点强调），也是一种相遇和认识世界的有效方法，即使"无法通过任何认知尺度来轻松衡量"（2000：21）。正如卡西尔（1979：154）所说的那样，在正式的语言系统中，"［人］［原文如此］失去了他的直接经验，他关于生活经验的观念逐渐消失了……剩下的就是知识符号的世界"。他继续指出："如果要保留并恢复这种直接、直观的现实方法，就需要一种新的活动……这不是通过语言而是通过艺术（2000：154，重点强调）。"这并不是说艺术世界只是一个具有即时感官体验和情感的世界。艺术家的独特之处在于能够将寻常的经验和想象力、情感和梦想转化为"一个新领域——可塑的、建筑的、音乐形式、形状和设计、旋律和节奏的领域"（2000：157）。也就是说，艺术作品能够转译我们的感官体验并构建受"形式力量"支配的表达（2000：158），从而"扩大了我们的感官体验的视野……我们的观点发生了变化"（2000：160）。换句话说，审美体验和审美方式都与感官形式有关："艺术不是印象的再现，而是形式的创造。这些形式不是抽象的，而是感性的（2000：186）。"这样，卡西尔强调了美学表达的形式品质，并坚持认为这是与世界相遇和认识世界的一种重要方式，不可简化为统一的语言，但同样有效。艾伦发展了卡西尔的论点，提出了经济知识的观点如何可以包括"表达性"的知识。我想通过分析时尚买手的知识来以经验方式证明这一点，这些知识既具有表达性又具身化在非认知意义和敏感性中。

尽管时尚不是诗歌或绘画之类的纯艺术形式，但它是美学表达的一种形式。因此，尽管缺乏与艺术相同的地位，但时尚却是一种美学实践，尽管这种美学不是关于"美"的崇高理想，而是由赋予某些款式服装波动性属性所驱动的。这与卡西尔关于美学形式的观点是相关的：时尚有其自己的形式表达机制，即线条和轮廓，即使它们不断地被重新解释或不断地波动。这种美学表达，作为转译感官体验的能力，可以扩展为了解与时尚购买有关的相遇和认识的方式，并为经济知识的更广泛定义提供基础。在买手接触所购服装的方式中，显而易见的是，时尚的表达方式与"感知和身体意识"紧密相关。让我通过描述买手在选择服装之前遇到服装的一些方式来证明这一点。

在日常的时装购买中，身体的感官知觉在对所展示衣服的解释中起作用。工作室经常使用"合身"模特，以使买手能够看到服装如何在身体上贴合和移动。尽管合身模特不说话，但会像活着的人体模型一样在工作室中走动（Evans，2005），他们可能会被问及衣服的感觉和合身性。当她要求我试穿衣服并对它们的合身和触觉质量发表意见时，我在牛仔布买手（纽约和伦敦）的几次购买中也处于类似的位置。牛仔布买手有时也会尝试各种商品。她将牛仔布描述为"合身"，通常重点放在牛仔裤是否能很好地展示臀部，显得苗条并翘臀。因此，对牛仔布的质量进行"测试"就不足为奇了（Callon，Meadal et al.，2005）。正如我在其他地方（Entwistle，2006）和第 8 章所讨论的那样，测试涉及检查衣服的感官和触觉尺寸，触摸织物同样重要，这解释了为什么时尚仍然通过服装来呈现。如果在看不见衣服的情况下就进行购买，就像"9·11"后纽约时装周被取消时，使用光盘购买衣服的例子，买手抱怨整个系列都很差，于是它们大部分都在季末降价出售。考虑到感官测试的重要性，可以理解的是，时装购买涉及与衣服本身的直接接触。根据买手的说法，没有什么新技术（互联网或 CD ROM）可以完全替代时装购买中的"存在"，在这种情况下，面料的质量和合身性至关重要。

感官体验特征还可以通过其他方式作为买手工作的一部分。以观看时装秀的经历为例：一年中，时尚买手参加了许多此类时装秀，其中最重要的是每年 1 月/2 月和 9 月/10 月在各大时尚城市举办的一年两次的成衣系列。时装秀将感官和审美优先于纯粹的认知或理性。时装秀并不是一种直接的推销手段，也不是一种经济有效的展示服装的方式，实际上让设计师们蒙受损失（Entwistle and Rocamora，2006），它涉及卡西尔和艾伦所说的"表达性"含义以及广泛的感官感知领域。例如，时装办公室负责人纳塔莉（Natalie）这样形容时装秀："必须有娱乐、表演、戏剧的元素，这就是走秀。它是为了展示新颖或壮观的事物，或具有真实内容和实质的事物。有时候秀没有这个，但一定要有戏剧性。戏剧艺术可以放在衣服里。"

好的秀是戏剧性的——一种美学事件或体验——为衣服提供了美学环境。如上引述所示，最好的时装秀可以激发感官并创造奇观。这场戏剧始于第一个模特，通常是秀上最著名的模特，走上 T 台，并开启她最终走向摄影师"机位"的漫漫长路。2002 年 9 月在巴黎 Vivienne Westwoo 的秀上，音乐可能是狂躁而响亮的，或者是安静和轻松氛围的，如在 John Rocha 的秀上。通常，这种体验是一种高度的性感觉：当模特们大步走上 T 台时，她们会受到狂热的摄影师的呼喊，他们的闪光灯脉动产生令人兴奋的热和光。颜色、灯光、音乐和模特创造了展示衣服的戏剧环境或奇观。在这里，秀似乎会产生一些超出市场正常认知过程的东西，并且很难在经济理性的狭义范围内进行衡量："图像、感官、情感、语言似乎很难用经济学来衡量，并且，当以常识的方式进行评估时，往往是由外部的抽象标准得出的。人们对非认知活动是什么的认识较少，而更多的是认识到它们是如何被间接地再现或复制的（Allen，2000：19）。"

事实证明秀并不是直接销售服装的手段，因为买手在秀的前后会在工作室进行选择，事实上他们几乎不需要到现场看秀。秀所提供的东西与工作室中的衣服展示完全不同，后者通常是代表设计师非常乏味的演示形式（Entwistle，2006）。秀是促销活动，旨在提升设计师和品牌/标签，但活动本身还不止于此：秀试图在衣服周围编织含义和联想，尽管含义不明确。根据买手的说法，秀会帮助他们根据单个物品和设计师的"远景"来了解或理解背景，因为秀通常是根据当季的"概念"或主题进行组织的，然后再传递给商场。事实上，买手要做的部分工作是培训商场的员工理解这些服装系列，并在此过程中总结经验，例如秀，汲取一系列知识，并尝试将这些知识传播给销售人员以让他们直接表达给客户。在这种意会的、具身化的知识的传播中不可避免地会丢失一些东西。一位买手特别表示了对商场员工的不满：让他们与顾客沟通衣服有多困难，并指出她自己能做得更有效！

秀的表达品质依靠市场代理商的经验眼光来充分理解和转译。模特们在时装秀 T 台上走猫步的速度和以极端方式来表达服装都表现出了压倒性的感官体验，这对于圈外人来说并不太容易理解。的确，作为一名观察员，我常常对自己在 T 台上看到的东西感到迷惑，也无法自信地认出下一季可能的流行趋势，包括颜色、裤子和裙子的款式。换句话说，我看不到常规的图案或主题。我的无能总是被那些可以立即使秀变得有意义的买手所显露无遗。例如，2002 年 9 月，在伦敦时装周的一场秀之后，当被问及她在 T 台上看到的流行趋势时，玛丽亚马上就能整理出一些关键元素。绝非我所经历的感官体验，她能辨别出不同的特征：从颜色开始，她指出：

> 有许多不同的特征，金属和丝绸、白色、黑色。浅褐色的颜色，底部为卡其色，顶部则非常漂亮，带有光泽。工装搭配令人眼花缭乱，不仅如此，除了常规的工装搭配之外还有很多细节。会有一些牛仔布混搭在一起。到了一定的时间，我们中的有些人会厌倦这种搭配，并且会再次穿起牛仔裤。在这个市场的尽头，你已经开始感觉到非常迅速的变化了。

在那里我看到了看似随意的美学风格，而这位时尚买手看到了特定的颜色、图案和形式。从下一季的颜色选择到外观总结（"实用的灰色"），买手迅速解释了秀的内容，因此可以放心地进行选择。对于了解时尚买手的工作来说，说明她的知识很重要，但要分析这里发生的事情绝非易事。的确，由于意会知识从定义上讲很难用言语表达，甚至超出了买手自己的理解，他们也努力去解释这一切。

认识的具身化方式。如果很难掌握这种知识本质上的具身化性质，那么布迪厄的工作及其惯习概念将提供一些暗示性的可能性。正如里德-达纳海（Reed-Danahay，2005）指出的那样，该术语在《实践理论纲要》（Bourdieu，1977）中首次得到最系统的阐述，尽管她认为它起源于早期的人类学研究。在一个冗长的段落中，惯习指的是"持久的、易位的处置系统，易于发挥结构作用的结构化结构，也就是说，作为实践和表述的生成和构造的原则……在没有预先设定目标或明确掌握实现这些目标所需操作的情况下，有意识地达到目的"（Bourdieu，1990：53）。

换句话说，作为一种被深深灌输的身体气质，惯习构成了存在和行为的方式。惯习表达了布迪厄对于克服主观/客观主义二分法的关注，因为他既强调能动者的实践，又强调产生这种实践的结构原则。布迪厄将惯习与场域的关系比作"整合历史与对象化历史"（1990：66）。换句话说，正如里德-达纳海（2005：134）所说的那样，"他认为，正是在一个场域，社会能动者利用'对游戏的感觉'或实践意义，从而灌输和体现客观的场域价值观"。尽管布迪厄没有明确提及意会知识，但"游戏的感觉"是指意会，这些意会是无意识的，并具身化在特定社交环境中的日常行为中。因此，惯习可以用来考虑意会知识在历史时间和社会空间中的具身性。布迪厄分析中的惯习通常强调社会阶级，特别是阶级惯习如何通过家庭和教育来构造特定的品位，而我描述的时尚惯习和品位倾向是通过成年后的经验获得的，并且没有特定的阶级联想。如果时尚买手有任何阶级地位，那是作为"文化中介者"的小资产阶级的派系，如第 1 章所述。

一些人（Herzfeld，2004）认为惯习可能无法为结构/能动性的一方或另一方提供最终的"解决方案"，因为布迪厄的模型"有明显的弱点……他没有认识到个人代理的力量来克服……灌输的习惯"（Herzfld，2004：38）。我同意这种观点，即他的模型更倾向于结构性而非能动性，以至于过于确定性。这个问题的根源在于布迪厄对"社会"的相当机械化的定义，以及他倾向于关注惯习所处的"场域"的理论表达，而不是经验应用。然而，尽管布迪厄自己的场域分析是有缺陷的，因为它脱离了实际的实践领域，如第2章所述，惯习的概念可以用来考察具身化的能动者和他们做事的能力，特别是身体获得品位或"性情"的方式。

惯习和具身化的美学知识。要成为成功的时尚买手，必须养成适当的时尚惯习，这是一种集体倾向。确实，惯习是一个有用的概念，可用于阐述布鲁默（1969）在时尚界中的"集体选择"概念和他的"初始品位"概念。高级时装的波动美学是历史现实和遭遇的产物，被"季节"中组织的时尚观念所捕捉，这些构成了塑造时尚惯习的一些客观条件。因此，这种惯习是由历史经验引起的，但却使行动者适应当前和将来可能采取的行动。正如布迪厄（1990：56）所指出的那样："惯习——具身化历史，内化为第二天性，被遗忘为历史——是其所产生的整个过去的积极存在。因此，它给予实践相对的自主权，与当前的外部决定有关。惯习是一种没有意识和意愿的自发性。"

事实上，买手的时间意识是以一种预先反射的方式来构建他们的工作方式的。当买手谈论"上一季"或"一两季前"时，会参考历史记忆，这种意义构建将知识的编码形式和理性的计算（例如销售统计）与能动者对时尚的"游戏感觉"结合在一起，形成一种深刻内化的、预先反射的时间知识流。这种时间上的意识定位能动者当前和未来的行动方向："倾向通过未来对成功或失败转换的导向看法来指导社会能动者的行动（Reed-Danahay，2005：109）。"因此，买手对设计师的设计系列、时装秀、工作室中陈列的服装等具有时效性。就上年上一季的时尚风格而言，它们之间存在某种联系，这反过来又有助于他们找出可能的未来趋势。当趋势似乎是"下个季节的高峰"时，买手可能会计算出下一个趋势会对此趋势做出反应或朝着新的方向进行修改，但是以一种或另一种方式进行计算是没有道理的；它来自"感觉"，这可能是通过沉浸在时尚流中而产生的。买手被困在这种流动中，这种流动提供了他们"无意识或无意愿的自发性"，从而有能力系统地组织产品的流动，而对于局外人来说，比如我自己，这些产品流动看起来是不连贯的、随机的，而且常常是不可理解的。

慣习的时间、感知能力似乎充实了布鲁默的"集体选择"的观念，与每一季时尚内部人士所做选择的相似之处，以及他们似乎要转译出的"初期口味"。布鲁默认为，时尚圈内的人很容易创造出他们似乎发现的趋势，尽管他没有对此进行详细说明。但是这在其他市场也得到了证明：金融交易者以为自己发现了趋势，可以凭着自己的信念通过自己的投资行动来创造趋势（MacKenzie，2004）。同样，时尚圈内部人士也可以通过自己选择时装周系列的活动来实现想象中的"未来"（"下一季"）。正如麦肯齐所描述的那样，信念的施为性质类似于布迪厄（1993a）所说的在艺术和时尚市场中的"信念圈"，批评者通过其价值陈述来确立艺术家的地位。通过庆祝、挑选和购买特定设计师的作品，时尚系统支持了所谓的"下一季"的品位和趋势。

因此，"集体选择"是时尚界主要参与者在时间和空间上共享历史的结果，该历史在时间和空间上都得到了体现。"初期口味"不是仅被视为武断的未来学，它源于一种情境化的、具身化的理性和感性。这种选择的能力超出了纯粹的认知范围，即使买手，就像上面伦敦时装周举例的那些，为了面试，可以理性地将 T 台上的服装流订购为下一季的可识别趋势。换句话说，虽然这些知识可以在面试（或可能在与采购员的讨论或团队会议中）等反射性接触中进行后合理化，但仅凭自觉的理性，我们无法得出当代服装买手对设计师呈现的风格或趋势的自信陈述。工具理性假设一个完全有意识和理性的主体在工作，然而，我认为时尚买手的工作涉及从深刻的内在知识中涌现出来的敏感性、方向和观察方式。选择是基于深刻的灌输和内在的敏感性。这在买手如何获得他们所能获得的最可靠的信息形式，也就是销售统计数据方面尤为明显。根据所有买手的说法，这些只会带你到这里为止。现代服装的买手丽莎（Lisa）指出：

你必须做好功课，你必须知道已经卖出了什么，并且在你的头脑中有这些知识，但是你不能按数字购买，你不能完全买你在前一季买的东西，这不位于这个市场的水平上。你必须使用已有信息来决定购买和保留什么，还要不断尝试使商品看起来都有所不同。因此，每个季节使用的知识都不一样，而且每个季节的思维定式也不能相同。

如果不能"按数字购买"，即如果你不能基于上一季的数据来掌握本季要买什么的知识，而每一季必须有不同的"思维定式"，那是因为时尚知识超出了正式、有意识的现有知识。以下长篇引述来自当代服装的首席买手。当试图描述自己如何购买，以及如何对自己购买的东西变得"自信"时，她将事物变化迅速的"时尚"购买与"看起来完全一样"的购买进行了对比：

以 Prada 运动系列为例。这是非常具有技术性的，差异、细微差别很难看到。当你去买 Prada 运动系列时，必须看看那里到底在卖什么，因为有一些商品是重复的。但是你确实必须了解其中的细微差别。你还需要寻找新事物，他们的客户非常忠诚，因为他们知道 Prada 肯定有自己的手段，这就是为什么他们愿意为这个牌子花钱。当你看一些更时尚的商品突然出现时，你必须决定哪些东西可能越界了，哪些东西是不可接受的，哪些东西是要出售的，以及如何将其混入特定的市场中。我认为随着时间的流逝，你会变得更加自信……经验能使下一季的情况有所改变。而且这确实让事情变得容易一些了。信心就是购买的一切（丽莎，当代服饰的首席买手）。

从这段话中可以明显看出，对时尚购买的"信心"来自经验和历史记忆，既包括过去出售的商品，也包括该特定品牌的顾客。这仅来自商品销售统计数据，也由他们"身处"市场中与产品相遇而造就。意会知识和编码知识相结合：没有先前销售的历史知识就无法购买，但是仅凭数字是不够的，因为它需要意会知识来了解所遇到的产品并利用统计数据来计算可能的未来。楚和邦特斯（Choo and Bontis, 2002：12）认为，意会知识和编码知识之间的区分常常被过分强调：

> 我们需要提醒自己，两者不仅是互补的，而且在许多方面是相互依存的……意会知识的运用通常引用计划或蓝图，需要处理工具和设备，包括遵循书面或口头指示，所有这些都体现了各种显性知识。相反，显性知识的应用通常要求个人能够针对特定的问题背景来解释、阐述、证明或例证正式知识。

事实上，霍威尔斯认为，不仅所有的知识在本质上都是意会的，而且对知识循环提出了重要的观点：通常，始于意会的东西变得越来越编码，从而使编码和意会知识之间的严格区分变得更加难以维持。另一种说法是将知识视为行动中或过程中的知识，并检查实践的特殊性，而不是将知识视为固定或有限的属性或对象。

总而言之，意会美学知识是一种表达性和具身化的知识，它源于历史和集体的倾向或时尚惯习。这种惯习是通过与高端时尚市场的长期联系而获得的；通过共享的专业职位、共享的互动空间以及时尚世界中例行的常规接触而获得。这种时尚惯习在高级市场之间共享。这解释了模特经纪公司和塞尔福里奇在身体和服装上的相似之处，以及模特的性格、品位和审美敏感性如何满足那些设计高级时装的人的要求。对于那些没有共享这些惯习的"圈外人"来说，这些风格可能难以解释，或者看起来丑陋或深奥。确实，我自己无法理解时装秀和发现未来趋势以及男性模特的趋势（Entwistle, 2002），就证明了这一点，如第3章所述。这种具身化的感觉很重要，但作为市场知识的维度却很少被人认可。

因此，身体对知识来说是一个重要的位置，人们穿戴着自己的知识，这是意会美学知识的空间维度，我将在本章的第二部分中讨论。

空间化时尚知识

时尚知识不仅体现在时间上，也位于空间上。时尚知识坐落和分布在特定城市；在每年举办两次定期时装秀或"时装周"的主要时尚城市中传播，并将重要的设计师、买手和新闻工作者以及模特、摄影师、造型师和有影响力的名人聚集在一起。但是，尽管时装秀已被世界媒体广泛报道，但时装周是一个相对封闭的活动，一般不向公众开放。这就造成了场域的封闭或形成边界，对时尚知识的传播产生了影响（Entwistle and Rocamora，2006）。一年两次的时装周系列和其他行业活动（如巴黎的 Premier Vision）对时尚知识的定期、常规化流动非常重要。时装周的表演性质由恩特威斯尔和罗卡莫拉（2006）进行了分析，其中时装周的"秀"被分析为时装场域社会再生产的重要机制，使时装场域得以自我实现，并在此过程中实现自身和活动于其中的参与者的合法化。但是，时装周期间时装场域的本土化物化也有助于将时尚作为一种全球现象来"进行"，将高级时装世界再现为全球工人、品牌、城市之间的相遇。精心策划这些活动的目的是使全球时尚界人士聚集在一起。因此，如上所述，理解意会知识在这种美学市场中的表达性和具身化的关键在于理解这种知识在这种互动空间中的运动和表现。

出于多种原因，确认时尚知识的位置和转移非常重要。正如许多有关知识的文献所证明的那样，市场、公司或区域中知识的空间维度很明显，例如环境、集群、工业氛围等术语暗示着知识生产的空间性质。因此，关于知识的辩论不可避免地与地理联系在一起：知识在哪里？它是如何转移的？它是否使特定公司/地区/国家在全球经济中具有竞争优势？在这些文献中，知识沿着编码/全局、意会/局部轴的空间映射已成为一个主要争论点（参见 Howells，2004；Gertler，2003）。这种长期存在的区别表明，"某些知识（编码）易于传递……其他知识取决于上下文，而很难与他人进行交流"（Malecki, 2000: 110）。因此，意会知识通常被描述为"黏性"，因为它依附于特定的位置，并且没有经过编码，所以不像形式化且经过编码的知识那样容易转移或"旅行"。最近的许多文献都发展了这样的知识地理学。例如，斯科特（2000）的分析考察了洛杉矶和巴黎的电影和时装行业中的本地关系和生产网络（另请参见 Crewe and Forester, 1993）。但是，对于艾伦（2000: 27），将意会知识与"创建特定于区域的行动和资产，仅限于……区域、地点或其他此类空间限制"相关联，是"高度可疑的"。

最近一些关于生产性知识的非编码、意会性质的尝试（Crewe and Forester, 1993; Salais and Storper, 1997; Scott, 2000）也强调了支持这些知识流动和转移的紧密联系以及本地关系和网络。但是，意会知识附着或"黏附"到特定地点或公司的方式比编码/全局、意会/局部的简单二分法更为复杂。最近，这种映射方法受到批评（Allen, 2000; Bathelt, Malmberg et al., 2004），因为它过于"静态"，无法捕捉到意会知识流的复杂性。因此，最近的研究试图绘制"意会知识的多个地理区域"（Faulconbridge, 2006: 537）。

此外，文献中偏重于研究重工业、科技企业的空间格局，因此，诸如工业氛围之类的术语尚未在美学市场上建模或应用于美学市场，因此未捕获美学知识的特定的空间维度和模式。在本节中，我认为时尚知识挑战知识公认的空间映射。也许这是显而易见的，但重要的是要在此指出高度差异化的时尚服装市场中不同的全球回路或网络。在不同的市场层次上，购买的空间和地点是不同的：中端商店被拒绝参加独家高级时装秀，并且与塞尔福里奇等商店的买手也不在同一回路或网络中。当他们旅行时，中端市场的买手访问的地方大不相同，例如土耳其或中国的工厂门店，而不是巴黎的设计师专属沙龙或霍斯顿（Hoxton）的时尚仓库中的展览。在同一实例中，高端时装设计师的购买地域是"全球"和"本地"的：地图是全球性的，而购买和零售的实际空间和活动始终是本地的。因此，在以高级方式映射意会美学知识时，我想提出一个简单的区分，如全球和本地；意会美学知识如何在本地和全球分布。

绘制时尚领域的意会知识：全球流动

高级时装知识取决于人、商品、图像和样式的全球流动。要了解高级时装，需要了解和定位遍布于世界各地的设计师、设计公司、主要商店和服饰样式。服装本身，以及为商店设计、打样、拍照和购买的人们经常环游地球。此外，时装秀的图片被世界各地的媒体转载，而时尚杂志则会定期告诉读者下一季什么是"热门"。从某种意义上说，时尚、意会美学知识在全球范围内传播，并依附于某些城市，如巴黎、伦敦、米兰、纽约或东京，那里有时尚生产的枢纽或"集群"。虽然服装的实际制造可能会外包给土耳其或中国，但全球"时尚城市"（Breward and Gilbert，2006）却是时尚的样式、造型、营销和零售活动的中心，以及时尚展示的素材、灵感和背景的中心。他们是有影响力的时尚人士旅行和聚集的地方。"边缘"城市，如斯德哥尔摩或悉尼，可能会不断努力在全球时尚地图上定位自己，但始终与这些主要城市保持联系。

这样，时尚知识显然是全球性的并且可以自由流动。行业内有系统地试图捕捉和整理这些知识，其方式是由全球趋势预测机构，例如 Worth Global Style Network（WGSN），生成趋势预测。这些机构在世界各大城市搜寻即将到来的潮流，试图捕捉和整理一些时尚的不可预测性。这些知识不是公开提供，而是通过订阅出售给公司的，这些知识以书籍、文档、图像和演示文稿的形式传播。但是正是由于它的广泛分布，这种经过编码的全球知识才变得无处不在，这破坏了它的价值（Malecki，2000；Maskell and Malmberg，1999）。定义高级时装的主要品质和对新颖性的不懈追求凸显了这一点：要站在时尚的"前沿"，就是要掌握"新"事物。从定义上讲，这种知识并不广泛。一旦高级时装无处不在，就失去了尖端或"酷"的含义。因此，意会知识被高度重视，因为它被认为与实际趋势相吻合，因此是"领先一步"。

在买手的日常计算中，还需要关注许多其他空间方面的问题。时尚买手不断在全球众多城市中获取其设计思想，并与一个类似的全球美学工作者网络联系在一起，这些人经常在主要城市之间定期流动。购买旅行的大部分时间都花在寻找和感知其他城市的状况，吸收"气氛"以及感知国外市场的"情绪"上。"气氛"被马歇尔（Marshall，1920，1923）解读为，它描述了聚集在一个工业区的人们学习和感知"空中"事物的方式。尽管通常适用于重工业集群，但对于理解城市作为美学活动的重要集群在审美风格的出现和传播中所扮演的角色，也具有重要意义。从早期的花花公子（Breward，2003；Wilson，2003；Breward and Evans，2005）到后朋克青年亚文化，城市是时尚的展示空间，许多新兴风格迅速"冒泡"（Polhemus，1994）。正如趋势观察者和预测所尝试的那样，尝试整理和捕获这些信息并不能真正替代"存在"，因为这种趋势迅速出现和消失，比试图整理和捕获他们的速度更快。出于这些原因，塞尔福里奇的买手仅出于研究目的进行考察旅行，没有购买预算：塞尔福里奇的买手近年来访问了日本、巴西、印度、澳大利亚和新西兰以了解这些地方的发展情况。购买旅行本身总是涉及"比较"购物的要素。与买手一起在纽约的 SoHo 大街上逛牛仔服装，这仅仅是为了看到和感知这个有影响力的零售中心的气氛。结果可能会引起对新设计师的注意，并获得视觉营销方面的创意，但这些知识可能并没有被直接实施；它只是确保买手不会"遗漏任何物品"，并融入塞尔福里奇的全球网络自身定位中，即与纽约州 Barneys 等全球主要百货商店相对应的位置。因此，塞尔福里奇的竞争对手不仅是位于伦敦牛津街旗舰店的近在咫尺的竞争对手，也位于其他时尚城市中。这些动作以及多重标识和位置使塞尔福里奇保持在时尚网络中的地位。没有它们，商店高级时装零售商的身份将枯竭而死。

这种美学知识很难标注为"本地"或"全球"。"热门"和"热潮"（Grabher，2002；Bathelt，Malmberg et al.，2004；Bathelt，2007；

Bthelt and Schuldt, 2007）等术语描述了就地捕获的知识的活力，以及面对面的接触的重要性，但在时尚界，"地方性"有许多空间维度：在纽约 SoHo 的一家咖啡馆闲逛和伦敦 SoHo 一样重要，因为当地热门不只是牛津街附近的热门。这是因为在这个市场中，本地热门的"生态"取决于强大的地理旅行路径，这些路径将全球时尚工作者与遥远城市中的本地创造力文化联系起来。换句话说，地理距离并不会限制本地热门。因此，就时尚而言，"本地"和"全球"不是固定的、受空间限制的术语。人们可能会谈论本地热门/知识的全球流通。

最近一些批评知识的编码/全局、意会/局部映射的尝试集中在意会知识可能不总是依赖于空间邻近性，而是能够在特定情况下比以前所认可的更容易"移动"。阿格拉沃尔和科伯恩等（Agrawal，Cockburn et al.，2006：573）可能是在描述时尚世界的方方面面，当他们认为：

> 在调解同一场域内个体之间的社会关系时，地理因素可能不那么重要，因为他们具有建立关系的各种替代机制。例如，在同一实践社区中的个人……或大学一起参加会议和贸易展览，属于共同的协会，并且在其他机构环境中可以相互认同和分享想法。

"实践社区"（Brown and Duguid, 1991；Lave and Wenger, 1993）和"无形学院"（Crane, 1965, 1969）表明，知识如何从特定的公司和地区传播到地理位置遥远的类似或相关领域的其他公司。类似地，如霍威尔斯（2002：874）所说，"'地理接近性'的影响并不总是（或实际上通常是）直接的，它的影响通常是间接的、微妙的和变化的"。事实上，地理空间是通过诸如组织或"关系邻近性"之类的东西来影响的，这可能比地理邻近性更重要。然而，正如他所认为的那样，地理将对组织内部的这些常规和惯例产生深远的影响……因此，其潜在的间接重要性仍然存在（2002：874）。

该重点在理解时尚市场和意会美学知识流方面有着明显的应用。尽管地理因素在其中扮演着重要角色，但是"亲近关系"可能是思想、知识和人在全球时尚界流动的原因，因为时装业的许多工作都是在全球贸易展览会上进行的。时装工人构成了"实践社区"，并具有这样一个社区的特征：他们享有意义、思想、实践的"共同联系"；分享工作和休闲场所；并通过一系列贸易活动进行链接，这些贸易活动将他们实时地整合在一起，并使他们具有相似的经历和品位，如前所述。确实，在我与买手的旅行中，很明显，他们经常成群结队地行动，住在相同的酒店，经常出没相同的酒吧，并在相同的封闭空间（展览、工作室、饭店和酒店大堂）工作。这种全球性的集体性和连通性对于他们如何理解时尚至关重要。

如前所述，时尚知识因其具身化在时尚惯习中而变得复杂，时尚内部人士经常穿着他们寻求为消费者传递的美学风格。高端设计师市场肯定是这种情况，那里的款式受到高度重视，代理人必须首先穿上，才能让这些款式进入市场。确实，穿得不好看，就等于是进入这个独特工作世界的自动障碍：如果你看着不像这个世界的一部分，你其实就是很简单地不"适应"这里，就像下面描述的美国代理人的情况一样。这样，意会知识便会与买手自己"交流"，并在全球范围内被公认为是时尚工作者的标志。实际上，这意味着在穿着和身体上表现出惊人的相似之处：无论是在伦敦、纽约、米兰还是巴黎的时装秀上，在穿着风格上都有非常明显的相似之处。高级时尚风格通过身体以衣服、配饰和走路、说话和存在的风格传达出来。例如，"飞吻"是属于时尚圈的常见手势（Entwistle and Rocamora，2006）。用布迪厄的另一个有价值的短语来说，这传达了时尚的"资本"。这种"时尚资本"（Rocamora，2002）结合了流行设计师和服饰风格的文化知识，以及选择和组合合适的衣服并使之穿着得体的能力；也就是说，作为时尚惯习的一部分，它是通过身体风度和举止来实现的。即使并非不可能，也很难在纸上传达这种惯习，正是因为它是意会和具身化的，因此不容易转译成文字。作为局外人，我知道自己没有，或者没有达到我观察到的程度。确实，我必须学习哪些设计师和样式最受重视，而我的知识总是落后于买手。这并不是说我不了解时尚（实际上，我认为自己是一个穿着时尚的学者），但是我缺乏对所观察到的事物的精确、晦涩、复杂的知识以及将其组合在一起的能力，不仅是因为我买不起！

必须指出的是，工作中的时尚资本有不同的变化："优雅"通常是较老一代时尚的特征，并且通过佩戴昂贵的设计师品牌来实现，如Chanel、Chloe、Prada，这些设计师品牌以其优质的材料和精美的剪裁而著称。而"前卫"通常是年轻（和较贫穷）的"时尚达人"[1]的标志，涉及巧妙和"创意"的结合，偶尔将昂贵的商品比如Prada手袋或Monolo Blanhik鞋子与从伦敦的Topshop等非常时髦的商店买的高街服装搭配在一起。这种穿戴知识的能力使我回到了之前对具身化知识的讨论，这对于内部人在时尚网络中的轻松移动至关重要。没有它，将很难进入高级时装的内部空间。确实，未能体现这种风格可能是致命的。一位买手将一名在纽约的塞尔福里奇工作的美国代理人描述为居住在威斯特彻斯特的"有一定年龄"的"染了蓝色头发的，喜爱穿针织衫的女性"[2]；实际上，她也被称为"太过于威彻斯特"。这些描述试图传递的事实是，她缺乏适当的时尚资本，无法知道为新的时尚前卫的塞尔福里奇寻找什么以及在何处寻找设计师，但是即使她找到了他们，她也并没有很好地展示这家商店，人们不会跟她见面，因为她看上去好像不是来自一家时尚商店（她更像是梅西百货公司或德本汉姆斯等中等市场百货商店的代表）。她最终被解雇了。

塞尔福里奇的意会知识

我认为，意会美学知识正在全球范围内传播，并在特定城市中处于局部位置，并且被穿戴在买手的身上。我现在想研究在塞尔福里奇所采用的策略中如何部署这些知识：事实上是如何将其本地化或嵌入商店中的。在本节中，我将更详细地探讨塞尔福里奇意会知识的特殊性。

买手和管理人员经常将塞尔福里奇描述为重视"本能"或"直觉"知识：其他名称的意会知识。这是商店内部叙述的一部分，在所有的采访中都有明确的表述；塞尔福里奇是"独特的"，并不断追求"差异"。这种叙述可以被视为修辞和表演，服务于再现和维持商店的愿景（Thrift，2005）。这一叙述对于制定新的战略和实践以在门店内生成管理知识至关重要，这是由具有超凡魅力的意大利商人维托里奥·雷迪斯自1996年接任首席执行官以来实施的。他为振兴塞尔福里奇略显疲惫的形象而制定战略的核心是成立时尚办公室。如第6章所述，该办公室负责开发内部知识，以推动商店的整体时尚发展方向，确保他们积累了适当的知识，并带头掌握了哪些知识，以及如何促进商店的发展。这是一种明确的尝试，目的是产生独特的塞尔福里奇知识，以确保他们对新兴趋势有自己的认识，并与全球范围的趋势发展保持同步。时尚办公室帮助店内形成了这是一家"创意型"和"创新型"公司的信念，处于零售和时尚知识的"前沿"，这是在与买手和商店其他员工的访谈中熟悉的主题：买手很容易地谈到了公司以及他们自己创造知识的灵活方式，以及公司对意会知识的高度重视。这些主张呼应了许多自称为"知识密集型"公司的言论，他们可能将自己视为"创意型"和"创新型"（Nonaka and Takeuchi，1995；Thrift，2005）。这种言辞表明，为了抓住和保持竞争优势，不仅要处于"基线"而且要处于领先地位的重要性（Thrift，2005）。考虑到对内部意会知识的重视，这家商店回避无处不在的趋势预测信息就不足为奇了。正如塞尔福里奇时尚办公室负责人所说："我们不订阅WGSN。我们曾经订阅了一年，研究其中的信息，然后超出这些信息之外，尝试与众不同，因为每个人都会利用这些信息，我觉得我们实际上花在这上面的时间比直接遵循自己的直觉花费的时间更长。"[3]

因此，对时尚办公室的投资既可以看作对意会知识生成的投资，也可以看作施为性的修辞陈述，再现了对塞尔福里奇有能力产生自己独特的本地化时尚知识的自信和创造力信心。

从我的观察和交谈中，买手对塞尔福里奇这种意会美学知识的繁荣至关重要：通过他们的计算，可以演绎这种意会知识，并以此确保适当的高级商品流入商店。买手与时尚办公室紧密合作，讨论选择哪些品牌以及"剔除"哪些品牌，并仔细考虑其不同区域的总体方向。他们的知识来源于定期的环球旅行以及在遥远的地方迷上了当地的"热门"，也可以描述为"黏性"，因为它是根据商店方向的持续讨论和计算而发展起来的。因此，它来源于"全球"，呈现于"本地"。这种"黏性"符合塞尔福里奇旗舰店在牛津街的独特位置，并在当地市场的区域商店中得到了重新诠释。由于我无权访问其他商店，我无法评论买手为这些商店购买的特定方式，但是在采访中，很明显，购买差异归结于当地。在计算买什么的时候，时尚买手考虑了当地的因素，牛津街的购买方式与曼彻斯特和伯明翰的省立商店有所不同。例如，非常"前卫"的伦敦设计师，比如在伦敦时装周时间表上有展出的新设计师，不会在北部的商店买到，而是在牛津街的分店展出。这样昂贵且鲜为人知的设计师不会吸引大都会以外的市场。这样，买手对市场的了解就对空间位置很敏感。

总结本节，意会美学知识必须被视为在全球范围内传播以及在本地设置或演绎。换句话说，时尚中的意会美学知识取决于全球连通性，但也必须由公司自己在本地进行解读。在理解公司知识生成和管理策略的特殊性以及商店重新定位自己为全球高级时装零售商但考虑到由本地消费者购买时，本地生产的计算和业务本身的地域性非常重要。因此，塞尔福里奇的知识取决于复杂的空间生态。在最近的知识描述中已经认识到这种混合的空间尺度。马莱茨基（2000：111）指出，虽然一些公司依赖于正常的本地网络，但"公司更强大的本地环境是这样一种环境：既有丰富的本地联系，又有往来于其他地方的知识流"。阿敏和科恩戴（2004）在讨论"去中心化业务网络"的复杂性时也指出，将公司内部的全局/编码知识与意会/局部知识相结合比私有化本地知识更可取。此外，我认为，尽管大多数文献将局部和全局知识都指定为固定的空间寄存器，但在时尚上，这些相当模糊不清：我认为，"本地热门"不一定是指即刻的位置，而有可能是其他城市的"热门"，对于像塞尔福里奇这样的时装公司来说，要生存，就必须将其纳入全球流动的意会知识路径中并位于当地。地理固然重要，但是从本地和全球的空间分离域的角度来思考，将前者视为更有价值，则过于僵化。这种简单的二分法无法认识到即使是最本地化的知识，如买手等时装代理人所穿戴的知识，也与他们"一起旅行"，并且要了解时尚的全球连通性，就必须意识到这种最具本地化的具身性对于意会美学知识的全球流通有多么重要。

结论

塞尔福里奇的买手以了解自己的市场而感到自豪，但这究竟意味着什么：他们拥有什么样的知识，以及如何组织这些知识来使时尚更有意义？弄清支撑买手计算工作的知识不是一件容易的事；事实上，即使是他们也无法命名它，也很难将其转译成文字。这部分是因为知识在很大程度上是意会的，因此是不可编码的。知识是表达性和具身化的，是有意义的，因此涉及深刻的内在化和活生生的敏感性，即使不是不可能，也很难转译成文字。

我对意会美学知识的阐述更全面地揭示了迄今为止尚未开发的经济知识，尤其是意会知识。我认为，美学市场中的经济知识本质上是感性的和具身化的，在市场和经济知识的叙述中，甚至在关于意会知识的辩论中，都被忽视了，这可能是因为对传统市场和科学技术市场的偏见。所以将注意力转移到美学市场上，人们面临着被定义为认知能力和理性计算的经济知识的局限性。此外，我认为，在将经济知识定位为内在敏感性时，不可避免地会反过来对知识进行空间化，因为能动者是知识的具身化位置。然而，因为对知识和知识转移，尤其是意会知识的讨论忽视了美学市场，所以意会美学知识的空间特征尚未被绘制出来。

因此，即使不同位置的精确美学表达可能有所不同，意会美学知识也在全球范围内传播。尽管仅基于塞尔福里奇的一个案例研究，但我希望我的分析能对那些对其他未充分研究的美学市场和公司感兴趣的其他研究人员有所启发。

-8-

时尚购买的文化经济学

前两章详细介绍了时尚购买知识，最明显的是在时尚"购买"中积极使用了这些知识。在本章中，我想重点介绍时尚购买的微观情况，以便近距离研究时尚购买的计算过程。此重点对于理解像塞尔福里奇这样的企业产生消费的方式，即有效地进行计算和面向消费者，很重要。买手接口是"生产"和"消费"之间的关键接口，尽管不应将这些接口看成决定性的时刻，而应通过实践将这些过程联系起来，如前所述。为什么要注意这个交互界面：它为什么那么重要？

自 20 世纪 80 年代的"零售革命"以来，英国的服装零售业已变得非常具有竞争力（Gardner and Sheppard，1989）。在 20 世纪 90 年代后期，曾经是英国零售业的佼佼者的英国老店玛莎百货（M&S）和劳拉·阿什利（Laura Ashley）等许多老牌企业开始遭受利润下降的困扰。自 20 世纪 90 年代以来，英国媒体一直密切关注 M&S 的故事，首先是一家苦苦挣扎的商店，但最近它成功地扭转了多年来利润不断下滑的局面。因此，在 2005 年这特别糟糕的一年中，"总销售额从上年同期的83 亿英镑下降至 79 亿英镑"（"2005 年 M&S 利润与销售额大跌"），而女装则表现尤为糟糕，到了 2007 年 5 月该公司宣布了十年来的最高利润（近 10 亿英镑）。

玛莎百货必须解决的一个问题是"价值"驱动的"快时尚"商店的兴起。正如温希普（Winship，2000）所指出的那样，M&S 品牌的建立是基于"消费者对其的巨大信任……物有所值，有'品质'，但价格却不便宜"（Winship，2000：15），这并不总是吸引当今的"年轻、注重品牌的一代"（2000：17），他们更喜欢 Zara 和 H&M 之类的公司，这些公司可以快速且低成本地交付高端时尚产品。因此，由于无法在时尚或价格上竞争，玛莎百货在 20 世纪 90 年代末和 21 世纪初迷失了方向，未能吸引消费者。此后，它在公司老板迈克尔·罗斯（Michael Rose）的指导下，通过在商店中引入高级时装系列以及以崔姬（Twiggy）为代表的激进广告活动来应对这种下降。

无论今天成功与否，玛莎百货的故事都是一个警示：如果像玛莎百货这样曾经占据主导地位的零售商，曾经对自己的市场地位如此自信，从未做过广告，却在与利润下降做斗争，那么它就指向了所有市场的中心问题，即"所有的信念都在不断受到威胁"（Callon，Meadel et al.，2005：38）。换言之，"通过将消费者从竞争对手建立的网络中'分离'来捕获或'依附'消费者是竞争的主要动力"，这最终意味着没有任何公司的市场地位得到保证。

在这种竞争激烈的环境中，我认为时尚买手的工作对公司计算市场至关重要。买手负责选择商品并将其带到市场/商店，他们的工作需要对市场进行计算，其中涉及"生产"和"消费"之间的不断变化。在此过程中，商品被转化为面向消费者的产品："资格再认证的过程"（Callon，Meadel et al.，2005：32）。正如法恩和利奥波德（1993）所论证的那样，关于时尚的文献倾向于深耕两个不同的领域，一方面是时尚行业的生产历史和工作分析，另一方面是对消费的研究。这种划分的结果是将对时尚的解释分为供应驱动模型或需求驱动模型。由于系统地忽视了生产和消费之间的关键关系，这种分离阻止了时尚业的全面发展。如第 5 章所述，零售和该行业中的"中间人"是重新连接生产和消费的一种途径。

本章的目的是双重的：通过分析买手日常工作经历，包括接触产品、供应商和（虚拟）消费者，来考察其对时尚服装的资格认定和调解。首先，我想考察在经济能动者"惯常和常规"（Negus，2002：

509）的工作实践中，他们在产品资格认定中的"积极和反思作用"（Callon, Meadel et al., 2005：30）。换句话说，我描述了买手在日常接触中如何积极地定义、塑造、改造、鉴定和再鉴定产品。通过这种资格认定过程，买手可以在市场上行动，他们的选择会导致商场内特定产品的组合，这些产品构成了特定零售商在任何特定时间的时髦服装。当然，资格认定的过程并不仅限于此，因为买手会监控其决策的效果，并在适当的时候对结果（以销售数字的形式）进行监控、消化并将其转化为正式和非正式的知识，构成下一季购买的基础。这个过程的循环性本身就是生产和消费通过买手的行为相互联系或交织在一起的证据。

但是，此资格认定过程的问题在于，它倾向于将其视为线性过程。为了克服这个问题，我借鉴了克罗宁（Cronin, 2004）的"多种调解制度"的思想，该思想强调能动者对产品进行资格认定时所采取的许多方向和调解。事实上，要将买手理解为"文化中介者"，有必要研究一下复杂的中介过程，因为这并不清楚是哪些买手或文化中介者在进行中介。通过研究买手在工作中与物品和代理商的相遇，可以探索涉及购买的许多中介。也就是说，在买手检查要购买的商品、与供应商会面、理解并"了解"其顾客的过程中，他们中介了许多兴趣、品位和身份。着眼于这些交汇，可以形成"扩展而细微的中介定义"（Cronin, 2004：352），因为对时尚买手作为中介者的批判性分析迄今为止还没有进行。

从表面上看，时尚买手是时尚行业生产和消费之间的重要文化中介者：通过他们的选择，中介了设计师提出的产品，代表他们积极想象但并非"虚拟"的消费者来选择它们（Carrier and Miller, 1998），通过各种痕迹留下了他们存在的物证，在销售统计中，他们留下了印记，是与商场楼层员工不断交谈的对象。如前几章所述，人们对文化中介和文化中介者的概念非常感兴趣，这些概念源于布迪厄（1984）有影响力的著作（Featherstone, 1990; McFall, 2002; Crewe, 2003; Nixon, 2003; Cronin, 2004）。但是，正如赫斯蒙达（Hesmondhalgh, 2002）和其他人（Du Gay and Nixon, 2002）所论证的那样，该术语变得过于笼统，这不仅是因为布迪厄对这个术语的定义和使用上的混乱。还因为中介的实际过程往往被忽视，而倾向于对中介者本身的文化身份进行分析，尽管这一点很重要，但它只是构成商业实践的"复杂组合中的一个要素"（Cronin，2004：351）。因为在时尚购买方面的经验研究很少，所以仍有许多问题需要回答：买手是文化中介者这句话意味着什么，他们到底中介了什么——服装、潮流、美学、品位？因为我没有足够的空隙来查看所有这些中介，所以我特别关注的不仅是买手选择衣服的方式，还包括他们如何在与产品、供应商和消费者的接触中去中介品位。

我首先考虑文化中介问题，以及在多大程度上可以说时尚买手是文化中介者。然后，我将通过分析涉及购买的微观过程来研究服装的资格认定和中介者。为此，我将注意力集中在买手与供应商、产品和客户的相遇上，并在此过程中，关注每次相遇时发生的多种中介。通过这一分析，我想提出，在将自己定位为高级时装百货商店时，买手的资格认定对于零售业务的运作如何至关重要，这不可避免地要回到信念问题上。

中介生产和消费：时尚买手是文化中介者吗？

谁是时尚买手？

确切地说，买手在生产和消费之间进行中介是什么意思？他们实际上是文化中介者吗？为了回答这些问题，有必要定义"文化中介者"这个词。布迪厄（1984）首先将"新文化中介者"称为"电视或广播文化节目的制作人，或'优质'报纸和杂志的批评者，以及所有的作家记者和记者作家"（1984：323），在后来的作品中，他放弃了这一点，而转向象征性生产，这涉及了"作品价值的生产"（1993a：37）。他声称，正如费瑟斯通（Featherstone，1990）不久后所说，这些职业正在扩展，并且在当代文化中具有越来越大的影响力。自从他定义了这个词以来，这个词已经扩大到包括越来越多的文化制作者或"品位制造者"，涉及的领域包括广告（Nixon，2003；Cronin，2004）、男性杂志（Crewe，2003）、女性杂志（Nixon，2003）、流行音乐（Negus，1992，1999，2002）和时装设计（Skov，2002）。

尽管正如赫斯蒙达（2002）所认为的那样，对这种扩张的主张倾向于将文化中介者与新的小资产阶级混为一谈，但是他们有充分的理由将这一概念超越其最初的狭窄范围而开放。这不仅是因为布迪厄（1993a）自己后来对"文化生产领域"的分析中的混乱，这还暗示着可能将那些参与"作品价值生产"的文化工作者包括在内（1993a：37）。布迪厄在这本书中建议，艺术品的物质生产只是文化生产的一部分；象征性的制作人必须将艺术带给公众，并以此来增加价值。尼古斯（Negus，1992：46）在对音乐制作人的分析中也论证了这一点。他认为，文化中介者的概念不仅指那些涉及"物质"物品生产的人，而且是指"一个新兴的社会群体，涉及文化意象和信息的生产和消费，在市场营销、广告、设计、公共关系、广播电视、新闻、研究、顾问、咨询和'帮助职业'等领域工作"。他认为，"在这些职业中，工作和职业往往没有被较老的官僚职业所僵化，招聘通常是通过联系、共同的喜好、价值观和生活方式，而不是正式的资格认定来进行的"（1992：46）。对于许多时尚工作来说，确实如此。正如麦克罗比（1998：161）所指出的那样，英国时尚的职业，例如新闻业和造型业的特点是"职业流动性"，它更多地依赖于社交网络和无偿工作，而不是正规的培训和教育。

但是，正如布迪厄（1984）和费瑟斯通（1990）所说的那样，这些职业到底是"新"还是更有影响力，这画上了一个问号，需要进一步用历史和实证分析加以证实（Nixon，2003）。布迪厄本人后来不再使用"新"来简单地指文化中介者。这里更直接关注的问题是，正如尼克松（2003：27）所说，文化中介这个词非常具有包容性，倾向于通过"家族相似性"将许多不同的职业聚集在一起，而不是考察具体的"组织文化"，并且认为"更广泛的行业文化是充分理解这些职业的必要条件"。我对此表示赞同，并同样主张对不同的中介者和中介有更精确的了解。因此，重要的是，从一开始就要确定买手可以被称为中介者的方式，以及他们应该中介什么，并将其置于职业和行业背景中，正如我在前几章中所做的那样。

买手似乎是适合小资产阶级的职业，没有像律师或医生这样严格的职业结构，并且近年来已经变得专业化：所有接受采访的人都是大学学历，有些人已经通过研究生课程来进入这个行业。这与零售业的早期职业形成了鲜明的对比，当时，买手会通过整个组织而崛起，开始在商场工作。有一个例外：在我的小样本中，一位买手曾是一名"星期六女孩"，但就连她也曾在大学学习过语言。教育水平的这种变化以及购买状态的变化，使买手在广告或市场营销中与其他所谓的文化中介者处于相似的位置，这些中介者也受过大学教育，并且从事了新的职业化工作。在这方面，将买手视为属于布迪厄（1984）所说的"新的"小资产阶级，他们从事与象征性工作有关的职业，这并不是不准确的。这项工作是按性别进行的：我关注的买手都是女性，只有一位男性跟单员接受了采访。尽管在采购部门的其他领域中还有其他男性买手和跟单员，但在整个部门中，他们占少数。这种模式起源于更广泛的零售历史。自19 世纪末以来，零售工作已经被性别化了，商店工作为女性提供了新的白领工作的早期机会（Reekie，1993）。

买手的文化中介工作

如果像我建议的那样，我们把买手看作文化中介者，把他们的工作看作文化中介的一部分，那么我们需要进一步探讨他们究竟是在中介什么，如何中介。特定的提问凸显了这个问题：买手是否中介实际的服装、供应商、消费者的需求/愿望、品牌的标识、他们自己的零售业务、一些时尚的一般概念、特定的趋势或品位，还是所有这些的某种组合？要开始回答这些问题，必须开始剖析买手的实际行为，并研究构成其工作的对象、过程和遭遇。只有遵循这些，我们才能开始解开生产与消费之间的联系。正如阿帕杜莱（Appadurai，1986：5）所说，"我们必须遵循事物本身，因为它们的意义被刻在其形式、用途、轨迹上"。跟随购买（服装"社交生活"的一部分）过程，涉及检查供应商和买手之间以及从买手到消费者之间交换服装的方式，以及在这一过程中，从工作室中的商品/样品到商店消费产品的资格认定或定价。

就他们所做的工作而言，买手可以被视为中介者和"品位制造者"，因为他们的工作所涉及的不仅是选择和调解商品。塞尔福里奇的时尚买手将自己形容为多任务处理者，根据当代服装首席买手玛丽亚的说法，它"触及商店的各个方面"。休闲和更新的首席买手简更加坚决地说："从项目管理的角度来看，购买是一项梦想的工作，因为每一季都是一个独立的项目，涉及与财务、建筑师、管理、培训相关的工作。"同样，朱莉娅指出："我们不仅要购买商品，还要参与店铺装修的设计，向店铺装修的设计师介绍情况，必须向视觉策划（Visual Merchandising，VM）团队介绍情况，必须通过商场的店铺设计来传达我们有什么商品，让顾客在进入商场之前就看到它们……还要为商场做产品包装。"因此，时尚购买不仅是选择商品，而且是通过各种各样的活动进行思考，包括各种各样的零售活动（许多这样的活动被观察到：例如，除了他们的购买活动之外，买手还培训和管理了员工，并与 VM 合作确定产品在商场的外观）。

在选择特定的设计师和塑造店面的外观时，可以看到买手所中介的不仅是实际的服装，他们还传达更广泛的时尚和零售趋势。时尚买手不仅像艺术商人（Bourdieu，1993a）或音乐制作人（Negus，1992）一样充当文化能动者，在产品周围象征性地创造价值，并在此过程中帮助塑造品位，而且不可避免地充当经济能动者，因为他们的行动是针对市场的。也就是说，他们充当"品位的塑造者和新的消费主义倾向的灌输者"（Nixon，2003：25）。正如尼克松（2003：26）所指出的，"他们在这些领域能够行使的文化权威来自于他们在日益重要的文化机构中的地位"，即他们在具有历史意义、国际知名的塞尔福里奇百货公司中的地位。他们的选择是生产者和消费者之间至关重要但无形的联系，由于对其工作所做的分析很少，我们不知道他们如何购买他们所购买的产品、他们与生产者的相遇以及他们如何代表消费者。

尽管从广义上讲，可以说买手从生产转移到消费，但是这种双重性需要解开，因为无论是生产还是消费都不是单一的结构或离散的实体，而是凝聚关键互连的复杂过程的术语。劳动社会学中关于生产的文献与关于消费文化意义的文献中对全球商品链的分析长期分离，导致这两者联系的方式过于简单化。拉古兰（Raghuran，2004）在分析散居在国外的南亚妇女作为时尚服装的生产者和消费者的同时，对"生产主义者"的偏见提出了挑战，并表明了将生产者与消费联系起来的重要性。她谈到了人为地将它们分开的趋势，结果使第三世界的妇女被视为第一世界的西方消费者的服装生产者。她将服装生产者也视为消费者，设想南亚妇女的劳动方式与全球商品链观点或对性别与发展感兴趣的女权主义者的劳动方式截然不同。结果，她们在工作方面的能动性和愉悦性就脱颖而出。

同样，我在本章中指出，时尚购买的工作证明了"生产"和"消费"的半渗透性。从她们在时尚零售网络中的影响力地位来看，也就是说，作为时尚风格的一些关键能动者，买手是"生产者"，尽管与缝制实际服装的女性有着截然不同的方式。但是，就像拉古兰的妇女一样，买手作为生产者的劳动与她们作为消费者的身份融合在一起。买手可以而且确实会使用自己的消费习惯和品位来引导她们，并进行市场计算，例如，一个买手开发的"区域"就是这种情况。因此，通过她们自己的消费来指导她们的工作，生产和消费这两者可以被看作相互交流的关系，而不是作为相互分离的独立领域而存在。此外，如第6章所述，并在下面进行讨论，消费者的消费模式直接起重要作用于反馈循环中的购买计算中，该反馈循环包括对商品统计数据的分析、每月销售会议上的讨论以及与商场员工关于"楼层步行"的对话。

在本章的其余部分中，我想着重介绍三个交汇点，即买手与产品、供应商和消费者之间的三个重要交汇，以研究时尚购买中介涉及的内容。这些交汇就是买手站在对购买工作至关重要的对象和能动者身旁并参与"多种调解制度"的时刻（Cronin, 2004）。克罗宁（2004：351）在对广告代理公司的分析中指出，"广告从业者作为文化中介者的作用不仅限于生产者和消费者之间的转译或调解"，而是广告从业者参与了各种调解，例如，在代理公司和客户之间，以及代理公司内部"以复杂的方式相互链接、重叠和冲突"（2004：352）。作为对广告创意过度重视的推论，她探讨了他们与客户经理和计划者之间进行的谈判，以及代理公司内部的不同论述以及一般的广告如何引起冲突和紧张。此外，广告代理公司的作用不只是"在消费中引导品位或引导文化变革"（2004：351）。这可以从代理人本身的身份与他们制作的广告内容之间的联系中看出。他们的工作（如啤酒广告）通常会利用自己的身份和消费习惯，大体上是年轻的白人中产阶级男性，其结果是调解（复制）现有的口味和消费习惯（年轻、白种人、中产阶级男子），而不是引领文化先锋并打造新品位。尼克松（2003）在分析广告代理商时也提出了类似的观点。在讨论如何在市场计算中利用买手的品位时，我将回到这个问题。首先，我以买手/产品的"交汇"为例，分析一下这里发生的事情。

产品交汇

买手工作的重要部分是通过"购买"为商店选择产品。购买的目的是遇到产品。购买通常在工作室或陈列室进行，那里有许多服装可供查看，但并不是全部都可供选择购买。如第6章所述，买手以"采购限额"预算进行购买，该预算是他们在该区域内花费的估计金额，按品牌细分，由商品计划决定。考虑到这一计划，买手会检查展示的样品服装。商品展示的机制分为两种：第一种是销售代表部分的演示文稿，该销售代表分段展示了系列时装并将其挂在衣架上，指出了相关功能，如织物细节或颜色。这在美国是最常见的，是产品和买手之间的调解交汇，销售代表试图维护其对产品的定义，这可能会影响买手的决定。在介绍过程中，销售代表对产品进行了鉴定，将其特点称为吸引人的、值得拥有的、"本季"的，通常指的是它在其他买手中的受欢迎程度。第二种是买手在陈列室四处看看，选择看中的服装，并将它们挂在衣架上，然后对它们进行不同的搭配。在这里，销售代表一般会待在后方让买手自己行动，但他们可以回答问题或安排模特展示被选中的服装。

卡龙和米德尔等（2005：31）将"商品"和"产品"区分开来，有助于理解此处发生的情况。商品"意味着一定程度地稳定了与之相关的特性"，而产品却是从"生产、流通和消费"的过程中产生的。换句话说，产品是通过经济主体的行为产生的，经济主体对产品进行塑造、改造和鉴定，而商品则描述了"这一永无止境的过程中的时刻"，在此时刻对其品质进行检查。工作室样本就像商品一样，是暂时稳定的实体，具有可以检查和"测试"的特征。然而，当卡龙和米德尔等（2005：32）认识到"实际上有时很难达成有关特征的共识"，他们的分析似乎描述了一个线性过程，即在设计、生产、分销和消费方面，商品沿着经济主体的链或网络转化为产品。但是，检查一下在工作室中买手、产品、销售代表之间的相遇过程中发生了什么情况，很明显，情况更加复杂且非线性，不同的能动者以商品质量的相互竞争面对彼此。演示的方法之所以不受买手的欢迎，恰恰是因为不允许直接与产品互动。一位买手说，她想触摸和感觉衣服，并自由浏览整个系列，而不是只听听商品介绍，她谈论的这个牌子陈列室里展示了许多不讨人喜欢的套头衫，她认为这是"太巴伐利亚了"，尽管销售代表尽了最大努力来维护产品，但她们最终无意购买。在这里，我们可以通过参考销售代表和买手之间的双向调解来限定卡龙和米德尔等（2005）的鉴定过程。在这样的演示中，这位特定的买手经常反馈她的产品体验，告诉销售代表其定义为有吸引力的品质实际上在她的顾客中不会受欢迎。她经常对销售代表和设计师说，由于存在"胸罩问题"（即女性必须放弃胸罩或露出难看的肩带），"我卖不出赛车背心"。因此，似乎工作室中的商品品质可能会暂时稳定下来，只是不一定由不同的能动者以相同的方式。

这种与所展示商品的接触，首先是一种感官上的接触，这种直接接触是无法替代的。如前几章所述，当"9·11"之后买手无法前往纽约（时装周被取消）时，必须通过光盘购买整个系列，这其实是一次完全的失败。本季度结束时，该系列大部分都出现在了降价销售架上。在购买时，商品的质量将被进行"测试"。该测试可以采用多种形式，触摸、感觉和检查衣架上的样品，在合适的模特上进行观察，或者实际上，如果没有可用的模特，则要通过实际试穿服装。在没有模特的工作室中，经常有人要求我穿着商品并就其质量发表意见。某些质量无须进行测试即可自动剔除样品，如赛车背心，而其他商品总是需要测试，如牛仔裤，牛仔服装的买手说必须要看。因此，虽然她在美国的一些供应商（她购买了大部分牛仔裤）每月都会搞"掉落"活动，寄上展示新产品的卡片，但这构成了"盲选购物"。她指出，不能以这种方式购买牛仔裤，而必须去看、感觉和穿上牛仔裤，选择的主要品质是它们是否贴合身体和面料的细节，例如"破坏处理"、"须边处理"（胯部和膝盖周围的细纹）、"水洗处理"，所有这些均不能以二维图片形式如实复制。因此，与产品的接触是一种直接的、面对面的接触，即买手站在物品前面并对其进行检查。有时质量很难分辨。在一次休闲服装的购物中，陈列室里展满了不同颜色的服装，比如"羊皮纸""沙子""鹅卵石""雪花石膏""石头"，首席买手变得越来越困惑，无法区分。她要求第二天快速检查一下以准确地弄清这些颜色，并要求再次解释/显示差异，以便她可以确定自己的决定。这是在美国购买的秋冬产品，即所谓的巡航系列，而且颜色基本上是苍白的，她也很关注夏季的颜色，她向销售代表描述了这种苍白的颜色对白皮肤的影响，在11月中旬，当光线不佳时，会使白皮肤显得暗淡（在这里，买手似乎假设这位设计师的消费者是白种人，尽管她确实注意到了这种颜色在黑色皮肤上看起来很棒）。对她来说，这些颜色的特征会影响整个系列在商店中实际展示的问题（会显得过于"沉闷"），并最终威胁到其可销售性。她买了

"香蕉"系列里一些奇怪的商品，只是为了"增加一点色彩"和"趣味性"。

测试不仅是关于内在品质；正如卡龙和米德尔等（2005）所指出的，时间和空间的因素也是测试过程的一部分，季节性、时尚性和可用性也是测试过程的一部分。买手将这些考虑牢记在心，并会询问所有产品的交货期，这可能是选择的关键。如果某个东西在本季过早或太迟到达，则可能不适合，因为提前上档意味着可能库存空间不足或在季前提前到达商场，将很快失去其"新"和"时尚"的价值。

测试服装的这一过程推动了从"商品"到"产品"的行程。一旦经过测试，产品就会与更广泛的商品领域的其他产品相对立。卡龙和米德尔等（2005：29）表明，所有市场都是关于分类的：诸如买手之类的经济能动者"将很大一部分资源投入他们设计、生产、分销或消费的商品与其他商品的关系上"。因此，买手将根据可见或可能看到的其他产品的位置，直观地决定将其放置在商场的哪个位置，以及将其放置在同类产品的整体范围中，来对产品进行真正的空间化，你可能会在牛津街附近购买到类似产品。但如果该产品看起来像是 Topshop 里可能以1/3的价格出售的款式，则可能会遭到拒绝。

在这种相互作用中，调解了什么？在文献中假设文化中介者是品位的仲裁者和调解者，负责向公众介绍新品位。但是，这种假设过于简单，无法描述时尚购买过程中发生的情况。这可能看起来很简单，服装从工作室转移到商场，但与衣服本身相比，其中要进行更多的调解。在产品和买手交汇的过程中，流程将显示为单向（买手选择的无生命的对象，也就是商品），产品的感官品质在一定程度上决定了选择的结果。将其形容为一个将不同行动者绑定在一起的行动者网络也许更容易理解。因此，我所描述的购买过程是互动的，因为买手并不仅是将自己关于产品和品位的预订想法带到工作室，并以此为基础进行选择；产品也会在交汇中保持自我品质。这样，买手的想法和品位就得到了积极塑造，这在很大程度上受到了他们在购买中交汇的影响。说产品能对买手起作用并影响他们的决定似乎有些奇怪，但是正如一位买手所言，"你最终会受到所购买商品的影响，最终会更喜欢它"。买手与产品之间进行互动（一种主动的调解）。事实上，买手可能会因与所购买产品的交互而受到极大的影响，从而影响了他们的品位和消费习惯。众多买手中的简和梅乐尼（Melanie），最为强调她们的品位是通过与她们所从事的产品市场的接触中发展起来的。如前所述，牛仔布的买手梅乐尼描述了她是如何通过购买高端名牌服装，逐步"提升"自己的消费和品位的；事实上，购买专卖店的直接结果是买进高端设计师牛仔服。简描述了自己在中东购买产品的经历如何改变了她的品位："在某些情况下，正是这种产品［改变了］个人。我的意思是，我以前是在中东市场买东西，到那里四年半之后，我开始穿戴很多黄金饰品，我想：'是时候了，我该走了！'毕竟我此前的一生中都从未戴过金子！"（重点强调）

因此，品位似乎是一种动力，是一种混合动力，是从持续的、感性的关系中以及与产品市场的接触中形成的。卡龙和米德尔等（2005：31）说："产品（被视为一系列转换），在两种意义上，描述了在设计、生产、分销和消费过程中协调行动者的不同网络。产品挑选出能动者并将他们绑定在一起，反过来，正是这些能动者通过调整、迭代和转换来定义产品特性。"

上面提到的产品和能动者的"约束力"反映了买手（如我观察到的）谈论他们与产品的联系和关系的方式，以及产品市场在其上和通过它们运作的微妙方式。这样一来，品位就不是买手强加给市场的东西，而是源于买手与产品之间的积极互动，因此，其他特性也一样，比如商店的品位，我将在下面的供应商交汇中讨论。

产品的资格认定并不止于他们在工作室里的选择。买手，与跟单员一起，调解货物从仓库进入商店楼层中，并在货物行程中积极参与鉴定。所有产品都具有各种含义和价值；最重要的莫过于大品牌和设计师品牌，他们的身份必须经过仔细管理和协商，以兼顾品牌和商店的利益。这些含义和联系在商品进入商店楼层并到达消费者的过程中被添加。买手参与了将产品放置在商店楼层的工作，讨论了新标签和已建立标签的位置。就像卡龙和米德尔等（2005：36，引自 Cochoy，2002）所指出的，产品标识是"在相似的背景下"衍生出来的，管理所提供产品标识的一种方法是"建立一种社会认知安排，将不同的产品相互联系起来：货架上的特定点；包装"（2005：36）。尤伯时尚区（在部门被称为"试管"）的当代服装买手描述了她是如何在显眼和知名的品牌旁边小心放置引入的新的"前沿"品牌的。的确，她在将最新品牌介绍给该区域的客户的过程中，将自己的角色视为具有启发性，几乎是教学性的角色。在这里，她指出了如何依靠客户对塞尔福里奇的"信任"：他们会认为一个新的标签是"热门"的，因为这正是它的选择。

"潮牌"牛仔品牌的出现说明了商店布局的教育作用，该品牌的身份通过放置在当代服装的"试管"区域而得到确认（再鉴定），而不是通常放置牛仔裤的休闲装区。正如第5章所讨论的那样，这种新型牛仔裤打破了买手之间的界限，特别是当代、休闲和更新的买手之间的界限，以及产品类别之间的界限，"时尚"与"商品"之间，因为牛仔裤通常被视为后者，但又同时被重新定义为"时尚"。通常，所有牛仔裤都会自动进入休闲服装的"牛仔布间"，但是，来自美国的"潮牌"牛仔裤的到来对此提出了挑战。"潮牌"状态不是保证的质量，而是有意义构造的（鉴定和再鉴定）。最初，这些牛仔裤被称为"高级时装"，因为它们位于"试管"的高级时装区域，旁边是像维维恩·韦斯特伍德（Vivienne Westwood）这样的尖端设计师品牌。但是，正如当代服装的主要买手玛丽亚所指出的那样，所有产品都有其"寿命"，她预计最终会"迁移"到休闲服装领域。正如她指出的那样："许多产品已从现代服装转移到休闲服装……一旦不再具有领先优势，一旦它们变得更加成熟，［它们］可以很容易转移到休闲服装。"这就是事实：在到达商店大约18个月后，牛仔裤被转移到"牛仔布间"中。因此，产品的资格认定过程是永无止境的，一直到长期保存的标签最终消亡为止，当商店认为错误时，必须对其进行"剔除"。因此，与工作室中的商品截然不同，因为产品的质量暂时稳定，所以产品具有"寿命"和不断被鉴定和再鉴定的质量。在快节奏的女性时尚界尤其如此，时尚性，顾名思义，就是对"新"的不断探索和建构。

供应商交汇

尽管买手不得不将目光投向"上游"（White，2002）的生产，但检查他们与供应商的交汇会使买手直接在生产和消费之间进行中介的想法复杂化。在高级时装领域，一些供应商是由一位知名（著名）设计师领导的大牌品牌，通常以自己的名义进行设计，比如奇缪西娅·普拉达（Muccia Prada）为普拉达（Prada）和 Mui Mui 或 Marc Jacobs（马克·雅克布）。其他供应商是具有匿名设计师的著名品牌，例如 MaxMara 或 Theory。在大多数情况下，设计师不会出现在购买中，而是将其产品出售给销售代理。事实上，在我参加的总共 17 项购买中，设计师只参加了其中的 2 项。因此，大多数的购买是由设计师的销售代理或代表一些设计师的独立工作室进行的（并且这些销售代表在购买中所做的一些工作已经进行了讨论）。因此，正如尼古斯（2002）所论证的，在生产和消费之间存在着巨大鸿沟，这些鸿沟不一定被文化中介者所填补，或者是由其工作往往超出文化中介者的通常定义范围并因此而保持不可见的能动者来填补。因为他们很少与服装制造商或设计师见面，所以可能对他们选择的服装的起源知之甚少，因此，买手的角色不是直接表达或调解生产，至少在正常情况下不是这样。参与商店年度促销活动（2002年为"宝莱坞"）的简在印度花费了一些时间直接采购自设计师，甚至帮助他们为西方消费者转换设计。但是，这种直接协作在此市场级别上很少见。

尽管如此，即使与生产者的交汇是间接的，买手如何采购产品和管理与供应商的关系对于商店的成功也至关重要。近年来，研究倾向于认为，大型零售商在设计、价格和产品质量方面都可以对供应商施加影响（Gardner and Sheppard，1989；Cnewe and Davenport，1992；Wrigley and

Lowe, 2002)。虽然像玛莎百货这样的大型连锁店以及沃尔玛集团内的大多数都能够非常成功地做到这一点，并且这在超市生意中很常见（Wrigley and Lowe, 2002），但这种模式不一定在时尚零售的所有领域都可以重复。塞尔福里奇的规模并不等同于玛莎百货，因此必须将其纳入研究结果，但我的研究似乎指向一张非常复杂的供应商/零售商关系以及影响力和权力流向的图片。事实上，商店与之打交道的供应商都是主要的全球品牌，它们对零售商施加了相当大的权力和影响力，控制着其品牌形象的各个方面，并协调产品供应以确保排他性。

实际上，在由维托里奥·雷迪斯将塞尔福里奇的市场身份转变为尖端的零售店之前，许多领先的时尚品牌都不会与这家商店交易。大品牌尤其要保护自己的形象，零售商需要用类似的形象或品位来再鉴定这些形象。根据塞尔福里奇买手的说法，设计师服装供应商可能会对与谁进行交易非常挑剔。如果我们问，供应商（或他们的销售代表）和买手之间调解的是什么，它似乎不仅是衣服本身。新的活跃的塞尔福里奇品牌必须先出售给设计师，然后设计师才会卖给商店。为使雷迪斯的策略奏效，买手不仅必须知道要引入的"正确"品牌，而且必须确保与强大的供应商的关系。因此，在这些初次交汇中必须进行调解的（由于它们发生在实地调查前几年，所以没有被观察到，但被买手提到过）是塞尔福里奇作为"时尚前卫"或"前沿"的新形象。与时尚办公室的负责人一样，买手是行业活动中零售实践的公众形象，比如每年举办两次的时装周（Entwistle and Rocamora, 2006），他们必须在服装、风格和举止中真正地具身化新的、高端的时尚形象。也就是说，买手必须说服某些品牌相信塞尔福里奇的价值，而这种形象是由买手在与供应商面对面的交流中传达给供应商的。

这使我们回到前几章中的讨论（另请参阅 Entwistle and Rocamora, 2006），要求买手"穿戴合适"，即拥有很高的"时尚资本"，以时尚潮流、品牌、企业名称等的知识形式，并在自我展示中具身化。如第 5 章所述，买手都意识到穿着时尚的重要性，并且也意识到与他们合作的其他人的着装。那就是不仅要知道，而且要能穿上高级时装。因此，塞尔福里奇的买手必须具身化和中介商店重新配置的身份，他们的品位似乎与新兴的塞尔福里奇融合。可以说这种对买手和商店身份的绑定或合并始于招聘。因为我没有参加买手面试，所以我在这里进行推测，但是很可能部分地根据买手的内在资本或"美学劳动"招募买手（Warhurst, Nickson et al., 2000; Nickson, Warhurst et al., 2001; Pettinger, 2004; Entwistle and Wissinger, 2006）。也许这可以从商店中各个机构之间的相似之处得到证明，所有这些机构无一例外都是相对苗条、年轻、有吸引力和"时尚"的。一旦进入业务部门，这些具身化的能力在与商店的互动（以及与他们遇到的产品的互动，如上所述）中形成，以他们自己在与产品市场的接触中形成的"审美劳动"的形式形成。通过微妙的方式，塞尔福里奇进入"高端市场"并走向高级时尚的过程反映在买手的敏感性上，而买手又负责将这种新形象传达给供应商。因此，不仅将供应商的产品——衣服/服装——调解到商店中；商店的身份也必须传达给供应商，以确保这些产品首先进入商店。

买手提供了塞尔福里奇必须如何与供应商进行调解的进一步证据，这些买手提到了他们在最终争取到这些品牌之前已经追求其几个季度，这表明零售商控制供应的模式并非在所有情况下都是正确的。供应商可以并且确实会限制其产品的流通，与某些商店制定独家协议，例如以保护其产品的价值。大型独家品牌非常保护自己的产品和形象，并有权就其产品的销售、展示和标记方式提出要求。但是，这些关系是多种多样的，并取决于品牌的力量，与大品牌和老牌设计师相比，较小的品牌和新设计师的影响较小，而大品牌和老牌设计师在谈判中可以发挥相当大的影响力。一旦在商店中建立了顶级品牌，买手就会描述他们如何进入复杂的社会和政治关系，必须非常谨慎和外交地处理这些关系。对市场分布、地理位置、与其他经销商的关系以及商店的声誉等因素的考虑对于设计师是否决定为商店供货非常重要。因此，在与供应商的互动中，买手不仅会调解品牌生产的衣服，而且会调解这些大品牌带来的身份和形象。在品牌服装的调解中发生的部分情况是这些品牌的高度认同，因此必须建立一个良性价值循环。这些品牌带来了高价值的产品，通过选择和在商场里如何放置等方式来重新确认或鉴定其身份。反过来，塞尔福里奇作为高级时装商店的身份也得到确认和鉴定（有关美学市场的讨论，请参见 Aspers，2001；Entwistle，2002）。

客户交汇

我关注的第三个也是最后一个交汇是买手和消费者之间的交汇。首先要注意的是，买手很少（如果有的话）直接与他们的客户见面，至少不是以他们接触产品和供应商的方式（触摸、感觉；与他们交谈）。虽然有些商店可能会尝试一些方法（如通过焦点小组）与塞尔福里奇的客户交谈，但他们引以为豪并非是使用这种正式的知识体系，而是依靠一位买手所说的"直觉"和"假设"。然而，即使是这些买手也使用除了"本能"外的各种形式的信息。确实，买手与消费者接触的方式有很多种，尽管是通过高度中介的方式。首先，他们严重依赖商品销售统计数据，这些数据告诉他们消费者上周、月度、季度都购买了什么以及购买量。在买手和客户之间的调解方面，此数据提供了一个"接口"，即它是一个人为对象，"一个系统为与另一个系统通信而组织的数据"（Lury，2004：49），买手通过该系统与客户交互并了解他们对产品的评估。这些统计数据对于每周和季节性的库存计算非常重要（例如，当即将进行降价销售时，标记可能需要进行降价促销的商品），最终有助于形成计划的一部分和形成下一个季节"采购限额"。但是，即使是这些统计数据也必须在每周和每月的会议上进行解释或鉴定。这些可以根据产品本身的质量来定，例如当牛仔裤品牌做得不太好时，可能会被描述为没有足够的"时尚元素"，或者使用外部因素（例如恶劣的天气、人员配备问题、商店楼层位置）来解释较低的销量。因此，产品的原始数据会被不断地提取和鉴定，并不能用作评估客户对产品评估的不完善指南。因为这张照片是历史性的，所以无法完全肯定地预测：正如一位买手所说："您不能按数字购买，也不能完全按照之前的季节购买，至少不能在这个市场程度这样做。"买手必须在"采购限额"中做出一系列决定：在整个系列中，买手必须选择适合其客户形象的款式，决定要购买的数量、颜色和尺寸。他们可能会因支出不足而退货，因为这是一个不怎么样的系列，一些预制的应急措施就是为了防止这种情况，以便让买手能够为行程中可能遇到的新品牌和款式保留款项。

与客户进行的另一个重要的调解交汇是每周的"楼层步行"，在第6章中进行了讨论，当买手与楼层经理会面并穿行于楼层间，讨论产品、销售和客户反馈时。楼层员工显然每天都会遇到客户，并且能够调解客户的印象和产品体验。与客户之间的这种间接接触可能会补充买手在楼层的观察结果。确实，在巴黎购买之旅乘坐出租车时，作为讨论的一部分，我的买手继续说："商场楼层就是我的界面接口、眼睛和耳朵"，这使她可以与客户接触。

因此，购买知识是通过正规的销售知识和直觉（或"本能"）的某种组合，以及与产品、市场和客户的持续互动而积累起来的。玛丽亚是当代服装的买手，她指出可能要花一些时间（几个季节）才能对所购买的商品充满信心。她描述了起初尽管如何艰难地区分某些产品，但后来还是对自己的购买决定充满信心。经验和与产品的定期接触是建立与客户联系的纽带，在适当的时候就会建立起形象。许多买手可以按照品位、生活方式和购物习惯来详细描述她们的消费者。这些理想类型的客户或"虚拟"消费者通常被人格化并取名字。例如，玛丽亚将典型客户描述为"西端女孩"，而休闲服装的首席买手简使用英国受欢迎的喜剧系列中的角色名称"肖比安"或"多利安"来形容一些她的典型客户。通过经验，买手可以建立理想消费者的形象，并有可能基于对顾客期望的理解来做出决定：例如，"概念设计师"设计的一条裤子似乎"很难（搭配或穿戴）"，但是"实际上，这就是那个设计师的客户所期望的"。因此，买手工作依赖于技巧和判断力，就像简指出的那样："好吧，我想，以我对我客户的了解，我认为他们会来这里，或者会去那里。"

商品数据和楼层步行提供了与客户进行调解交流的机会，在这里，我们可能还会再问一次，通过这些调解到底传达了什么？仅仅是顾客的"需求"吗？还是品位？显然，这些交汇可追溯地映射为"需求"，但买手不能也不可以仅仅遵循这一点，因为"需求"的流动性太强，无法完全被昨天或上周的销售所捕获。明天的"供应"取决于对这种流动性的积极解释，取决于买手对品位的积极解释和调解。这种积极的品位调解对于商店的成功至关重要。然而，尽管所有买手都谈到了如何能够在自己的品位之外进行购买，确实很必要，但商店内部形成品位的过程比简单地捕捉"在"市场上的或消费者头脑中的品位要复杂得多。这些品位本身可能会发生变化。当被问及与顾客有同样的品位是否有帮助时，一位首席买手说："我认为与顾客拥有一样的品位在一开始确实对你有帮助，但实际上这可能会阻碍你，因为顾客会改变，市场也会改变。"同样，正如我所论证的那样，买手的品位是从与产品的接触、识别和与商店本身的接触中流畅地形成的，就塞尔福里奇而言，这已经转移到了高端市场。品位的计算没有买手仅仅跟随需求建议那么严格。但是，正如我现在所讨论的，买手可能会使用自己的经验和品位作为市场计算的一部分。

在尼克松（2003）和克罗宁（2004）关于广告代理人的主观性的工作以及高夫·耶茨（Gough Yates，2003）对女性杂志编辑的分析中，他们注意到这些文化中介者的身份、阶级、地位、性别和品位倾向以及工作场所的制度文化，如何影响他们作为品位和文化仲裁者所做的工作。这种主观知识可以运用于他们的商业实践中，从而使他们能够计算自己所接近的市场和消费者。为此，我还要补充具身化的知识的重要性，这种知识是通过"融入"特定的文化生产领域而获得的（Entwistle and Rocamora，2006）。买手如何利用自己的身份和品位的最明显例子来自休闲服装的首席买手对她如何开发一个名为"专区"的区域的描述。简描述了几年前她是如何利用自己的经验知识和品位来发展这一区域

的。"专区"基于"几乎是商务人士；买手、建筑师、广告女郎、新闻
代理人、在伦敦市工作但有点古怪并且不想穿细条纹西装的女孩……他
们颇有商务人士的作风，拥有时尚意识，但不是盲目追逐时尚的人［并
且］知道品质"。（实际上是对自己风格的恰当描述！）虽然该区域解决
了市场上的明显空白，但正如她指出的那样，许多目标客户已经说了一
段时间，"我找不到任何能穿的衣服"——这个例子展示了品位的复杂
锻造过程，而不是一个顾客"需求"在商店里被运用的例子。"需求"
不是来自诸如市场研究之类的客观统计数据，而是源于买手根据自己的
品位和文化所获得的经验知识：事实上，她作为一名消费者的经历和她
作为一名专业买手的身份一样，也是这一领域各种计算的一部分。比起
阐明一些抽象需求概念，某种程度上，这家商店更像是"捕获"那些
适合其品牌形象的特定类型的消费者。

　　确实，以需求为导向的解释并不能说明为什么商店决定在三楼剔除
大量品牌。这与整个楼层的重新设计同时进行，与第一层和第二层产生
的高能量和视觉冲击相比，它开始显出"疲态"。在现场调查结束时这
引起了很多讨论，尽管直到后来才实施更改，但是部门主管告诉我，大
约有 30 个品牌将被"淘汰"，因为它们被认为不符合商店新形成的高
级时装市场地位。在此过程中，她意识到这可能会"失去"或"分离"
客户，就像几年前重新设计二楼休闲装区域时可能失去了一些忠实客户
一样。但是，尽管该区域的变更可能会疏远一个对时尚不太了解的老顾
客，但有必要继续实施商店战略，成为"时尚前卫"。同样，这些决定
并非直接来自正式、抽象的客户需求概念或市场研究，这不仅是因为商
店的文化并没有特别强调这些知识，还因为这种需求并非仅仅是"存
在"而已，而是被积极地配置、解释、管理和最终测试的。与此同时其
他区域都非常成功，而且塞尔福里奇的身份也已经确定了，为这一发展
提供了足够的基础。

结论

　　与其他两次交汇相比，买手/客户交汇是一种高度中介的对话，因为买手不会直接面对消费者。不论如何，这次相遇至关重要，使我们回到了所有市场的中心问题，即引言中提到的"信念"。买手知道要购买哪些产品，在过程中积极计算品位的能力，对于塞尔福里奇吸引顾客并因此在市场上独占一席之地至关重要。假设买手要么塑造、要么跟随需求，这就简化了时尚购买的中介过程，而这种中介过程流畅地锻造于买手与产品、供应商和消费者之间的交汇之中。因此，虽然买手必须培养"想象中的"消费者，经常购买他们个人不喜欢的东西，但正如他们常识所暗示的那样，他们不仅是"满足需求"。另外，不应过分强调他们对市场和品位的影响程度。早期的文献在指导或塑造品位方面给文化中介者带来了相当大的影响（Bourdieu，1984；Featherstone，1990），但我认为买手和消费者的交汇点要比这复杂得多。

　　因此，卡龙和米德尔等（2005）描述了资格认定过程，这之中存在局限性，因为它似乎暗示了从生产到消费的整个过程中对象和影响的线性流动。不论如何，使用克罗宁（2004）的"多种调解制度"，可以分析对象和调解的多方向流动。如果正如我所论证的那样，在服装本身的作用下，品位也在购买过程中起到了调解作用，它不应被视为是属于消费者或买手的一个或另一个驱动购买过程的先验知识，而是在买手和消费者的交汇中由买手和产品、买手和供应商，以及买手和商店本身之间的互动而形成的协商或调解的混合体。换句话说，买手并不总是刻意地领导或伪造品位，或者仅仅勉强地"跟随顾客"，而是在他们之间进行某种协商或调解。与产品、供应商、消费者以及商店本身的商业文化的持续接触似乎为市场计算提供了基础。

结　论

　　本书呈现了试图去理解迄今为止被经济社会学和商业文献所忽视的特定市场的运作情况的过程。我将它们称为美学市场，并且详细介绍了它们如何通过仔细平衡"文化"和"经济"计算来进行操作。我用来理解这些市场的理论框架被称为"美学经济"，当然是从"文化经济"中借来的，目的是强调美学在市场中可计算的思想。这个框架借鉴了卡龙的行动者网络理论启发所的经济社会学和布迪厄的场域理论，也许是一个有争议的框架，但它使我能够审视通常被视为"文化"和"经济"的东西如何以有意义的方式组合起来，从而使美学市场中流通的产品有意义；在我的案例研究中是时装模特和高级时装。正如我所建议的，美学市场有其特定的"局部理性"（Abolafia，1998），我研究了其理性和实践的确切性质。

　　在第 2 章中，我认为关注美学市场的需求使我们认为经济和文化计算是融合在一起的，并且这一论点也在"文化经济"方法中得到发展，在第 3 章中我更具体地说明了这一点。在这里，我研究的是，旨在推广模特的经纪人应该如何将模特以什么样的价格去做什么样的工作之类的"经济"考虑与诸如工作或客户的地位之类的更复杂的"文化"问题相结合，以及这是否会转移价值以促进模特的职业生涯。在第 5 章至第 8 章中，针对时尚购买对这些考虑进行了研究，在书中，我分析了塞尔福里奇的高级时装零售是如何依赖于计算的，这些计算将看似经济的决策，以买什么数量、来买什么，是否在商店楼层新区域投资，是否要剔除一批设计师品牌，与对商店整体身份、想象中消费者的习惯和身份的复杂特征以及买手自身身份的更模糊的所谓文化关注结合起来。

正如我在第 2 章中所论述的那样，在检验这些计算时，我借鉴了布迪厄和卡龙对实践的市场敏感性。是实践中的经济学，而不是抽象经济学。对于我自己的分析而言，两者工作的每个方面都非常重要，那就是对市场空间关系的关注。空间对于将市场理解为有限的区域（时装秀、商业展览之类）至关重要，并且对于了解其中的市场知识的传播和流通也很重要。然而，他们和经济社会学的其他人并不总是关注市场中知识的具身化方式。我对美学市场的分析使这一点得到了极大的缓解。也就是说，作为美学市场实践的位置和场所，身体是市场特别是美学商品市场的一个重要空间区域。正如我在第 6 章中所述，这种意会美学知识或具身化的市场知识扩展了我们对意会知识的了解。也如我在第 6 章和第 7 章中所论证的那样，美学知识与身体联系在一起，在身体上展现，通过身体来传达和表述，是具身化和表达性的市场知识。

尽管时装和模特的空间维度在许多方面都不同，但它们也经常趋同，最明显和最直接的就是在每年两次的时装周期间，时尚记者、买手、设计师、模特等聚集在同一地方，观察新一季的系列。正如我在第 6 章和第 7 章中所述的那样，这些空间接触对于时尚知识的传播至关重要，是时尚知识的精彩身体表演的空间。身体在时尚知识的表现、传播和循环中所扮演的角色也证明了这些敏感性的具身化。在时尚界，你通过具身化的展示和表现来证明自己"了解"（高级时装）。这并不是说其他市场不欣赏直觉或本能，或者身体表现不是其他市场的共同做法和知识的特征。在其他美学市场中，知识也可以穿戴在身上，或者通过其他有形手段加以展示，这些手段是对人的内在品位（室内装饰、艺术或设计的品位）的扩展。

在绘制空间的维度时，我认为网络的概念，作为从卡龙处得到的空间化隐喻，有助于理解美学对象如何纠缠在一起并获得意义和价值。正如我在第 3 章中讨论的模特和第 8 章中分析的服装一样，这是正确的。很明显，美学对象没有内在的美学品质：其美学价值是通过它与网络中的关系有意义地联系和纠结的方式赋予的。模特需要由顶级时尚摄影师拍摄，并在所有合适的杂志和时装秀上露面，才能获得成功；同样，时装必须在顶级时装商店中与顶级时装设计师品牌并排放置，以获取其"本季"的价值。

这些观点——关于市场实践在空间上是有边界的和网络化的，并以具身性为中心——构成了我分析的关键和相互联系的要素，尽管仅应用于两个案例研究，但它们提供了可以扩展到类似美学市场的分析基础，如第 3 章中讨论的艺术品市场、设计或鲜花，以及这些市场与其他市场之间的关键比较。如该章所述，鲜花（Hughes，2004）与时装和家具（Reimer，2004）之间有显著的相似之处，但是，我所研究的计算方法在其他相关领域，比如文化政策和通过文化促进区域发展（Neitzer，2008；Pratt，2004a，2004b），在多大程度上可以找到呢？我的分析有多少与相关的美学产品和服务有关？例如并非完全基于美学进行交易的精品酒店，但美学是其中的关键组成部分。

这些更广泛的问题超出了时尚范畴，我认为，虽然本书可能对文化研究和时尚研究领域的学者特别有吸引力，它提供了一些有关时尚本质的问题的答案，尤其是关于时尚买手、时装模特和经纪人的无声且基本上看不见的世界，以及他们在"生产"和"消费"之间的文化中介工作，但我同样希望能够激发那些经济理论家和商业学者重新考虑他们对市场的看法。这本书绝不是一个完整的美学市场理论，我希望它为美学产品的"软"市场打开经济社会学的视野，并帮助对各种市场感兴趣的学生和学者研究这些要素如何在其他市场中融合在一起。

当然，我只能假设我对时尚的发现在其他市场得到了表达。然而，到目前为止，我们还没有得到对此类市场的分析，因为它们还没有被检查过。在工业、化学、技术或金融产品中对"硬"市场的偏见非常强烈，因此限制了我们对市场的理解。正如我所论证的那样，在经济文献中所考察的市场和企业范围狭窄，因此只产生了为数不多的被定义为经济知识的技能和属性。我期望我已阐明的"文化"产品的"软"市场如何引发进一步的问题，以供将来分析。如果没有别的，我对美学经济的观点（也许有争议）以及对两个特定美学市场的分析都用来自不同类型市场的经验证据来解决这种偏见，并且通过这种经验材料，挑衅性地质询这一狭隘的焦点所产生的一些定义和理所当然的假设和压制。

注　释

第 1 章

[1] 经济与社会研究理事会资助了这项实地调查的全部费用。合同编号：R000223649。

第 3 章

[1] 这些只是作为一个非常粗略的指导，估算在实地调查时是有效的。

第 5 章

[1] 所有的名字都进行了改动。

[2] 这句话来自塞尔福里奇的设计师服装买手，源自在 2008 年 5 月的一次关于设计师服装部门的会议上，这句话虽然完全不属于我的实地工作，但值得一提的是，这是设计师服装购买周期中一个有趣的发展的证据。

[3] 在我观察的时候，女装采购部按照五个"买手"组织起来：当代服装、设计师服装、休闲和更新系列、贴身内衣，以及配饰。我把注意力集中在前三件事上，主要是因为我没有时间追踪所有的买手，同时也因为我选择了关注女性的外衣，它们构成了被视为时尚服饰的主体（尽管手袋、内衣等也会受到时尚波动的影响）。

第 6 章

[1] 所有公司的名字都进行了改动。

第 7 章

[1] 时尚达人（Fashionista）是英国流行媒体创造的一个术语，指的是时尚圈内人士。在时尚记者对时装秀的报道中，时尚达人的风格是最常被选择和模仿的。

[2] 威斯特彻斯特郡位于安静、树木茂盛的纽约郊区。买手认为这是典型的中产阶级和中年人，而不是塞尔福里奇此时所追求的品质。

[3] 一位非正式的联系人告诉我，他们已经续签了 WGSN 的订阅，虽然我无法证实这一点，但这值得一提，至少顺便提一下。如果没有接触到这家公司，我无法推测这可能会告诉我们有关该店知识管理实践的哪些信息。

参考文献

［1］ Abolafi A, M. Y. (1998), Markets as Cultures: An Ethnographic Approach, in M. Callon (ed.), The Laws of the Markets, Oxford: Blackwell.

［2］ Agrawal, A., I. Cockburn and J. McHale (2006), Gone but Not Forgotten: Knowledge Flows, Labour Mobility and Enduring Social Relationships, Journal of Economic Geography, 6/5: 571 –591.

［3］ Allen, J. (2000), Power/Economy Knowledge and Spatial Formations, in J. R. Bryson, J. P. Daniels, N. Henry and J. Pollard (eds), Knowledge/Space/Economy, London: Routledge.

［4］ Allen, J. (2002a), Symbolic Economies: The "Culturalization" of Economic Knowledge in P. du Gay and M. Pryke (eds), Cultural Economy, London: Sage, 39 –58.

［5］ Allen, J. (2002b), Living on Thin Abstractions: More Power/ Economic Knowledge, Environment and Planning A, 34: 451 –466.

［6］ Amin, A. and P. Cohendet (2004), Architectures of Knowledge: Firms, Capabilities, and Communities, Oxford: Oxford University Press.

［7］ Amin, A. and N. Thrift, eds (2004), The Blackwell Cultural Economy Reader, Oxford: Blackwell.

［8］ Appadurai, A., ed. (1986), The Social Life of Things: Commodities in Cultural Perspective, Cambridge: Cambridge University Press.

[9] Arnold, M. (1932), Culture and Anarchy. Cambridge: Cambridge University Press.

[10] Aspers, P. (2001), Markets in Fashion: A Phenomenological Approach, Stockholm: City University Press.

[11] Austin, J. L. (1962), How to Do Things with Words: The William James Lectures Delivered at Harvard University in 1955, Oxford: Clarendon Press.

[12] Barber, J. (2006), Intangible Assets and Competitive Advantage in the Knowledgebased Economy, London: Department of Trade and Industry.

[13] Bardot, B. (2003), Casting Couch Confidential: The Good, the Bad and the Ugly Business of Beautiful People, Sydney: Macmillan.

[14] Barthes, R. (1985), The Fashion System, London: Cape.

[15] Bathelt, H., A. Malmberg and P. Maskell (2004), Clusters and Knowledge: Local Buzz, Global Pipelines and the Processes of Knowledge Creation, Progress in Human Geography, 28/1: 31 –56.

[16] Bathelt, H. and N. Schuldt (2007), Between Luminaries and Meat Grinders: International Trade Fairs as Temporary Clusters, Regional Studies, 42: 853 –868.

[17] Bathelt, H. (2008), Buzz – and – Pipeline Dynamics: Toward a Knowledge – Based Multiplier Model of Clusters, Geography Compass, 1/6: 1282 – 1298.

[18] Baudrillard, J. (1981), For a Critique of the Political Economy of the Sign, St Louis, MO: Telos.

[19] Becker, H. (1982), Art Worlds. Berkeley: University of California Press.

[20] Berger, J. (1972), Ways of Seeing, Harmondsworth: Penguin.

[21] Blumer, H. (1969), Fashion: From Class Differentiation to Collective Selection, Sociological Quarterly, 10: 275 – 291.

[22] Boisot, M. (1998), Knowledge Assets: Securing Competitive Advantage in the Information Economy, Oxford: Oxford University Press.

[23] Bordo, S. (1993), Unbearable Weight: Feminism, Western Culture and the Female Body, Berkeley: University of California Press.

[24] Bourdieu, P. (1973), The Berber House or the World Reversed, in M. Douglas (ed.), Rules and Meanings, Harmondsworth: Penguin, 98 – 110.

[25] Bourdieu, P. (1977), Outline of a Theory of Practice, Cambridge: Cambridge University Press.

[26] Bourdieu, P. (1984), Distinction: A Social Critique of the Judgement of Taste, London: Routledge and Kegan Paul.

[27] Bourdieu, P. (1990), The Logic of Practice, Cambridge: Polity Press.

[28] Bourdieu, P. (1993a), The Field of Cultural Production: Essays on Art and Literature, Cambridge: Polity Press.

[29] Bourdieu, P. (1993b), Sociology in Question, London: Sage.

[30] Bourdieu, P. (2005), The Social Structures of the Economy, Cambridge: Polity Press.

[31] Braudel, F. (1981), The Structures of Everyday Life: The Limits of the Possible, London: Fontana.

[32] Breward, C. (1995), The Culture of Fashion, Manchester: Manchester University Press.

[33] Breward, C. (2003), 21st Century Dandy, London: The British Council.

[34] Breward, C. and C. Evans, eds (2005), Fashion and Moder-

nity, Oxford: Berg.

[35] Breward, C. and D. Gilbert, eds (2006), Fashion's World Cities, Oxford: Berg.

[36] Brown, J. S. and P. Duguid (1991), Organizational Learning and Communities – of Practice: Toward a Unified View of Working, Learning, and Innovation, Organization Science, 2/1: 40 – 57.

[37] Butler, J. (1993), Bodies That Matter, London: Routledge.

[38] Butler, J. (1994), Gender as Performance: An Interview with Judith Butler, Radical Philosophy, 67.

[39] Callon, M. (1986), The Sociology of the Acts in This Work: The Case of the Electrical Vehicle, in M. Callon, J. Law and A. Rip (eds), Mapping the Dynamics of Science and Technology, London: Macmillan.

[40] Callon, M. (1991), Techno – economic Networks and Irreversibility, in J. Law (ed.), A Sociology of Monsters: Essays on Power, Technology and Domination, London: Routledge.

[41] Callon, M. (1998a), An Essay on Framing and Overflowing: Economic Externalities Revisited by Sociology, in M. Callon (ed.), The Laws of the Markets, Oxford: Blackwell.

[42] Callon, M. (1998b), Introduction, in M. Callon (ed.), The Laws of the Markets, Oxford: Blackwell.

[43] Callon, M., ed. (1998c), The Laws of the Markets, Oxford: Blackwell.

[44] Callon, M. (1999), Actor – Network Theory: The Market Test, in J. Law and J. Hassard (eds), Actor Network Theory and After, Oxford: Blackwell.

[45] Callon, M., J. Law and A. Rip (1986), Mapping the Dynamics of Science and Technology, London: Macmillan.

［46］Callon, M. , C. Meadel and V. Rabeharisoa (2005), The E-conomy of Qualities, in A. Barry and D. Slater (eds), The Technological Economy, London: Routledge.

［47］Carrier, J. G. and D. Miller, eds (1998), Virtualism: A New Political Economy, Oxford: Berg.

［48］Cassirer, E. (1946), Language and Myth, New York: Dover Publications.

［49］Cassirer, E. (1957), The Philosophy of Symbolic Forms, Vol. Three: The Phenomenology of Knowledge, New Haven, CT: Yale University Press.

［50］Cassirer, E. (1979), Symbol, Myth and Culture: Essays and Lectures of Ernst Cassirer, New Haven, CT: Yale University Press.

［51］Chalayan, H. (2005), Hussein Chalayan, Rotterdam: NAI Publishers.

［52］Choo, C. W. and N. Bontis (2002), Strategic Management of Intellectual Capital and Organizational Knowledge, Oxford: Oxford University Press.

［53］Cochoy, F. (1998), Another Discipline for the Market Econo-my: Marketing as a Performative Knowledge and Know – how for Capitalism, in M. Callon (ed.), The Laws of the Markets, Oxford: Blackwell.

［54］Coe, N. M. and N. Wrigley (2007), Host Economy Impacts of Transnational Retail: The Research Agenda, Journal of Economic Geogra-phy, 7/4: 341 –371.

［55］Cole, S. (2000), Don We Now Our Gay Apparel, Oxford: Berg.

［56］Cook, I. and P. Crang (1996), The World on a Plate: Culi-nary Culture, Displacement and Geographical Knowledges, Journal of Mate-rial Culture, 1/1: 131 – 153.

［57］Corner, L. (2001), Introducing the New Model Army: What Does It Take to Make It as a Male Model These Days?, The Independent, London, October 8.

［58］Coward, R. (1984), Female Desire, London: Paladin.

［59］Crane, D. (1965), Scientists in Major and Minor Universities: A Study of Productivity and Recognition, Sociological Review, 30: 699 – 714.

［60］Crane, D. (1969), Social Structure in a Group of Scientists: A Test of the "Invisible College" Hypothesis, American Sociological Review, 34: 335 –352.

［61］Crang, P. (1994), It's Showtime: On the Workplace Geographies of Display in a Restaurant in Southeast England, Environment and Planning D: Society and Space, 12/6: 675 –704.

［62］Crewe, B. (2003), Representing Men: Cultural Production and Producers in the Men's Magazine Market, Oxford: Berg.

［63］Crewe, L. (2004), Unravelling Fashion's Commodity Chains, in A. Hughes and S. Reimer (eds), Geographies of Commodity Chains, London: Routledge.

［64］Crewe, L. (2008), Ugly Beautiful? Counting the Cost of the Global Fashion Business, Geography, 93/Part 1: 25 –33.

［65］Crewe, L. and E. Davenport (1992), The Puppet Show: Changing Buyer – Supplier Relationships within Clothing Retailing, Transactions of the Institute of British Geographers, 17/2: 183 –197.

［66］Crewe, L. and Z. Forester (1993), Markets, Design, and Local Agglomeration: The Role of the Small Independent Retailer in the Workings of the Fashion System, Environment and Planning D: Society and Space, 11: 213 –229.

［67］Crewe, L. , N. Gregson and K. Brooks (2003), Alternative

Retail Spaces, in R. Lee, A. Leyshon and C. Williams (eds), Alternative Economic Spaces, London: Sage.

[68] Cronin, A. (2004), Regimes of Mediation: Advertising Practitioners as Cultural Intermediaries? Consumption, Markets and Culture, 7/4: 349 –369.

[69] Department for Culture, Media and Sport (1998), Designer Fashion, Creative Industries Mapping Document, http: //www. culture. gov. uk/reference_library/publications/4740. aspx(accessed 20 June 2008).

[70] Department for Culture, Media and Sport (2001), Designer Fashion, Creative Industries Mapping Document, http: //www. culture. gov. uk/reference_library/publications/4632. aspx (accessed 20 June 2008) .

[71] Du Gay, P. , S. Hall, L. Janes, H. McKay and K. Negus (1997), Doing Cultural Studies: The Story of the Sony Walkman, London: Sage.

[72] Du Gay, P. and S. Nixon (2002), Who Needs Cultural Intermediaries? Cultural Studies, 4/1: 495 –500.

[73] Du Gay, P. and M. Pryke, eds (2002), Cultural Economy, London: Sage.

[74] Dwyer, C. and P. Jackson (2003), Commodifying Difference: Selling EASTern Fashion, Environment and Planning D: Society and Space, 21: 438 –456.

[75] Entwistle, J. (1997), Power Dressing and the Fashioning of the Career Woman, in M. Nava, I. MacRury, A. Blake and B. Richards (eds), Buy This Book: Studies in Advertising and Consumption, London: Routledge.

[76] Entwistle, J. (2000a), The Fashioned Body: Fashion, Dress and Modern Social Theory, Cambridge: Polity Press.

[77] Entwistle, J. (2000b), Fashioning the Career Woman: Power

Dressing as a Strategy of Consumption, in M. Andrews and M. Talbot (eds), All the World and Her Husband: Women, Consumption and Power, London: Continuum International Publishing Group.

[78] Entwistle, J. (2002), The Aesthetic Economy: The Production of Value in the Field of Fashion Modelling, Journal of Consumer Culture, 2/3: 317 – 340.

[79] Entwistle, J. (2004), From Catwalk to Catalogue: Male Models, Masculinity and Identity, in H. Thomas and J. Ahmed (eds), Cultural Bodies: Ethnography and Theory, Oxford: Blackwell.

[80] Entwistle, J. (2005), Between Production and Consumption: Fashion Buyers and Cultural Intermediaries, R000223649, Economic and Social Research Council, Swindon, Final Report.

[81] Entwistle, J. (2006), The Cultural Economy of Fashion Buying, Special Issue: Encounters in the Fashion Industry, Current Sociology, 54/5: 704 – 724.

[82] Entwistle, J. and A. Rocamora (2006), The Field of Fashion Realized: The Case Study of London Fashion Week, Sociology, 40/4: 735 – 750.

[83] Entwistle, J. and E. Wissinger (2006), Keeping up Appearances: Aesthetic Labour in the Fashion Modelling Industries of London and New York, Sociological Review, 54/4: 774 – 794.

[84] Evans, C. (2003), Fashion at the Edge: Spectacle, Modernity and Deathliness, New Haven, CT: Yale University Press.

[85] Evans, C. (2005), Multiple, Movement, Model, Mode: The Mannequin Parade 1900 – 1929, in C. Breward and C. Evans (eds), Fashion and Modernity, Oxford: Berg.

[86] Faulconbridge, J. (2006), Stretching Tacit Knowledge Beyond a Local Fix? Global Spaces of Learning in Advertising Professional Service

Firms, Journal of Economic Geography, 6/4: 517 – 540.

[87] Featherstone, M. (1990), Consumer Culture and Postmodernism, London: Sage.

[88] Fine, B. (2002), The World of Consumption: The Material and Cultural Revisited, London: Routledge.

[89] Fine, B. and E. Leopold (1993), The World of Consumption, London: Routledge.

[90] Flügel, J. C. (1930), The Psychology of Clothes, London: The Hogarth Press.

[91] France, L. (2009), We Might Need to See you Without Your Bra, He Told Me. I was 14. I didn't Even Have Breasts yet, The Guardian, 7 June 2009, http://www. guardian. co. uk/lifeandstyle/2009/jun/07/sara – ziff – teen – modelling – fashion (accessed June 7, 2009).

[92] Freeman, C. (1993), Designing Women: Corporate Discipline and Barbados's Offshore Pink Collar Sector, Cultural Anthropology, 8/2: 164 – 185.

[93] Freeman, C. (2000), High Heels and High Tech in the Global Economy: Women, Work and Pink-collar Identities in the Caribbean, Durham, NC: Duke University Press.

[94] Garcia, M. -F. (1986), La Construction Social Dun Marché Parfait: Le Marche au Cadran de Fontaines–en–Sologne, Actes de la Recherce en Sciences Sociales, 65: 2 – 13.

[95] Gardner, C. and J. Sheppard (1989), Consuming Passion: The Rise of Retail Culture, London: Unwin Hyman.

[96] Gereffi, G. (1999), International Trade and Industrial Upgrading in the Apparel Commodity Chain, Journal of International Economics, 48: 37 –70.

[97] Gereffi, G. and M. Korzeniewicz, eds (1994), Commodity

Chains and Global Capitalism, Westport, CT: Praeger.

［98］ Gertler, M. S. (2003), Tacit Knowledge and the Economic Geography of Context, or the Undefineable Tacitness of Being (There), Journal of Economic Geography, 3/1: 75 – 99.

［99］ Gough Yates, A. (2003), Understanding Women's Magazines: Publishing, Markets and Readerships, London: Routledge.

［100］ Goworek, H. (2007), Fashion Buying, Oxford: Blackwell.

［101］ Grabher, G. (2002), Fragile Sector, Robust Practice: Project Ecologies in New Media, Environment and Planning A, 34/11: 1911 – 1926.

［102］ Granovetter, M. (1983), The Strength of Weak Ties: A Network Theory Revisited, Sociological Review, 1: 201 – 233.

［103］ Gregson, N. and L. Crewe (2003), Second Hand Cultures, Oxford: Berg.

［104］ Gross, M. (2004), Model: The Ugly Business of Beautiful Women, London: Bantam.

［105］ Hartwick, E. (1998), Geographies of Consumption: A Commodity – Chain Approach, Environment and Planning D: Society and Space, 16/4: 423 – 438.

［106］ Haug, W. F. (1986), Critique of Commodity Aesthetics: Appearance, Sexuality and Advertising, Cambridge: Polity Press.

［107］ Haywood, G. (1998), Addressing the Century: 100 Years of Art and Fashion, Exhibition at the Haywood Gallery, London, in Collaboration with the Kunstmuseum, Wolfsbury, Germany.

［108］ Heelas, P. (2002), Work Ethics, Soft Capitalism and the "Turn to Life", in P. Du Gay and M. Pryke (eds), Cultural Economy, London: Sage.

［109］ Herzfeld, M. (2004), The Body Impolitic: Artisans and Artifice in the Global Hierarchy of Value, Chicago: University of Chicago Press.

[110] Hesmondhalgh, D. (2002), The Cultural Industries, London: Sage.

[111] Hollander, A. (1993), Seeing Through Clothes, Berkeley: University of California Press.

[112] Honeycombe, G. (1984), Selfridges Seventy–five Years: The Story of the Store 1909 – 1984, London: Park Lane Press.

[113] Hopkins, T. K. and I. Wallerstein (1986), Commodity Chains in the World Economy, Review, 10: 157 – 170.

[114] Howells, J. R. L. (2002), Tacit Knowledge, Innovation and Economic Geography, Urban Studies, 39/5 – 6: 871 – 884.

[115] Howells, J. R. L. (2004), Knowledge, Innovation and Location, in A. Amin and P. Cohendet (eds), Architectures of Knowledge: Firms, Capabilities, and Communities, Oxford: Oxford University Press.

[116] Hughes, A. (2004), Retailers, Knowledges and the Changing Commodity Networks: The Case of the Cut Flower Trade, in A. Amin and N. Thrift (eds), The Blackwell Cultural Economy Reader, Oxford: Blackwell.

[117] Hughes, A. and S. Reimer, eds (2004a), Geographies of Commodity Chains, London: Routledge.

[118] Hughes, A. and S. Reimer (2004b), Knowledge, Ethics and Power in the Home Furnishings Commodity Chain, in A. Hughes and S. Reimer (eds), Geographies of Commodity Chains, London: Routledge.

[119] Jackson, P. (1999), Commodity Cultures: The Traffic in Things, Transactions of the Institute of British Geographers, 24: 95 – 108.

[120] Jackson, P. (2002), Commercial Cultures: Transcending the Cultural and the Economic, Progress in Human Geography, 26: 3 – 18.

[121] Jackson, P., M. Lowe, D. Miller and F. Mort, eds (2000),

Commercial Cultures: Economies, Practices, Spaces, Oxford: Berg.

[122] Jackson, P. , N. Thomas and C. Dwyer (2007), Consuming Transnational Fashion in London and Mumbai, Geoforum, 38/5: 908 – 924.

[123] Jackson, T. (2001), Mastering Fashion Buying and Merchandising Management, Basingstoke: Macmillan.

[124] Jameson, F. (1991), Postmodernism or the Cultural Logic of Late Capitalism, Durham, NC: Duke University Press.

[125] Jobling, P. (1999), Fashion Spreads: Word and Image in Fashion Photography since 1980, Oxford: Berg.

[126] Kawamura, Y. (2004), Fashionology: An Introduction to Fashion Studies, Oxford: Berg.

[127] Knorr Certina, K. and U. Bruegger (2004), Traders Engagement with Markets: A Postsocial Relationship, in A. Amin and N. Thrift (eds), The Blackwell Cultural Economy Reader, Oxford: Blackwell.

[128] Koda, H. and A. Bolton (2005), Chanel, New York: Metropolitan Museum of Art.

[129] Lash, S. and J. Urry (1994), Economies of Signs and Space, London: Sage.

[130] Latour, B. (1987), Science in Action: How to Follow Scientists and Engineers through Society, Milton Keynes: Open University Press.

[131] Latour, B. (1991), We Have Never Been Modern, Hertfordshire: Harvester Wheatsheaf.

[132] Latour, B. (2005), Reassembling the Social, Oxford: Oxford University Press.

[133] Latour, B. and S. Woolgar (1979), Laboratory Life: The Social Construction of Scientific Facts, Princeton, NJ: Princeton University Press.

[134] Lave, J. and E. Wenger (1993), Situated Learning: Legiti-

mate Peripheral Participation, Cambridge: Cambridge University Press.

[135] Law, J. (1986a), Laboratories and Tests, in M. Callon, J. Law and A. Rip (eds), Mapping the Dynamics of Science and Technology, London: Macmillan.

[136] Law, J. (1986b), On the Methods of Long Distance Control: Vessels, Navigation and the Portuguese Route to India, in Power, Action and Belief: A New Sociology of Knowledge? Sociological Review Monograph, London: Routledge and Kegan Paul.

[137] Law, J., ed. (1991), A Sociology of Monsters: Essays on Power, Technology and Domination, London: Routledge.

[138] Law, J. (2001), Notes on the Theory of Actor Network. Ordering, Strategy and Heterogeneity, in Warwick Organizational Behaviour Staff (eds), Organizational Studies: Critical Perspectives on Business and Management, London: Routledge.

[139] Law, J. (2002), Economics as Interference, in P. Du Gay and M. Pryke (eds), Cultural Economy, London: Sage.

[140] Law, J. (2003), Notes on the Theory of the Actor Network: Ordering, Strategy and Heterogeneity, Lancaster Online Papers, http://www. lancs. ac. uk/fass/sociology/papers/law – notes – on – ant. pdf (accessed February 2008).

[141] Law J. and M. Callon (1988), Engineering and Sociology in a Military Aircraft Project: A Network Analysis of Technological Change, Social Problems, 35: 284 – 296.

[142] Law, J. and K. Hetherington (2000), Materialities, Spatialities, Localization, in J. R. Bryson, J. P. Daniels, N. Henry and J. Pollard (eds), Knowledge/Space/Economy, London: Routledge.

[143] Leslie, D. and S. Reimer (1999), Spatializing Commodity Chains, Progress in Human Geography, 23/3: 401 –420.

[144] Lloyd, M. (1999), Performativity, Parody, Politics, Theory, Culture and Society, 16/2: 195 – 213.

[145] Lury, C. (2004), Brands: The Logos of the Global Economy, London: Routledge.

[146] MacKenzie, D. (2001), Physics and Finance: S – Terms and Modern Finance as a Topic for Science Studies, Science, Technology and Human Values, 26/2: 115 – 144.

[147] MacKenzie, D. (2004), Physics and Finance: S – Terms and Modern Finance as a Topic for Science Studies, in A. Amin and N. Thrift (eds), The Blackwell Reader in Cultural Economy, Oxford: Blackwell.

[148] Malecki, E. J. (2000), Competitiveness: Local Knowledge and Economic Geography, in J. R. Bryson P. W. Daniels, N. D. Henry, and J. Pollard (eds), Power/Knowledge/Space, London: Routledge.

[149] Marshall, A. (1920), The Principles of Economics, London: Macmillan.

[150] Marshall, A. (1923), Industry and Trade: A Study of Industrial Technique and Business Organization, London: Macmillan.

[151] Maskell, P. and A. Malmberg (1999), The Competitiveness of Firms and Regions: Ubiquification and the Importance of Localised Learning, European and Regional Studies, 6/1: 9 – 25.

[152] McFall, L. (2002), Advertising, Persuasion and the Culture/Economy Dualism, in P. Du Gay and M. Pryke (eds), Cultural Economy, London: Sage.

[153] McFall, L. (2004), Advertising: A Cultural Economy, London: Sage.

[154] McRobbie, A. (1998), British Fashion Design: Rag Trade or Image Industry, London: Routledge.

[155] McRobbie, A. (2002a), Clubs to Companies: Notes on the

Decline of Political Culture in Speeded up Creative Worlds, Cultural Studies, 16/4: 553 – 569.

[156] McRobbie, A. (2002b), Holloway to Hollywood: Pleasure in Work in the New Cultural Economy? in P. Du Gay and M. Pryke (eds), Cultural Economy, London: Sage.

[157] Miller, D. (1987), Material Culture and Mass Consumption, Oxford: Basil Blackwell.

[158] Miller, D., ed. (1997), Material Cultures: Why Some Things Matter, London: UCL Press.

[159] Miller, P. (2004), Governing by Numbers: Why Calculative Practices Matter, in A. Amin and N. Thrift (eds), The Blackwell Reader in Cultural Economy, Oxford: Blackwell.

[160] Mintel International Group (2002a), Clothing Retailing in Europe—UK: Retail Intelligence, London: Mintel International Group Ltd.

[161] Mintel International Group (2002b), Department and Variety Store Retailing: UK, European Retail Intelligence, London: Mintel International Group.

[162] Mol, A. and J. Law (2004), Embodied Action, Enacted Bodies: The Example of Hypoglycaemia, Body and Society, 10: 43 – 62.

[163] Moore, C. (2000), Streets of Style: Fashion Designer Retailing within London and New York, in P. Jackson, M. Lowe, D. Miller and F. Mort (eds), Commercial Cultures: Economies, Practices, Spaces, Oxford: Berg.

[164] Mulvey, L. (1988), Visual and Other Pleasures, Bloomington: University of Indiana Press.

[165] Neff, G., E. Wissinger and S. Zukin (2005), Entrepreneurial Labor among Cultural Producers: "Cool" Jobs in "Hot" Industries, Social Semiotics, 15/3: 307 – 334.

[166] Negus, K. (1992), Producing Pop: Culture and Conflict in the Popular Music Industry, London: Edward Arnold.

[167] Negus, K. (1999), Music Genres and Corporate Cultures, London: Routledge.

[168] Negus, K. (2002), The Work of Cultural Intermediaries and the Enduring Distance Between Production and Consumption, Cultural Studies, 4/1: 501 –515.

[169] Neitzert, E. (2008), Making Power, Doing Politics: The Film Industry and Economic Development in Aotearoa/New Zealand, Sociology, London: London School of Economics.

[170] Nickson, D., C. Warhurst, A. Witz and A. M. Cullen (2001), The Labour of Aesthetics and the Aesthetics of Organisation, in A. Sturdy, I. Grugulis and H. Willmott (eds), Customer Service: Empowerment and Entrapment, London: Palgrave.

[171] Nixon, S. (2003), Advertising Cultures, London: Sage.

[172] Nonaka, I. and H. Takeuchi (1995), The Knowledge – creating Company: How Japanese Companies Create the Dynamics of Innovation, Oxford: Oxford University Press.

[173] Nonaka, I., R. Toyama and A. Nagata (2000), A Firm as a Knowledge – creating Entity: A New Perspective on the Theory of the Firm, Industrial and Corporate Change, 9: 1 – 20.

[174] Pettinger, L. (2004), Brand Culture and Branded Workers: Service Work and Aesthetic Labour in Fashion Retail, Consumption, Markets and Culture, 7/2: 165 – 184.

[175] Polanyi, K. (1957), The Great Transformation: The Political and Economic Origins of Our Time, Boston: Beacon Press.

[176] Polanyi, M. (1967), The Tacit Dimension, London: Routledge and Kegan Paul.

［177］ Polhemus, T. (1994), Streetstyle: From Sidewalk to Cat-walk, London: Thames and Hudson.

［178］ Pollard, J. and A. Leyshon (2000), World in Promotion? Worlds of Production, Evolutionary Change and Contemporary Retail Bank-ing, in J. R. Bryson, P. W. Daniels, N. D. Henry and J. Pollard (eds), Power/Knowledge/Space, London: Routledge.

［179］ Pratt, A. (2004a), The Cultural Economy: A Call for Spa-tialized "Production of Culture" Perspectives, International Journal of Cultu-ral Studies, 7/1: 117 – 128.

［180］ Pratt, A. (2004b), Mapping the Cultural Industries: Regiona-lisation; The Example of South East England, in A. J. Scott and D. Power (eds), The Cultural Industries and the Production of Culture, London: Routledge.

［181］ Pratt, A. (2008), Cultural Commodity Chains, Cultural Clus-ters, or Cultural Production Chains? Growth and Change, 39/1: 95 – 103.

［182］ Profits and Sales Tumble at M&S (2005), BBC News, 24 May 2005, http: //news. bbc. co. uk/1/hi/business/4574353. stm (accessed 25 May 2005).

［183］ Raghuran, P. (2004), Initiating the Commodity Chain: South Asian Women and Fashion in the Diaspora, in A. Hughes and S. Rei-mer (eds), Geographies of Commodity Chains, London: Routledge.

［184］ Ray, L. and A. Sayer, eds (1999a), Culture and Economy after the Cultural Turn, London: Sage.

［185］ Ray, L. and A. Sayer (1999b), Introduction, in Culture and Economy after the Cultural Turn, London: Sage.

［186］ Reed–Danahay, D. (2005), Locating Bourdieu, Blooming-ton: Indiana University Press.

［187］ Reekie, G. (1993), Temptations: Sex, Selling and the Department Store, St Leonards: Allen & Unwin.

[188] Rocamora, A. (2002), Fields of Fashion: Critical Insights into Bourdieu's Sociology of Culture, Journal of Consumer Culture, 2/3: 341 - 362.

[189] Roodhouse, S. (2003), Essential Facts: The Nature of Designer Fashion and Its Markets, Bolton: Bolton Institute of Higher Education: 1 - 35.

[190] Rooney, D., G. Hearn and A. Ninan, eds (2005), Handbook on the Knowledge Economy, Cheltenham: Edward Elgar.

[191] Ross, A., ed. (1997), No Sweat: Fashion, Free Trade, and the Rights of Garment Workers, London: Verso.

[192] Salais, R. and M. Storper (1997), Worlds of Production: The Action Frameworks of the Economy, Cambridge, MA: Harvard University Press.

[193] Sassen, S. (1991), The Global City: New York, London, Tokyo, Princeton, NJ: Princeton University Press.

[194] Scott, A. J. (1999), The Cultural Economy: Geography and the Creative Field, Media, Culture and Society, 21: 807 - 817.

[195] Scott, A. J. (2000), The Cultural Economy of Cities, London: Sage.

[196] Simmel, G. (1971), On Individuality and Social Forms: Selected Writings of Georg Simmel, Edited by D. N. Levine, Chicago: University of Chicago Press.

[197] Simmel, G. (1990), The Philosophy of Money, London: Routledge.

[198] Skov, L. (2002), Hong Kong Fashion Designers as Cultural Intermediaries: Out of Global Garment Production, Cultural Studies, 16/4: 553 - 569.

[199] Slater, D. (2002a), Capturing Markets from the Economists, in P. Du Gay and M. Pryke (eds), Cultural Economy, London: Sage.

[200] Slater, D. (2002b), Markets, Materiality and the "New Economy", in J. S. Metcalfe and A. Warde (eds), Market Relations and the Competitive Process, Manchester: Manchester University Press.

[201] Slater, D. and F. Tonkiss (2001), Market Society: Markets and Modern Social Theory, Cambridge: Polity Press.

[202] Strathern, M. (1996), Cutting the Network, Journal of the Royal Anthropological Institute, 2: 517 –535.

[203] Swart, J. and N. Kinnie (2003), Sharing Knowledge in Knowledge – intensive Firms, Human Resource Management Journal, 13/2: 60 –75.

[204] Thrift, N. (1997), The Rise of Soft Capitalism, Cultural Values, 1: 29 –57.

[205] Thrift, N. (2005), Knowing Capitalism, London: Sage.

[206] Tokatli, N. (2007), Asymmetrical Power Relations and Upgrading among Suppliers of Global Clothing Brands: Hugo Boss in Turkey, Journal of Economic Geography, 7/1: 67 –92.

[207] Tokatli, N. (2008), Global Sourcing: Insights from the Global Clothing Industry—The Case of Zara, a Fast Fashion Retailer, Journal of Economic Geography, 8/1: 21 –38.

[208] Tonkiss, F. (2002), Between Markets, Firms and Networks: Constituting the Cultural Economy, in J. S. Metcalfe and A. Warde (eds), Market Relations and the Competitive Process, Manchester: Manchester University Press.

[209] Tsing, A. (2004), Inside the Economy of Appearances, in A. Amin and N. Thrift (eds), The Blackwell Cultural Economy Reader, Oxford: Blackwell.

[210] Veblen, T. (1953 [1899]), The Theory of the Leisure Class, New York: Mentor.

[211] Von Krogh, G. , I. Nonaka and K. Ichijo (2000), Enabling Knowledge Creation: New Tools for Unlocking the Mysteries of Tacit Understanding, Oxford: Oxford University Press.

[212] Warhurst, C. , D. Nickson, A. Witz and A. M. Cullen (2000), Aesthetic Labour in Interactive Service Work: Some Case Study Evidence from the "New" Glasgow, Service Industries Journal, 20/3: 1 – 18.

[213] Webb, I. R. (2008), Male Models: Where's the Beef ? Sunday Telegraph, 11 April 2008, http: //www. telegraph. co. uk/fashion/ main. jhtml? xml =/fashion/2008/04/12/sm_malemodel. xml (accessed 14 April 2008) .

[214] Weller, S. (2007), Fashion as Viscous Knowledge: Fashion's Role in Shaping Transnational Garment Production, Journal of Economic Geography, 7: 39 – 66.

[215] Wenger, E. R. (1998), Communities of Practice, Cambridge: Cambridge University Press.

[216] Wenger, E. , R. McDermott and W. Snyder (2002), Cultivating Communities of Practice: A Guide to Managing Knowledge, Boston: Harvard Business School.

[217] White, H. C. (1993), Careers and Creativity: Social Forces in the Arts, Boulder, CO: Westview Press.

[218] White, H. C. (2002), Markets from Networks: Socioeconomic Models of Production, Princeton, NJ: Princeton University Press.

[219] White, N. (2000), Reconstructing Italian Fashion: America and the Development of the Italian Fashion Industry, Oxford: Berg.

[220] Wilcox, C. (2001), Radical Fashion, London: V&A.

[221] Williams, R. (1963), Culture and Society 1780 – 1950,

London: Penguin.

[222] Wilson, E. (2003), Adorned in Dreams: Fashion and Modernity, London: I. B. Taurus.

[223] Winship, J. (2000), Culture of Restraint: The British Chain Store 1920 – 1939, in P. Jackson, M. Lowe, D. Miller and F. Mort (eds), Commercial Cultures: Economies, Practices, Spaces, Oxford: Berg.

[224] Wissinger, E. (2007a), Modeling a Way of Life: Immaterial and Affective Labor in the Fashion Modeling Industry, Ephemera: Theory and Politics in Organization, 7/1: 250 – 269.

[225] Wissinger, E. (2007b), Nice Work If You Can Get It: Labor in the New York Fashion Modeling Industry, Unpublished doctoral dissertation, University of New York, New York.

[226] Wissinger, E. (2007c), Always on Display: Affective Production in the Fashion Modeling Industry, in P. Clough and J. Halley (eds), The Affective Turn: Theorizing the Social, Durham, NC: Duke University Press, 231 – 260.

[227] Wissinger, E. (2009), Modelling Consumption: Fashion Modelling Work in Contemporary Society, Journal of Consumer Culture, 9/2: 275 – 298.

[228] Witz, A., C. Warhurst and D. Nickson (2003), The Labour of Aesthetics and the Aesthetics of Organisation, Organization, 10/1: 33 – 54.

[229] Woodward, S. (2007), Why Women Wear What They Wear, Oxford: Berg.

[230] Wrigley, N. and M. Lowe (2002), Reading Retail: A Geographical Perspective on Retailing and Consumption, London: Arnold.